PROGRAMAÇÃO DE
SISTEMAS EMBARCADOS

**DESENVOLVENDO SOFTWARE
PARA MICROCONTROLADORES
EM LINGUAGEM C**

O GEN | Grupo Editorial Nacional – maior plataforma editorial brasileira no segmento científico, técnico e profissional – publica conteúdos nas áreas de ciências exatas, humanas, jurídicas, da saúde e sociais aplicadas, além de prover serviços direcionados à educação continuada e à preparação para concursos.

As editoras que integram o GEN, das mais respeitadas no mercado editorial, construíram catálogos inigualáveis, com obras decisivas para a formação acadêmica e o aperfeiçoamento de várias gerações de profissionais e estudantes, tendo se tornado sinônimo de qualidade e seriedade.

A missão do GEN e dos núcleos de conteúdo que o compõem é prover a melhor informação científica e distribuí-la de maneira flexível e conveniente, a preços justos, gerando benefícios e servindo a autores, docentes, livreiros, funcionários, colaboradores e acionistas.

Nosso comportamento ético incondicional e nossa responsabilidade social e ambiental são reforçados pela natureza educacional de nossa atividade e dão sustentabilidade ao crescimento contínuo e à rentabilidade do grupo.

RODRIGO MAXIMIANO A. **ALMEIDA**
CARLOS HENRIQUE V. **MORAES**
THATYANA F. PIOLA **SERAPHIM**
OTÁVIO DE SOUZA M. **GOMES**

PROGRAMAÇÃO DE
SISTEMAS EMBARCADOS

DESENVOLVENDO SOFTWARE PARA MICROCONTROLADORES EM LINGUAGEM C

2ª EDIÇÃO

- Os autores deste livro e a editora empenharam seus melhores esforços para assegurar que as informações e os procedimentos apresentados no texto estejam em acordo com os padrões aceitos à época da publicação, *e todos os dados foram atualizados pelos autores até a data de fechamento do livro*. Entretanto, tendo em conta a evolução das ciências, as atualizações legislativas, as mudanças regulamentares governamentais e o constante fluxo de novas informações sobre os temas que constam do livro, recomendamos enfaticamente que os leitores consultem sempre outras fontes fidedignas, de modo a se certificarem de que as informações contidas no texto estão corretas e de que não houve alterações nas recomendações ou na legislação regulamentadora.

- Data do fechamento do livro: 24/10/2022

- Os autores e a editora se empenharam para citar adequadamente e dar o devido crédito a todos os detentores de direitos autorais de qualquer material utilizado neste livro, dispondo-se a possíveis acertos posteriores caso, inadvertida e involuntariamente, a identificação de algum deles tenha sido omitida.

- **Atendimento ao cliente: (11) 5080-0751 | faleconosco@grupogen.com.br**

- Direitos exclusivos para a língua portuguesa
  Copyright © 2023 by
  LTC | Livros Técnicos e Científicos Editora Ltda.
  Uma editora integrante do GEN | Grupo Editorial Nacional
  Travessa do Ouvidor, 11
  Rio de Janeiro – RJ – 20040-040
  www.grupogen.com.br

- Reservados todos os direitos. É proibida a duplicação ou reprodução deste volume, no todo ou em parte, em quaisquer formas ou por quaisquer meios (eletrônico, mecânico, gravação, fotocópia, distribuição pela Internet ou outros), sem permissão, por escrito, da LTC | Livros Técnicos e Científicos Editora Ltda.

- Capa: Leônidas Leite

- Imagem de capa: ©iStockphoto | monsitj

- Editoração eletrônica: E-Papers Serviços Editoriais

CIP-BRASIL. CATALOGAÇÃO NA PUBLICAÇÃO
SINDICATO NACIONAL DOS EDITORES DE LIVROS, RJ

P958
2. ed.

Programação de sistemas embarcados : desenvolvendo software para microcontroladores em linguagem C / Rodrigo Maximiano A. Almeida ... [et al.]. - 2. ed. - Rio de Janeiro : LTC, 2023.

Inclui índice
ISBN 978-85-9515-910-5

1. C (Linguagem de programação de computador). 2. Sistemas embarcados (Computadores). 3. Software - Desenvolvimento. 4. Controladores programáveis. 5. Sistemas operacionais (Computadores). I. Almeida, Rodrigo Maximiano A. II. Título.

22-80288

CDD: 005.13
CDU: 004.43

Meri Gleice Rodrigues de Souza - Bibliotecária - CRB-7/6439

*"Entre todas as verdadeiras buscas humanas,
a busca pela sabedoria é a mais perfeita,
a mais sublime, a mais útil e a mais agradável"*
São Tomás de Aquino

Aos meus pais, Paulo (in memoriam) e Carminha, à Ana Paula e nossa família.
Rodrigo Almeida

Às minhas queridas Thaisa e Ana Clara, aos meus pais, irmãs e amigos.
Carlos Henrique Moraes

Ao Enzo, Miguel, Raphael, meus pais Oswaldo e Ana Isabel, minha família e amigos.
Thatyana Seraphim

Aos meus amados Fernanda, Calebe e Luísa, meus pais, irmãos e amigos.
Otávio Gomes

Os autores

Rodrigo Maximiano A. Almeida possui doutorado em Engenharia Elétrica pela Universidade Federal de Itajubá (UNIFEI), onde é professor na área de sistemas embarcados e coordenador do curso de Engenharia Eletrônica. Leciona nas áreas de eletrônica, interface e periféricos, sistemas embarcados e sistemas operacionais. Desenvolve atividade de pesquisa em sistemas operacionais de tempo real, eletrônica embarcada e segurança de sistemas computacionais, tendo palestrado em diversos eventos nacionais e internacionais.

Carlos Henrique V. Moraes possui doutorado em Engenharia Elétrica pela Universidade Federal de Itajubá (UNIFEI), onde é professor na área de automação inteligente. Leciona nas áreas de programação, sistemas embarcados, matemática discreta, automação e inteligência artificial. Desenvolve atividade de pesquisa em controle inteligente, visão computacional, sistemas embarcados inteligentes, processamento de sinais, navegação autônoma e robótica.

Thatyana F. Piola Seraphim possui doutorado em Física Aplicada, Opção Computacional, pela Universidade de São Paulo (USP). É professora na Universidade Federal de Itajubá (UNIFEI), onde leciona nas áreas de programação, estrutura de dados, linguagens de programação, linguagens formais e compiladores. Desenvolve atividades de pesquisa nas áreas de processamento paralelo, estrutura de dados, compiladores e ferramentas para análise de desempenho de programas paralelos. Trabalhou também como revisora técnica do livro *Sistemas de banco de dados*, de Elmasri e Navathe.

Otávio de Souza M. Gomes possui doutorado em Engenharia Elétrica, com ênfase em Microeletrônica, pela Universidade Federal de Itajubá (UNIFEI). Oficial da Reserva do Exército Brasileiro (R/2) da Arma de Engenharia. Atuou como professor e pesquisador no Instituto Federal de Educação, Ciência e Tecnologia de Minas Gerais – *Campus* Formiga, durante sete anos. Atualmente, é professor na UNIFEI. Tem experiência e é pesquisador na área de organização e arquitetura de computadores, sistemas operacionais, sistemas embarcados, sistemas digitais e segurança da informação.

Agradecimentos

Primeiramente a meus pais, pelo zeloso e silencioso exemplo de sabedoria e retidão. Aos meus irmãos, Marcela e Daniel, pelo carinho e companheirismo. À minha esposa, Ana Paula, que me ajuda a caminhar o caminho mais importante. À minha família, que me muda para melhor, para melhor eu ser para ela. A todos os amigos da caminhada, colegas da UNIFEI, e incentivadores, que acreditaram neste livro quando ainda era apenas uma ideia. A todos os meus alunos, em especial meus orientados. A Deus, por ser aquele que é.
Rodrigo

À minha amada esposa Thaisa Ketulle e filha Ana Clara, pelo imenso carinho, compreensão e companhia. Aos meus pais, João e Valéria, pelo estímulo. Minhas radiantes irmãs, Claudia e Cecília, pela tolerância. Aos meus grandes amigos, Rodrigo, Thatyana e Otávio, por todo o apoio despendido ao longo deste trabalho.
Carlos Henrique

A Deus por tudo! Ao Enzo pelo seu apoio, incentivo, paciência e estímulo para desenvolver este trabalho. Com todo amor, a Miguel e Raphael, por todas as horas roubadas de brincadeiras e atenção. À Helenice pela ajuda e paciência incondicional todos os dias. Aos meus pais, Ana Isabel e Oswaldo, por todo amor e apoio em todos os momentos. Agradeço, em especial, aos amigos e parceiros Rodrigo, Carlos e Otávio pela coragem, incentivo e bom relacionamento que nos proporcionou este novo trabalho. À amiga Helaine pelas longas horas de conversas e aos colegas José Anderson e Nedson pelo apoio de sempre.
Thatyana

Aos meus amados Fernanda, Calebe e Luísa, minha motivação e alegria. Aos meus queridos pais, Regina e Vandir, por todo amor, dedicação e orientações. Aos meus irmãos, Matheus e Áthila, pelo apoio e companheirismo. A Jesus Cristo, em quem estão guardados todos os tesouros da sabedoria e do conhecimento. Aos amigos Rodrigo, Carlos e Thaty pela incrível oportunidade de fazer parte desta nova edição.
Otávio

Os autores gostariam, ainda, de agradecer à UNIFEI e, em especial, ao Instituto de Engenharia de Sistemas e Tecnologia da Informação (IESTI), da UNIFEI, pela oportunidade de ministrar as disciplinas relacionadas com os assuntos abordados no livro, e a todos os diretores, professores, secretárias e técnicos pelo suporte oferecido.

Material Suplementar

Este livro conta com os seguintes materiais suplementares:

- Capítulos 3, 4, 5, 7 e 8, Anexos e Exercícios Resolvidos, todos da 1ª edição (requer PIN).

O acesso ao material suplementar é gratuito. Basta que o leitor se cadastre e faça seu *login* em nosso *site* (www.grupogen.com.br), clicando em Ambiente de aprendizagem, no *menu* superior do lado direito. Em seguida, clique no *menu* retrátil e insira o código (PIN) de acesso localizado na orelha deste livro.

O acesso ao material suplementar online fica disponível até seis meses após a edição do livro ser retirada do mercado.

Caso haja alguma mudança no sistema ou dificuldade de acesso, entre em contato conosco (gendigital@grupogen.com.br).

Além dos materiais indicados acima, há videoaulas disponíveis no canal do autor Rodrigo Maximiano Antunes de Almeida no YouTube, que irão complementar cada tema específico abordado neste livro.

Toda vez que encontrar um QR Code, o leitor poderá assistir a um vídeo com mais informações sobre o assunto em questão. Para reproduzi-los, basta posicionar a câmera de um smartphone sobre o código. É possível acessar os vídeos também por meio da URL que aparece logo abaixo do código.

Em todos os capítulos há vídeos disponíveis, incluindo subseções dos Capítulos 20, 21 e 22.

Prefácio

"O que é o tempo? Se ninguém me perguntar, eu sei; mas se eu estiver desejoso de explicar para alguém que venha a me perguntar, eu claramente não sei."
Santo Agostinho

Escrevemos esta segunda edição do livro *Programação de Sistemas Embarcados: Desenvolvendo Software para Microcontroladores em Linguagem C* com o objetivo de facilitar o estudo, principalmente fazendo o uso de novas tecnologias, como o Ambiente de aprendizagem do GEN (http://www.grupogen.com.br/) e o uso de um simulador para a placa PQDB.

O estudo de programação para sistemas embarcados é, em geral, mais complexo que a programação geral, pois exige a presença de um circuito eletrônico dedicado que possa servir como ambiente de teste e debug. A principal ideia da primeira edição foi fazer o uso de uma plataforma razoavelmente padronizada que permitisse ao estudante utilizar várias placas distintas. Isso reduz a necessidade de comprar um kit específico e amplia as opções de uso do próprio livro. Em parte, isso foi possível pela utilização do framework wiring, que é implementado por vários fabricantes, de modo mais explícito pela plataforma Arduino. Por outro lado, evitamos usar demasiadamente essa plataforma, pois ela pode esconder alguns conceitos importantes, cuja ausência pode mais prejudicar do que ajudar a longo prazo. Interrupções, tipos de dados, manipulação de bits, registros e loops infinitos são alguns exemplos de tópicos e estruturas simplificados pelo framework, mas de grande importância quando se está projetando um sistema inteiro.

No entanto, mesmo com todas as vantagens trazidas pela padronização dos periféricos por meio da placa PQDB, projetada exclusivamente para o livro, ainda era necessário fazer a montagem dos circuitos ou adquirir a placa. Para eliminar mais essa barreira, pensamos em utilizar um simulador que permitisse aos estudantes testar seus programas e avançar em seus estudos, independentemente de uma placa física. Essa busca foi acelerada também pela necessidade de, durante a pandemia, criar um ambiente de estudos que permitisse o aluno continuar as disciplinas que lecionamos de modo remoto. A falta de um ambiente adequado nos fez, inclusive, ter de cancelar os laboratórios do primeiro semestre de 2020. Desse modo, passamos esse tempo buscando uma alternativa.

Após vários testes, encontramos o projeto PICSimLab, que nasceu como simulador de processadores PIC, mas que hoje conta com diversas plataformas diferentes. Então, no segundo semestre de 2020, utilizamos esse projeto nas aulas, de modo provisório, com a placa simulada da PICGenios, e, em 2021, o coordenador do projeto, Luis Claudio Gambôa Lopes, nos ajudou a adicionar a PQDB como opção no simulador. Assim, também inserimos o processador PIC18F4520 como opção para a PQDB. Além dessas questões, a maturidade do projeto e a fidelidade da simulação nos ajudaram a escolher essa opção como base para os exemplos do livro. Por fim, a licença open source permite que as modificações sejam disponibilizadas facilmente ao público.

Dessa forma, a partir da versão 0.8.9 do PICSimLab, os estudantes podem fazer uso da PQDB como ambiente de simulação para praticamente todos os exemplos apresentados nesta 2ª edição, mesmo com suas eventuais limitações. Apenas algumas questões físicas da interação entre os elementos do circuito não estão ainda simuladas, principalmente o efeito de bouncing e uma implementação mais fiel do flicker dos leds. No entanto, estes não são problemas ao estudo e, de certo modo, podem simplificar o primeiro contato do aluno com a área.

Aproveitando a inclusão do simulador, foi feita uma reorganização de alguns tópicos e a migração de outros para o Ambiente de aprendizagem do GEN. Dada a ampla disponibilidade de literatura sobre a linguagem C, optou-se por deixar esses no ambiente on-line e concentrar no livro físico apenas os tópicos específicos da área de embarcados. Também os anexos e exercícios resolvidos estão disponíveis no ambiente virtual de aprendizagem.

Ainda com a adição do simulador, foram desenvolvidos vídeos didáticos específicos para auxiliar a execução dos exemplos pelo estudante. Também estão disponíveis videoaulas com a apresentação dos temas teóricos.

Por fim, revisamos o texto original, visando esclarecer algum ponto que tenha ficado confuso ou corrigir algum erro de tipografia, principalmente nos trechos dos códigos dos exemplo.

Esperamos que você possa aproveitar melhor ainda esta segunda edição e que ela sirva de ajuda e consulta nos seus estudos.

Os Autores

Sumário

1 Introdução   **1**
- 1.1 Planejando o estudo 2
- 1.2 O que são sistemas embarcados 3
- 1.3 O hardware 4
- 1.4 Periféricos e o acesso ao hardware 8
- 1.5 Ambiente integrado de desenvolvimento 10
- 1.6 Uso da linguagem C 11

2 Sistemas de numeração   **13**
- 2.1 As bases decimal, binária e hexadecimal 14
- 2.2 Conversão entre bases 17
- 2.3 BCD e BCD compactado 19
- 2.4 Código Gray 20
- 2.5 Codificação ASCII 22
- 2.6 Exercícios 24

3 Operações binárias   **25**
- 3.1 Álgebra booleana 25
- 3.2 Operações binárias (bitwise) 32
- 3.3 Operação de deslocamento 35
- 3.4 Manipulando apenas 1 bit de cada vez 38
- 3.5 Criação de uma biblioteca para manipulação de bits 43
- 3.6 Exercícios 44

4 Funções e bibliotecas em linguagem C   **45**
- 4.1 Criando funções 45
- 4.2 Bibliotecas 49

4.3 Driver ou biblioteca? 56
4.4 Composição de bibliotecas 57
4.5 Exercícios 59

5 Planejando o software embarcado   **61**
5.1 Primeiro modelo: o loop infinito 62
5.2 A evolução do loop no tempo 63

6 Debug de sistemas embarcados   **67**
6.1 Externalizar as informações 67
6.2 Programação incremental 72
6.3 Cuidado com a otimização de código 72
6.4 Reproduzir e isolar o erro 73
6.5 Crie rotinas de teste 73
6.6 Criação de uma biblioteca para debug 75

7 Introdução a microcontroladores   **77**
7.1 A unidade de processamento 79
7.2 Memória 83
7.3 Clock e tempo de instrução 87
7.4 Microcontroladores 88
7.5 Registros de configuração do microcontrolador 89
7.6 Requisitos elétricos do microcontrolador 91
7.7 Exercícios 92

8 Programação dos periféricos   **93**
8.1 Controlando os terminais do microcontrolador 94
8.2 Configuração dos periféricos 102
8.3 Exercícios 109

9 Saídas digitais   **111**
9.1 Acionamentos 112
9.2 Controle de led RGB 119
9.3 Expansão de saídas 121
9.4 Criação da biblioteca de expansão de saídas digitais 123
9.5 Exercícios 124

10 Display de 7 segmentos   **127**
10.1 Multiplexação de displays 130
10.2 Projeto: Relógio 136
10.3 Exercícios 137

11 Entradas digitais   **139**
11.1 Debounce 141
11.2 Arranjo matricial 145
11.3 Criação da biblioteca 147
11.4 Detecção de eventos 149
11.5 Aplicações 150
11.6 Exercícios 152

12 Display de LCD — 155
12.1 Circuito de conexão 157
12.2 Comunicação com o display 157
12.3 Criação da biblioteca 162
12.4 Desenhar símbolos personalizados 165
12.5 Criando um console com displays de LCD 168
12.6 Exercícios 171

13 Comunicação serial — 173
13.1 I²C 174
13.2 SPI 185
13.3 CAN 187
13.4 RS232 190
13.5 USB 195
13.6 Serial sem fios 198
13.7 Leitura e processamento de protocolos 198
13.8 Exercícios 203

14 Conversor analógico digital — 205
14.1 Elementos sensores 205
14.2 O conversor eletrônico 209
14.3 Processo de conversão 212
14.4 Aplicação 215
14.5 Exercícios 216

15 Saídas PWM — 219
15.1 Conversor digital-analógico usando um PWM 221
15.2 Soft PWM 223
15.3 O periférico de PWM 224
15.4 Criação da biblioteca 225
15.5 Aplicações 227
15.6 Exercícios 230

16 Temporizadores — 231
16.1 Criação da biblioteca 233
16.2 Aplicação 235
16.3 Exercícios 241

17 Interrupção — 243
17.1 Fonte de interrupção 244
17.2 Acessando a rotina de serviço da interrupção 244
17.3 Compartilhando informações 246
17.4 Exercícios 248

18 Watchdog — 249
18.1 Modo de uso 250

19 Arquiteturas de software embarcado — 253
19.1 One-single-loop 254
19.2 Sistema controlado por interrupções 255

19.3 Multitask cooperativo 258
19.4 Kernel 264
19.5 Sistemas operacionais 267
19.6 Exercícios 271

20 Desenvolvimento de um kernel cooperativo   **273**
20.1 Buffers circulares 275
20.2 Ponteiros para void 277
20.3 Ponteiros de função 278
20.4 Execução das tarefas 280
20.5 Adição e reexecução de processos 282
20.6 Exercícios 284

21 Projeto de kernel com soft realtime   **287**
21.1 O tempo real: soft e hard realtime 287
21.2 Atendendo requisitos temporais 289
21.3 Kernel cooperativo com soft realtime 293
21.4 Exercícios 297

22 Controladora de dispositivos   **299**
22.1 Padrão de um driver 300
22.2 Mecanismo da controladora 305
22.3 Exercícios 312

Índice alfabético   **315**

1 Introdução

uqr.to/1cqyu

> *"O verdadeiro perigo não é os computadores começarem a pensar como humanos, mas os humanos começarem a pensar como computadores."*
> Sydney J. Harris

Este livro foi escrito com o intuito de servir como guia para aqueles que querem aprender a programar sistemas embarcados. Essa área é bastante ampla, indo de sistemas simples, com poucos bytes de memória, a sistemas de entretenimento complexos com comunicações de alta velocidade, passando por equipamentos de suporte à vida, controles de operações críticas com altos requisitos de segurança, confiabilidade e estabilidade. Essa variedade traz consigo diferentes abordagens de programação, frameworks e camadas de abstração. Cada projeto apresenta estruturas próprias e diferenças substantivas na programação dos periféricos. Abordar todos estes aspectos é uma tarefa complexa, principalmente para aqueles que estão ingressando nessa área.

Sendo assim, serão focados os sistemas baseados em microcontroladores com baixa capacidade de processamento e pouco armazenamento. Esses componentes oferecem um bom balanço entre simplicidade e quantidade de recursos, ideal para aqueles que estão começando seus estudos em programação embarcada. Isso também apresenta uma boa oportunidade para se entender a relação entre eletrônica e programação, bem como conceitos relacionados à evolução temporal dos sinais dos circuitos.

Mesmo que a programação de sistemas embarcados esteja intimamente ligada aos recursos disponibilizados pelos microcontroladores e às estruturas de hardware presentes no projeto, os conceitos por trás dos códigos que controlam tais recursos e estruturas são os mesmos. No intuito de apresentar esses conceitos de maneira independente do hardware, foram selecionadas quatro arquiteturas distintas para ilustrar as diferenças e similaridades entre os códigos.

Visando ainda a ideia de realizar as experiências sem estar atrelado a apenas um hardware ou placa, este livro contempla exemplos de uso com diferentes placas de controle. As atividades que demandam acesso a periféricos externos foram planejadas para possibilitar que sejam reproduzidas por meio de protoboards ou utilizando uma placa-base projetada especificamente para isso. Essa placa-base pode ser construída pelo leitor e todos os esquemáticos e o layout estão disponíveis no ambiente virtual de aprendizagem do GEN | Grupo Editorial Nacional.

Ainda na questão de simplificar o acesso aos dispositivos, adotou-se uma plataforma de software que permite a simulação de uma placa, reduzindo os recursos necessários para aprender a programação de sistemas embarcados. Apenas com um computador com os softwares adequados é possível seguir todas as atividades propostas.

Visando facilitar o processo de aprendizado, o livro foi inicialmente dividido em três partes: a programação em linguagem C, a programação dos periféricos e a organização dos códigos em diferentes arquiteturas. Nesta 2ª edição, optou-se por remover alguns capítulos da primeira parte da 1ª edição, visto que existe uma abundância de bons materiais sobre o assunto, seja em outros livros ou em plataformas digitais. Apesar desses capítulos estarem removidos da versão impressa desta edição, eles permanecem disponibilizados na plataforma virtual da Editora e estão presentes na versão *e-book*. Dessa forma, os Capítulos 3, 4, 5, 7, 8 e 9 foram migrados para o ambiente virtual de aprendizagem e para o *e-book* da obra.

Os Capítulos 1 a 6, adicionados àqueles presentes apenas no ambiente virtual de aprendizagem do GEN, apresentam a programação em linguagem C voltada para sistemas embarcados, funcionando como introdução para os leitores que não possuem conhecimento prévio em computação. No entanto, diferente de outros livros sobre o tema, os conceitos são explicados sob a ótica de sistemas embarcados; a ênfase recai sobre as necessidades destes sistemas. Os exemplos, demonstrações e códigos apresentados foram desenvolvidos para serem executados em dispositivos embarcados com poucos recursos, tanto de interface quanto de processamento.

Os Capítulos 7 a 18 aprofundam o tema de desenvolvimento de software para sistemas embarcados, focando nas interações do programa com o meio externo por meio dos periféricos. Nessa parte são apresentados os circuitos eletrônicos e suas necessidades, bem como o impacto dessas necessidades na concepção e no desenvolvimento de um programa. Além dos periféricos externos mais comuns, são apresentados um conjunto de periféricos internos que podem ser utilizados para simplificar a coordenação das atividades a serem executadas pelo programa.

Os Capítulos 19 a 22 são voltados para arquiteturas de desenvolvimento de software em sistemas embarcados. Essa parte apresenta metodologias de organização do código que facilitam o processo de programação e auxiliam na garantia de estabilidade e funcionamento dos códigos.

1.1 | Planejando o estudo

O conteúdo desenvolvido neste livro cobre praticamente três disciplinas de graduação: a primeira é *Introdução à Programação em Linguagem C*, a segunda é *Programação de Sistemas Embarcados* e, por fim, tem-se a disciplina de *Sistemas Operacionais Embarcados*.

Desse modo, para aqueles que estão começando agora, é importante adquirir uma base em programação com linguagem C primeiro. Para os que já têm contato com linguagem C, uma rápida revisão em variáveis, estruturas de decisão, estruturas de repetição e funções é suficiente. Mesmo assim, é importante repassar com atenção o Capítulo 3, pois normalmente as operações com bits não são apresentadas na maioria dos cursos de linguagem C. Depois dessa revisão, pode-se retornar ao assunto no Capítulo 5.

Não há necessidade de se conhecer a fundo sobre eletrônica, mas é importante que se saiba os conceitos básicos acerca de tensão, corrente e resistência. Onde for preciso, o próprio capítulo explicará o necessário sobre os circuitos utilizados para permitir que se consiga fazer um código funcional.

No material suplementar, apresentamos um conjunto de guias de laboratórios com respostas. Eles podem ser usados para autoavaliação e para acompanhar os estudos de modo mais prático e aplicado. Cada laboratório possui também um vídeo explicativo com os conteúdos mais importantes da experiência.

Por fim, estão disponibilizados vídeos com aulas sobre os Capítulos de 7 a 20, específicos da área de embarcados. Estes são vídeos mais longos, em que os autores entram em detalhes e demonstram exemplos de implementação dos códigos apresentados.

1.2 | O que são sistemas embarcados

Sistemas embarcados são sistemas eletrônicos microprocessados que, após serem programados, possuem uma função específica que, geralmente, não pode ser alterada. Uma impressora, por exemplo, mesmo possuindo um processador que poderia ser utilizado para qualquer atividade, tem sua funcionalidade restrita apenas à impressão de páginas. Um computador de propósito geral, ao contrário, pode ser utilizado num instante como um ambiente de entretenimento, em outro como estação de trabalho e em outro como um telefone.

Os sistemas embarcados estão presentes em praticamente todos os ambientes, cobrindo uma ampla gama de funcionalidades: antenas retransmissoras, televisões, fornos de micro-ondas, controles PIDs industriais, sistemas de gerenciamento de aviação, esteiras transportadoras etc. Atualmente, quase todo dispositivo que funcione com eletricidade possui um sistema embarcado coordenando seu funcionamento. Em carros, por exemplo, é comum encontrar dezenas de microcontroladores em um único veículo, executando as mais diferentes funções.

Outra característica da maioria dos sistemas embarcados é uma restrição de recursos tanto computacionais (memória e processamento) quanto físicos (número de terminais e interfaces de exibição/entrada de dados). Grande parte dessa restrição se deve a questões de custo, consumo de energia e/ou robustez. Isso pode levar até mesmo ao desenvolvimento de alguns sistemas que não possuem nenhum botão ou luz indicativa.

Por se tratar de sistemas com funções específicas e com recursos de interface e computacionais limitados, as rotinas e técnicas de programação diferem daquelas usadas em computadores convencionais. Os sinais e informações se modificam ao longo do tempo, independentemente da entrada de dados pelo usuário. Alguns periféricos necessitam de constante atualização apenas para manter seu funcionamento. A necessidade de se verificar constantemente os dados e atualizar as saídas também apresenta restrições temporais, algumas vezes conflitantes entre si, que devem ser atendidas para que o sistema funcione corretamente.

Outra questão específica destes sistemas é que cada microcontrolador apresenta uma arquitetura de hardware e um conjunto de periféricos diferentes. Mesmo dois projetos que utilizem o mesmo microcontrolador, mas possuem um arranjo eletrônico diferente nos componentes externos, apresentam diferenças suficientes para que os códigos não possam ser compartilhados ou reutilizados sem alteração. Como cada projeto visa atender requisitos muito específicos, essa variação é bastante comum. Isso exige que os programadores entendam as relações básicas entre os diferentes componentes da placa utilizada para desenvolver códigos funcionais.

1.3 | O hardware

A programação para sistemas embarcados está intimamente ligada à arquitetura do processador, aos periféricos disponíveis e como esses periféricos estão conectados com os demais circuitos na placa. Conhecer o sistema é, portanto, fundamental para se construir um programa que funcione da maneira desejada.

Mesmo com as diferenças entre os chips, o modo de funcionamento dos periféricos é similar. Para não prender o leitor a apenas uma arquitetura ou fabricante, este livro apresenta o funcionamento dos dispositivos de modo independente. Para evitar a perda de detalhes que poderia acontecer com tal abordagem, serão apresentados exemplos práticos em quatro plataformas distintas:

- Atmel - ATMega 328 (Arduino Uno R3).
- Microchip - MIPS PIC32 (Chipkit UNO32).
- NXP - ARM Cortex M0+ (Freedom KL05z).
- Microchip - PIC18 (PICSimLab).

O comum entre todas essas plataformas são as conexões físicas e as funções de cada um dos terminais das placas de controle, de modo que qualquer uma delas pode acessar os mesmos periféricos da PQDB.

Nos primeiros capítulos, os códigos e exemplos usam bibliotecas pré-implementadas e voltadas para a placa de desenvolvimento. Optou-se por essa abordagem porque ela traz uma série de simplificações que permitem ao leitor aprender a programar em linguagem C em um ambiente embarcado, sem se ater a detalhes de hardware num primeiro instante.

A partir do Capítulo 7, onde se iniciam as questões relacionadas aos periféricos, as bibliotecas pré-implementadas são explicadas em detalhes, permitindo ao leitor entender como acessar e controlar os periféricos utilizando a linguagem C.

A placa de desenvolvimento foi projetada pelos autores para permitir a execução de todas as experiências do livro, podendo ser conectada a qualquer uma das três plataformas: Arduino, Chipkit, Freedom ou utilizada no simulador PICSimLab. Os projetos da placa e do simulador estão disponibilizados em licença aberta, permitindo sua livre reprodução por qualquer pessoa.

No entanto, não é preciso adquirir ou fabricar a placa de desenvolvimento para acompanhar os exercícios do livro. O leitor que desejar poderá realizar a montagem dos circuitos para cada atividade ou usar o simulador PICSimLab. Todos os esquemáticos e conexões dos projetos utilizados serão apresentados de modo simples para montagem em protoboard.

No acesso aos periféricos, o livro utiliza uma abordagem mais próxima ao hardware, não utilizando bibliotecas prontas. Os compiladores disponibilizam um conjunto de bibliotecas que permite o acesso simplificado ao hardware. No entanto, essas bibliotecas abstraem os detalhes da programação do hardware, o que pode prejudicar o entendimento do funcionamento dos periféricos. Sendo assim, os autores julgam importante que o programador de sistemas embarcados entenda o funcionamento e consiga programar diretamente o hardware. Mesmo que posteriormente se utilize as bibliotecas desenvolvidas pelos fabricantes, o programador precisa desse conhecimento para solucionar os problemas e interferências que podem acontecer ao longo do desenvolvimento do projeto.

1.3.1 | PQDB - Pão de Queijo Development Board

Como o enfoque deste livro é a programação de sistemas embarcados e não a eletrônica, foi desenvolvida a Pão de Queijo Development Board - PQDB, com o intuito de apresentar um conjunto de periféricos que formem a base de qualquer interface eletrônica. Com esse conjunto, é possível ensinar todos os conceitos fundamentais para quem está iniciando seus estudos em programação de sistemas embarcados. Os periféricos inseridos na placa são:

- 1 led RGB conectado a terminais de entrada e saída.
- 1 expansor de saídas digitais 74HC595.
- 4 displays de 7 segmentos com o barramento de dados compartilhados com o LCD.
- 10 chaves organizadas em formato matricial 5x2.
- 1 display LCD 2 linhas por 16 caracteres (compatível com HD44780).
- 1 sensor de luminosidade.
- 1 sensor de temperatura.
- 1 potenciômetro.
- 1 buzzer ligado a uma saída PWM.
- 1 canal de comunicação serial assíncrono com interface USB.
- 1 relógio de tempo real com memória interna.

Para permitir uma maior variedade de processadores, de modo que o estudo pudesse ficar, de certo modo, independente da arquitetura ou microcontrolador utilizado, optou-se por desenvolver uma placa-base que permitisse a conexão de várias placas controladoras. Para isso, adotou-se o footprint, níveis de tensão e funcionalidades do pino padronizadas pelo Arduino.

Em um segundo momento, essa abordagem foi expandida para permitir também a utilização do PIC18F4520 com o simulador PICSimLab.

A seguir descreveremos cada uma das placas de controle que podem ser utilizadas e também o simulador.

1.3.2 | Arduino UNO - Atmel ATmega328

A placa de controle Arduino (Fig. 1.1) foi desenvolvida em 2005 por Massimo Banzi para baratear e simplificar o estudo de programação embarcada.

Ela usa um microcontrolador da Atmel: o Atmel ATmega328, possuindo 14 entradas/saídas digitais e 6 entradas analógicas. O bootloader instalado permite que a placa seja reprogramada sem a necessidade de um gravador dedicado; todo o processo é realizado por meio de uma porta serial.

Para simplificar o acesso ao hardware, foi utilizado o framework Wiring. Ele abstrai as questões mais complexas dos periféricos e provê um conjunto de bibliotecas e funções pré-definidas.

A escolha do framework Wiring, bem como a utilização de um bootloader para fácil reprogramação da placa, permitiu que o Arduino se tornasse acessível a grande parte dos hobbystas e estudantes.

Figura 1.1. Arduino Uno.

1.3.3 | Chipkit UNO32 - Microchip PIC32MX220

A placa Chipkit UNO32 (Fig. 1.2) foi desenvolvida para ser compatível, tanto em hardware quanto em código, com as placas Arduino. Elas possuem o mesmo dimensional e posicionamento de conectores, compartilhando um conjunto de funcionalidades iguais em cada um deles, bem como a mesma base de código.

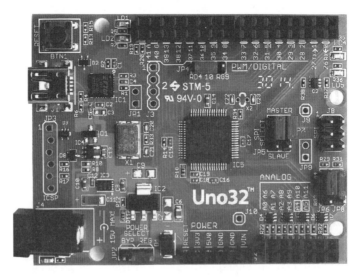

Figura 1.2. Chipkit UNO32.

A Microchip, fabricante dos processadores PIC32, reescreveu parte do framework Wiring de modo que os códigos que rodam no processador da Atmel também funcionassem em seu processador.

O processador PIC32 é baseado na arquitetura de 32 bits da MIPS, com um core M4K, chegando a velocidades de 80 MHz. Por esse motivo, é bem mais rápido que os Arduinos originais, rodando em 8 bits, com velocidades de 16 MHz.

1.3.4 | Freedom KL05z - NXP ARM

A família de placas de controle Freedom é baseada num microcontrolador Kinetis-L da NXP, com um core ARM Cortex M0+. A variante utilizada neste livro é a Freedom KL05z (Fig. 1.3) com o menor custo entre as alternativas.

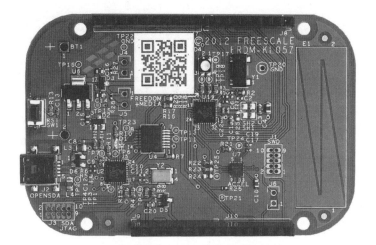

Figura 1.3. Freedom KL05z.

Apesar de possuir praticamente o mesmo barramento que as placas do Arduino, existem pequenas alterações em alguns terminais, como a ausência de um barramento I^2C junto aos terminais analógicos A4 e A5.

Além disso, o framework Wiring não está portado para essa plataforma, fazendo com que o programador precise tomar conta de todos os detalhes do acesso ao hardware. Esta será a placa utilizada como referência na segunda parte do livro, permitindo que o leitor entenda melhor os detalhes da programação de baixo nível.

1.3.5 | Simulador PICSimLab + PQDB + PIC18F4520

Mesmo sendo simulado, vamos descrever o PICSimLab dentro da seção de hardware pois ele permite que realizemos os mesmos experimentos que as placas citadas anteriormente.

O simulador utilizado neste livro é o PICSimLab de autoria de Luis Claudio Gambôa Lopes. Ele pode ser encontrado no link https://github.com/lcgamboa/picsimlab. Esse simulador implementa uma versão da placa PQDB ligada a um microcontrolador PIC18F4520. A Figura 1.4 apresenta a visualização do software.

Assim como na placa KL05z da NXP, o framework Wiring não está portado para este microcontrolador. Deste modo, todos os códigos que são exemplos deste livro serão apresentados utilizando tanto o processador KL05 quanto o PIC18F4520. Isso ajuda a demonstrar como se pode acessar os registros de cada um dos microcontroladores e implementar as bibliotecas necessárias para acessar os seus periféricos.

Apresentando os exemplos com os dois processadores, será possível também analisar as diferenças e semelhanças na implementação dos códigos.

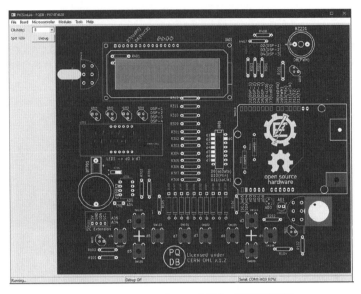

Figura 1.4. PICSimLab com PQDB e PIC18F4520.

1.4 | Periféricos e o acesso ao hardware

Todos os periféricos, sejam de entrada, de saída, de comunicação, internos ou externos, precisam acessar os registros do microcontrolador. Alguns para enviar e receber sinais, outros para modificar o seu comportamento ou funcionamento.

No entanto, cada arquitetura de processador possui diferentes registros, em diferentes endereços, que apesar de realizarem funções iguais, são manipulados de modo ligeiramente diferente. Por exemplo, dentre os quatro modelos apresentados como exemplo no livro, não há nenhum que coincida os endereços das portas de entrada e saída.

O objetivo deste livro não é entrar no mérito do funcionamento específico de um ou outro processador, mas apresentar como o programador pode usar funcionalidades do hardware para implementar os algoritmos e funções desejadas.

Por isso, optou-se por construir camadas de abstração, por meio de bibliotecas, que acessem o hardware, mas padronizem as funções. Isto permite que os mesmos exemplos possam rodar em diversas placas e simuladores. A Figura 1.5 apresenta esta abordagem hierárquica das bibliotecas de software que serão tratadas nesse livro.

Foi tomada como base a arquitetura Wiring, base do Arduino, que faz exatamente isso. No entanto, um segundo objetivo do livro é conseguir explicar como essas bibliotecas funcionam. Assim, escolheu-se duas arquiteturas (KL05z e PIC18F4520) para exemplificarem como essas bibliotecas são feitas. Espera-se que, com isso, o leitor possa extrapolar os conceitos para entender como desenvolver as mesmas ferramentas para outras arquiteturas.

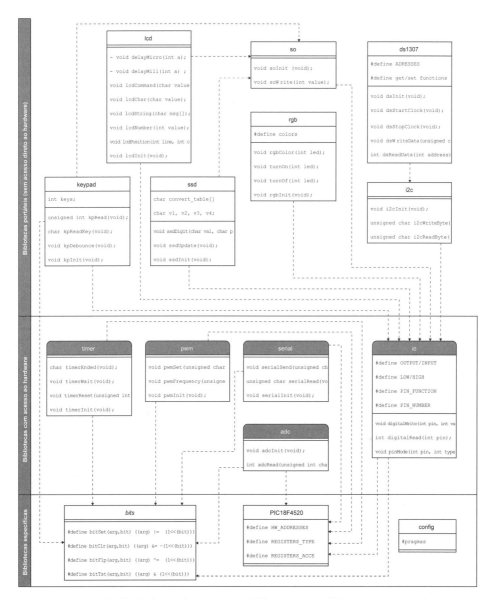

Figura 1.5. Relação de dependência entre as bibliotecas e periféricos a serem estudados.

Outra abordagem utilizada foi criar uma biblioteca de entrada e saída (`io.h`) de modo a abstrair o hardware e permitir que demais bibliotecas, que necessitam apenas usar os terminais do microcontrolador, pudessem ser feitas exatamente da mesma forma para todas as placas.

A camada mais inferior possui um conjunto de definições específicas dos microcontroladores como operações com bits, endereços de registradores, configurações iniciais do processador etc.

Já a camada intermediária é formada pelas bibliotecas que precisam usar registradores para executar suas funções. Normalmente, essa seção abrange os periféricos internos (`adc`, `io`, `pwm`, `serial` e `timer`).

Por sua vez, a camada superior é composta de funções que necessitam apenas das outras bibliotecas. Como não precisam de acesso direto à camada inferior, elas são portáteis, ou seja, seu código é o mesmo independente do microcontrolador utilizado. Normalmente, essas bibliotecas atendem periféricos externos, que precisam apenas do acesso aos terminais de entrada e saída (`io`).

A exceção é a biblioteca de `i2c`. Geralmente, ela é feita para manipular um periférico interno que gerencia a comunicação serial síncrona. No nosso caso, simularemos seu funcionamento por software e não utilizando o hardware dedicado. Isso permite que ela seja implementada de modo portável, além de possibilitar mais uma oportunidade de aprendizado.

Assim, as bibliotecas (`ds1307`, `i2c`, `lcd`, `keypad`, `rgb`, `so` e `ssd`) serão apresentadas apenas uma vez, sendo que seus códigos são exatamente iguais para todas as placas utilizadas.

Por fim, é importante notar que mesmo realizando a abstração dos periféricos de entrada e saída, os efeitos físicos continuam acontecendo e não sofrem nenhuma interferência com o uso da biblioteca `io`. Por exemplo, os leds dos displays de sete segmentos continuam sofrendo o efeito de flicker. Do mesmo modo, o *bouncing* das chaves mecânicas continua existindo.

1.5 | Ambiente integrado de desenvolvimento

Para facilitar o processo de gravação e desenvolvimento dos programas, são usados aplicativos de interface de edição que automatizam parte do processo de compilação e gravação. Esses aplicativos são conhecidos como IDE (Integrated Development Environment) ou ambiente integrado de desenvolvimento.

Todas as placas utilizadas no livro possuem um programa já instalado em sua memória chamado bootloader. Esse programa permite que a gravação de um novo programa seja feita sem o uso de um gravador/depurador dedicado, reduzindo o custo do kit de desenvolvimento. Já o simulador pode ser gravado normalmente sem a necessidade do bootloader, pois ele também simula o gravador.

O bootloader funciona como um gestor na inicialização do equipamento. Se não houver nenhum comando externo, ele inicializa o programa que estiver armazenado no microcontrolador. Quando um comando é percebido, quando a placa é ligada, o bootloader passa a entrar no modo de gravação. Após este momento, o computador pode enviar um novo programa para a placa. O bootloader irá armazenar esse novo programa numa região adequada na memória, para ser executado na próxima vez. Esse processo pode ser visto na Figura 1.6.

O modo de indicar à placa que ela deve entrar no modo de bootloader depende do microcontrolador utilizado e das escolhas que o projetista fez.

O Arduino e o Chipkit possuem um terminal digital que faz essa indicação à placa. Ambos conectam esse terminal numa das conexões da comunicação serial. Desse modo, para regravar a placa, basta que a IDE envie o código que acionará o terminal remotamente.

A plataforma Freedom implementa um sistema diferente. Quando conectada ao computador, ela cria um pendrive virtual. Esse pendrive permite que o usuário copie o novo programa como se fosse um arquivo. A IDE utilizada, no entanto, faz esse procedimento automaticamente.

A geração do código compilado tem que ser feita conforme a placa utilizada. Cada arquitetura de processador precisa de um compilador diferente.

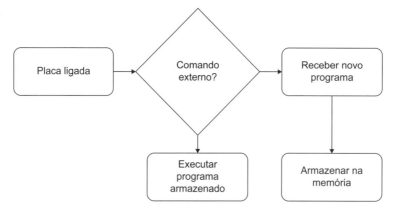

Figura 1.6. Fluxo de gravação com bootloader.

Para facilitar esse processo, utilizaremos os ambientes desenvolvidos para cada plataforma. A relação é apresentada na Tabela 1.1.

Tabela 1.1. Softwares de programação das placas

Placa-base	IDE	Versão
Arduino	Arduino IDE	1.06
Chipkit	MPIDE	0.9
Freedom	Kinetis Design Studio	3.2.0
PQDB-PICSimLab	MPLABX IDE	5.5.0

1.6 | Uso da linguagem C

A linguagem C foi escolhida para este livro porque, além de ser a mais utilizada em sistemas embarcados, é uma alternativa mais simples do que o assembly para quem está começando. Além disso, permite que façamos acesso direto aos registros de hardware, fundamental para garantir que os sistemas eletrônicos se comportem do modo desejado.

O processo de programação em C para sistemas embarcados apresenta algumas diferenças para a programação em C para computadores tradicionais. Existem preocupações maiores com questões de tamanho de código, consumo de memória e velocidade de execução. Isso leva a cuidados extras na declaração das variáveis e dos tipos utilizados.

Além disso, é muito comum a manipulação de bits na memória, principalmente nas regiões de memória onde os periféricos são mapeados.

Por fim, a possibilidade de utilização de interrupções em conjunto com variáveis que representam valores físicos permite que o programador utilize diferentes estratégias de programação.

2 Sistemas de numeração

uqr.to/1cqz0

"Números perfeitos, assim como homens perfeitos, são muito raros."
René Descartes

Para poder trabalhar com a informação, é necessário representá-la em um formato acessível. A música, por exemplo, possui diversas características que devem ser informadas para que ela seja tocada corretamente. Para executar uma nota deve-se saber sua intensidade, frequência e duração. A Tabela 2.1 apresenta uma listagem com essas informações para as quatro primeiras notas de uma música.

Tabela 2.1. Sequência de notas musicais

Tempo	Frequência (nota)	Intensidade
10 ms	440	15
12 ms	720	30
5 ms	0	0 (sem som)
12 ms	720	30

Esse modo de representação, apesar de correto, não é adequado para os músicos, principalmente por ocupar muito espaço e dificultar a leitura durante a execução da música.

Para isso, foi desenvolvida a partitura. Ela apresenta as notas de um modo gráfico mais natural para os músicos, como na Figura 2.1. Esta mudança de formato faz com que algumas informações se tornem mais claras, como a relação entre duas notas e como é o andamento da melodia. Isso simplifica a leitura e utilização dos dados.

Muitas das informações que se deseja armazenar são formadas por quantidades. A ideia de representar uma quantidade através de símbolos é bastante antiga. A representação atual é baseada nos algarismos arábicos, através de uma base decimal.

No entanto, para simplificar o desenvolvimento dos computadores, adotou-se a base binária. Isso permitiu a criação de sistemas mais estáveis, robustos e baratos. Na base binária, cada posição de um número pode conter apenas os valores **0** ou **1**.

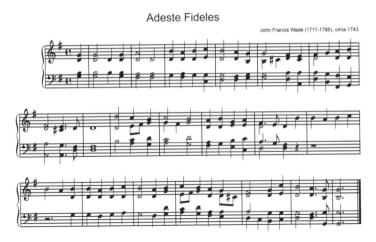

Figura 2.1. Partitura musical.

Neste capítulo serão abordadas as diferentes bases comumente utilizadas em computação e também as diferentes representações destes números.

2.1 | As bases decimal, binária e hexadecimal

As bases mais utilizadas durante a programação dos sistemas embarcados são a decimal, por ser a base que é usada no dia a dia; a binária, por ser o modo que os processadores trabalham; e a hexadecimal. Esta última serve para facilitar a leitura ou a operação com números binários, principalmente por reduzir a quantidade de algarismos exibidos.

No entanto, deve-se ressaltar que dentro do processador todos os números são armazenados em binário, até mesmo as letras de um texto.

2.1.1 | Decimal

Um número é composto por diferentes algarismos. Para saber quanto um algarismo contribui para o número é preciso duas informações: o valor do algarismo e a posição que se encontra. A Figura 2.2 apresenta o número 1234 na base decimal. Esse número é formado por 4 algarismos.

Figura 2.2. Valor dos algarismos.

O valor do número pode ser definido conforme a posição de cada algarismo. Nesse caso, o número **1** vale **1000**, o **2** vale **200**, o **3** vale **30** e o **4** vale **4**. O resultado é a soma desses valores. Este processo está representado na Figura 2.3.

Figura 2.3. Algarismos de milhar, centena, dezena e unidade.

O valor final pode ser definido como a soma de cada algarismo multiplicado por uma potência de 10. O expoente da potência depende da posição do algarismo no número.

$$d_{n-1} \times 10^{n-1} + d_{n-2} \times 10^{n-2} + \cdots + d_1 \times 10^1 + d_0 \times 10^0 \tag{2.1}$$

Este é um conceito relativamente simples. O que se faz ao criar um número na base 10 é contar quantas vezes uma quantidade é múltipla de 1 (10^0), de 10 (10^1), de 100 (10^2), de 1000 (10^3) etc. Para as demais bases a ideia é a mesma, mas em vez de usar o valor **10** como base, são utilizados os valores **2** para a binária e **16** para a hexadecimal. A representação matemática de um número N na base B é dada por N_b, conforme a equação a seguir:

$$N_b = \sum_{i=0}^{m-1} d_i b^i \tag{2.2}$$

Para que essa formulação seja válida, os valores devem obedecer a seguinte equação:

$$b > 1, 0 <= d_i <= (b-1), (b, d_i, N_b) \in \mathbb{N} \tag{2.3}$$

2.1.2 | Binária

Conforme apresentado, a base binária possui grande utilidade em sistemas computacionais por ser o modo como, em geral, os computadores armazenam e executam as operações com números.

Especificando, a notação matemática de uma base genérica para uma base **2**, temos que um número na base **2** (N_2) será representado por:

$$N_2 = \sum_{i=0}^{m-1} d_i \times 2^i \tag{2.4}$$

$$d^i \in (0, 1) \tag{2.5}$$

A expressão diz que um algarismo em um número binário representa a existência de um valor em uma potência de **2**, como representado na Figura 2.4. Nela, pode-se ver que cada digito d_n representa um valor igual ao dobro do dígito d_{n-1}.

Os algarismos do número apresentado na Figura 2.4, podem ser apenas zero ou um. Deste modo, na soma, o algarismo indica a presença (**1**) ou ausência (**0**) daquela potência de dois no número final. A Figura 2.5 apresenta um exemplo de um número binário com 5 algarismos.

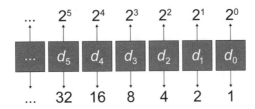

Figura 2.4. Valores dos algarismos num número binário.

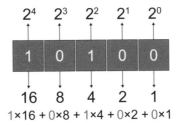

$1 \times 16 + 0 \times 8 + 1 \times 4 + 0 \times 2 + 0 \times 1$

Figura 2.5. Exemplo de número binário.

A Figura 2.6 apresenta uma tabela com alguns valores de conversão de binário para decimal.

Binário	Decimal	Binário	Decimal
0_2	0_{10}	110_2	6_{10}
1_2	1_{10}	111_2	7_{10}
10_2	2_{10}	1000_2	8_{10}
11_2	3_{10}	1001_2	9_{10}
100_2	4_{10}	1010_2	10_{10}
101_2	5_{10}	1011_2	11_{10}

Figura 2.6. Tabela de conversão binário-decimal.

2.1.3 | Hexadecimal

A base binária representa como os números são armazenados e manipulados pelo processador. No entanto, um número com vários zeros e uns é de difícil assimilação pelo ser humano. Isto pode induzir a erros, principalmente quando se manipula esses números.

Visando simplificar a escrita, é comum utilizar a base hexadecimal. Essa base funciona com 16 algarismos, de modo que cada posição é representada por uma potência de 16.

$$N_{16} = \sum_{i=0}^{m-1} d_i 16^i \qquad (2.6)$$

$$d^i \in (0, 1, 2, 3, 4, 5, 6, 7, 8, 9, A, B, C, D, E, F) \qquad (2.7)$$

Como existem apenas 10 algarismos, foram utilizadas as seis primeiras letras do alfabeto para completar os algarismos. Assim, o caractere "**A**" representa a quantidade **10**, o caractere "**B**" o valor **11** e assim por diante até o caractere "**F**" que representa **15**. A Figura 2.7 apresenta os valores de cada uma das posições em um número hexadecimal.

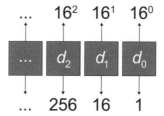

Figura 2.7. Valores dos algarismos em um número hexadecimal.

Por exemplo o número $F20C_{16}$: o caractere "**C**" indica que na primeira posição tem-se **C** (**12**) unidades de base **16**, cujo valor de cada unidade é 16^0 = 1. Já o caractere **2** indica que este número possui duas quantidades na terceira posição. Isso indica que este número vale 2 × 16^2, totalizando **512**. A mesma coisa acontece para o caractere "**F**". A Figura 2.8 apresenta essa informação de modo gráfico.

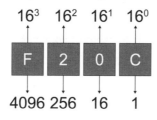

15×4096 + 2×256 + 0×16 + 12×1

Figura 2.8. Exemplo de número hexadecimal.

2.2 | Conversão entre bases

Como já foi apresentado, as bases são apenas um modo de escrever, com algarismos, a mesma quantidade, obtendo representações diferentes.

Como exemplo, podemos ver a Figura 2.9. Fazendo a contagem na base decimal, existem 8 pontos ou 8_{10}. Se for armazenar a mesma quantidade na base binária, então se tem o valor 100_2.

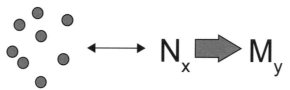

Figura 2.9. Processo de conversão entre bases.

Todas as três bases apresentadas, binária, decimal e hexadecimal, possuem utilidade na hora de programar para um processador. É bastante comum que em diferentes momentos se queira saber a quantidade em diferentes bases.

Ainda no exemplo da Figura 2.9, ao conversar com alguém, se diz que existem oito (8_{10}) pontos. No entanto, se quisermos olhar como esse valor está armazenado no computador, esperamos ver o número 1002.

Para converter um número N, que está numa base decimal, para uma base Y, basta dividir N por Y sucessivas vezes enquanto anota-se o resto de cada divisão, de trás pra frente. Continua-se esse procedimento até o resultado ser zero.

Por exemplo, para converter 56_{10} na base 3, podemos dividir o número por 3 e anotar os resultados.

```
56/3 = 18 resto 2
18/3 =  9 resto 0
 9/3 =  3 resto 0
 3/3 =  1 resto 0
 1/3 =  0 resto 1
```

Anotando todos os valores de resto, da última divisão para a primeira, tem-se o número **10002** na base **3**, que equivale ao número **56** na base decimal. Portanto, a conversão de decimal para binário, ou de hexadecimal para binário, pode ser feita por meio de divisões sucessivas. A Figura 2.10 apresenta a conversão do número 231_{10} para binário e hexadecimal nesse processo.

```
231 | 2                    231 | 16
  1 115 | 2                  7   14
      1  57 | 2
          1  28 | 2
              0  14 | 2
                  0   7 | 2
                      1   3 | 2
                          1   1
```

Figura 2.10. Exemplo de conversão utilizando divisões.

O processo para converter um número N na base Y para a base decimal é feito somando os algarismos em cada posição do número N, levando em conta a base utilizada.

Por exemplo, convertendo o número **10432** na base **5** para uma base decimal: se esse número está na base **5**, cada posição é um múltiplo de **5**. A primeira posição indica a quantidade de valores 5^0, a segunda posição indica a quantidade de 5^1 e assim por diante.

A primeira posição, da direita para a esquerda, será o algarismo **2**, $2 \times 5^0 = 5$. Já o algarismo **3** representa que o número em questão possui três unidades na posição dois, ou seja, 3×5^2. Desse modo, pode-se expressar o número 10432_5 como:

$$10432_5 = (1 \times 5^4) + (0 \times 5^3) + (4 \times 5^2) + (3 \times 5^1) + (2 \times 5^0)$$
$$10432_5 = (1 \times 625) + (0 \times 125) + (4 \times 25) + (3 \times 5) + (2 \times 1)$$
$$10432_5 = 625 + 0 + 100 + 15 + 1$$
$$10432_5 = 741_{10}$$

Para converter as outras bases para a base decimal pode ser feito o mesmo procedimento. Por exemplo, convertendo o número 13F4₁₆ tem-se:

$$13F4_{16} = (1 \times 16^3) + (3 \times 16^2) + (F \times 16^1) + (4 \times 16^0)$$
$$13F4_{16} = (1 \times 4096) + (3 \times 256) + (15 \times 16) + (4 \times 1)$$
$$10432_5 = 4096 + 768 + 240 + 4$$
$$10432_5 = 5108_{10}$$

Para o número binário 1001011₂ pode ser feito:

$$1010111_2 = (1 \times 2^6) + (0 \times 2^5) + (1 \times 2^4) + (0 \times 2^3) + (1 \times 2^2) + (1 \times 2^1) + (1 \times 2^0)$$
$$1010111_2 = (1 \times 64) + (0 \times 32) + (1 \times 16) + (0 \times 8) + (1 \times 4) + (1 \times 2) + (1 \times 1)$$
$$1010111_2 = 64 + 0 + 16 + 0 + 4 + 2 + 1$$
$$1010111_2 = 87_{10}$$

A conversão de binário para hexadecimal, ou de hexadecimal para binário, pode ser feita de um modo bem mais simples. Primeiramente, separa-se os algarismos do número binário em grupos de 4 algarismos, da direita para a esquerda. Para cada grupo de 4 algarismos basta então utilizar a Tabela 2.2 como ferramenta de conversão.

Tabela 2.2. Representação decimal – binária – hexadecimal

Decimal	Binária	Hex.	Decimal	Binária	Hex.
0	0000	0	8	1000	8
1	0001	1	9	1001	9
2	0010	2	10	1010	A
3	0011	3	11	1011	B
4	0100	4	12	1100	C
5	0101	5	13	1101	D
6	0110	6	14	1110	E
7	0111	7	15	1111	F

Por exemplo, o número 18, que na representação binária é dado por 10010₂. Utilizando o procedimento citado, pode-se agrupá-lo em dois conjuntos 1 e 0010.

Da Tabela 2.2 pode-se verificar que 1₂ é equivalente a 1₁₆ e que 0010₂ pode ser representado pelo número 2₁₆. Logo, pode ser definido que 10010₂ pode ser representado em hexadecimal por 12₁₆.

2.3 | BCD e BCD compactado

Alguns dispositivos possuem modos diferentes de interpretar as informações armazenadas em base binária. Alguns destes dispositivos separam um byte, um conjunto de 8 bits, em dois nibbles, um conjunto de 4 bits. A Figura 2.11 apresenta esta relação.

Cada nibble pode contar de zero a 1111₂, o que em decimal significa uma variação de zero a 15. No entanto, para simplificar a utilização dos dispositivos, optou-se por armazenar apenas valores de zero a 9. Esse tipo de codificação é conhecido como BCD - *Binary Coded Decimal*, ou Decimal Codificado em Binário. Assim, os números são armazenados de forma que a conversão de binário para decimal seja direta, pois cada posição de memória guardaria apenas um algarismo decimal.

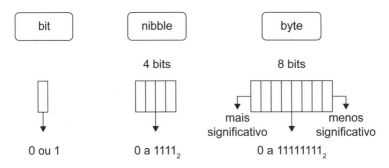

Figura 2.11. Relação entre bit, nibble e byte.

Apesar de facilitar a utilização em alguns casos, essa abordagem diminui a capacidade de armazenamento dos valores, pois cada byte, que antes podia contar até 255, agora só armazena valores de zero a 9.

Uma alternativa para melhorar essa estrutura é o BCD compactado. Para armazenar valores de zero a 9 são precisos apenas 4 bits. Por este motivo, em cada byte de um número em BCD, 4 bits ficavam sem utilização. O BCD compactado agrupa então dois números codificados em BCD utilizando apenas um byte, conforme Figura 2.12.

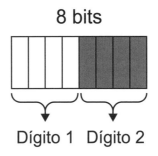

Figura 2.12. Representação de um número BCD compactado.

Apesar de facilitar o uso dos dados em algumas situações, deve-se ter muito cuidado no uso de variáveis cujos valores representam BCDs compactados. Qualquer processo de cálculo envolvendo essas variáveis deve ser realizado levando-se em consideração as diferenças para uma variável regular.

Como cada nibble (conjunto de 4 bits) é utilizado para armazenar apenas um dígito, um byte, que normalmente pode contar de zero a 256, agora está limitado de zero a 99.

2.4 | Código Gray

Uma outra codificação bastante utilizada é o código Gray. Ele foi inicialmente utilizado para reduzir os erros que surgiam na transição dos *encoders*, equipamentos utilizados para medição de elementos rotativos. A ideia é criar uma sequência de valores, em binário, em que o próximo valor possua apenas um bit de diferença do anterior. Essa característica é muito útil ao se implementar sistemas que utilizem leitura de posições sequenciais, como nos *encoders*.

A Figura 2.13 apresenta dois discos codificados em binário. Nesse exemplo, poderiam ser utilizados até três sensores, um em cada uma das três faixas. O sensor retornaria o valor 1 se a área debaixo do sensor for branca e zero se a área for preta. Desse modo, pode-se identificar em qual das oito posições o sensor se encontra.

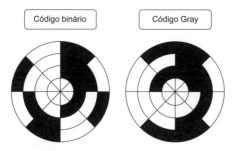

Figura 2.13. Disco rotativo em código binário e código Gray.

Esse é o funcionamento básico do *encoder* que atua como um sensor angular, como um controle de volume, por exemplo. Se for preciso aumentar a precisão, basta adicionar mais faixas e mais sensores.

A Figura 2.14 apresenta a contagem de zero a 7 nos códigos binário e Gray. Pode-se perceber que no código Gray apenas um bit é alterado a cada linha. Já o código binário chega a modificar até 3 bits de uma única vez.

Binário	Decimal	Gray
0_{10}	0000_2	0000_2
1_{10}	0001_2	0001_2
2_{10}	0010_2	0011_2
3_{10}	0011_2	0010_2
4_{10}	0100_2	0110_2
5_{10}	0101_2	0111_2
6_{10}	0110_2	0101_2
7_{10}	0111_2	0100_2

■ mantido　■ alterado

Figura 2.14. Tabela de conversão Binário-Decimal-Gray.

Ambos os códigos, binário simples ou Gray, conseguem identificar corretamente todas as áreas. A vantagem do código Gray pode ser observada quando são considerados os erros que podem acontecer no sistema: problemas na impressão dos discos pintados, desalinhamento ou posicionamento dos sensores e até mesmo da vibração do equipamento enquanto este estiver em uso.

A Figura 2.15 apresenta novamente os dois discos dando ênfase nas bordas das impressões das áreas. Ambos os discos apresentam algum tipo de erro de impressão.

Pode-se notar que o disco 1 apresenta um valor errado entre os dois valores corretos. Já o disco codificado em Gray apresenta apenas um atraso no valor correto, mas não apresenta um valor discrepante na mudança.

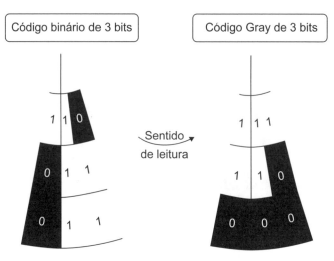

Figura 2.15. Disco rotativo em código Gray.

2.5 | Codificação ASCII

Os computadores apenas armazenam e manipulam valores codificados em binário. Desse modo, qualquer tipo de informação, som, imagem ou texto tem que ser codificado em valores binários. Para codificar um texto é preciso adotar um valor binário para cada letra do alfabeto. O código mais simples é o ASCII (*American Standard Code for Information Interchange*).

O protocolo ASCII foi originalmente baseado no alfabeto inglês, sendo derivado dos primeiros códigos eletrônicos para transmissão de mensagens através de telégrafos. A principal motivação para o desenvolvimento desse código foi a necessidade de incluir letras minúsculas e marcações de pontuação nas mensagens.

Dado o espaço disponível, de 7 bits, foi possível codificar letras maiúsculas, minúsculas, pontuação, símbolos gráficos e comandos de controle. Os comandos eram ações especiais que seriam tomadas pelo equipamento que estivesse lendo a mensagem.

A primeira padronização desse código foi feita em maio de 1963 com a votação da inclusão das letras em minúsculas no padrão. A versão atual desse código é a ANSI X3.4, de 1986. A Tabela 2.3 relaciona os valores, em hexadecimal, e os símbolos gráficos definidos nessa norma.

A criação da tabela levou em conta a melhor organização dos símbolos e suas funções. O espaço disponível, de zero a 127, foi dividido em 4 seções. A primeira seção abriga os comandos como mudança de linha, quebra de página, entre outros. A única exceção é o comando DEL, que apaga a letra à direita do cursor, pois se encontra na última posição da tabela. Esse comando foi padronizado muito tempo depois da criação da tabela original, por isso havia sobrado apenas essa posição para ele.

Os comandos foram concebidos para controlar os primeiros equipamentos de impressão, sendo que vários deles não são mais utilizados. Entre os comandos ainda utilizados, tem-se o *line feed* (LF - **0×0A**), que funciona como indicador de mudança de linha. Alguns sistemas utilizam o LF em conjunto com o *carriage return* (CR - **0×0D**) para indicar uma nova linha. Para utilizar esses comandos na linguagem C, costuma-se usar códigos de escape para inserir esses caracteres especiais no texto.

Tabela 2.3. Codificação dos caracteres em ASCII

Hex	Cmd	Escape Code	Hex	Char	Hex	Char	Hex	Char
0	NUL	\0	20	(space)	40	@	60	'
1	SOH		21	!	41	A	61	a
2	STX		22	"	42	B	62	b
3	ETX		23	#	43	C	63	c
4	EOT		24	$	44	D	64	d
5	ENQ		25	%	45	E	65	e
6	ACK		26	&	46	F	66	f
7	BEL	\a	27	'	47	G	67	g
8	BS	\b	28	(	48	H	68	h
9	HT	\t	29	)	49	I	69	i
0A	LF	\n	2A	*	4A	J	6A	j
0B	VT	\v	2B	+	4B	K	6B	k
0C	FF	\f	2C	,	4C	L	6C	l
0D	CR	\r	2D	-	4D	M	6D	m
0E	SO		2E	.	4E	N	6E	n
0F	SI		2F	/	4F	O	6F	o
10	DLE		30	0	50	P	70	p
11	DC1		31	1	51	Q	71	q
12	DC2		32	2	52	R	72	r
13	DC3		33	3	53	S	73	s
14	DC4		34	4	54	T	74	t
15	NAK		35	5	55	U	75	u
16	SYN		36	6	56	V	76	v
17	ETB		37	7	57	W	77	w
18	CAN		38	8	58	X	78	x
19	EM		39	9	59	Y	79	y
1A	SUB		3A	:	5A	Z	7A	z
1B	ESC	\e	3B	;	5B	[	7B	{
1C	FS		3C	<	5C	\	7C	|
1D	GS		3D	=	5D	]	7D	}
1E	RS		3E	>	5E	^	7E	~
1F	US		3F	?	5F	_	7F	DEL

A segunda seção abrange a grande maioria dos símbolos de pontuação e caracteres matemáticos, incluindo os números arábicos. Esses símbolos foram posicionados levando-se em conta a sequência em que aparecem nas antigas máquinas de escrever. Atualmente, algumas mudanças foram feitas nos teclados modernos, por isso a sequência física não corresponde exatamente à sequência lógica da tabela, mas não gera nenhum problema.

Por fim, a terceira seção abriga as letras maiúsculas e a quarta, as correspondentes minúsculas. Elas estão organizadas de modo que a diferença entre as maiúsculas e as minúsculas é de apenas um bit, facilitando os algoritmos de ordenação de textos.

O código ASCII define apenas os caracteres da língua inglesa, ocupando as posições de 0 à $7F_{16}$ (127_{10}), não possuindo caracteres acentuados ou o alfabeto grego, cirílico etc. Para dar suporte a esses caracteres, outras codificações foram desenvolvidas. Os códigos mais utilizados atualmente são o UTF-8 e o ISO-8859, que possuem compatibilidade com o ASCII, ou seja, as primeiras 127 posições são as mesmas.

2.6 | Exercícios

Ex. 2.1 — Qual a vantagem da base hexadecimal?

Ex. 2.2 — Onde é utilizado o código Gray?

Ex. 2.3 — Porque o código ASCII não apresenta suporte a acentos?

Ex. 2.4 — Converta os seguintes números da base decimal para a base binária:
- 10
- 255
- 32
- 1984

Ex. 2.5 — Converta os seguintes números da base hexadecimal para a base binária:
- 0×125
- 0×AA
- 0×55
- 0×15FB
- 0×4B1D
- 0×AA030586

Ex. 2.6 — Qual a diferença de um número codificado em BCD compactado ou em hexadecimal?

3 Operações binárias

uqr.to/1cqz0

"A virtude do binário é ser o modo mais simples de representar números. Qualquer outra coisa é mais complicada. Você pode pegar erros com ele, é inequívoco em sua leitura, há muitas coisas boas sobre o binário."
George M. Whitesides

Na programação de sistemas embarcados, algumas dessas posições de memória servem para diferentes propósitos, não apenas para armazenar valores. Em algumas dessas memórias, cada um dos bits possui um significado diferente, fazendo com que seja necessário conseguir manipulá-los individualmente ou em pequenos grupos.

Para efetuar essas operações binárias são utilizados conceitos específicos da lógica booleana implementados na linguagem C.

Este capítulo fará uma introdução à lógica booleana, bem como ao processo de manipulação de bits em linguagem C.

3.1 | Álgebra booleana

A álgebra booleana é a porção da matemática que nos permite descrever circuitos lógicos. Por circuitos lógicos entende-se qualquer sistema que processe sinais cujos valores possuem apenas dois estados.

Estes sinais não representam necessariamente números, mas estados, como o estado lógico falso/verdadeiro, baixo/alto, zero/um. Uma variável booleana mantém um estado lógico, e não necessariamente um valor numérico.

Para a linguagem C, toda variável que possui valor zero é considerada **falsa**. Toda variável que possui valor diferente de zero é **verdadeira**.

Fazendo uma analogia com um sistema elétrico, podemos tomar como exemplo um circuito elétrico composto por uma fonte, chaves mecânicas e lâmpadas. A fonte fornece energia, sendo a responsável por permitir que o sistema funcione. Ela garante o estado lógico verdadeiro. Para as chaves, pode-se convencionar que: quando ela estiver pressionada seu estado é verdadeiro, se estiver solta o estado lógico é falso. Para a lâmpada, se estiver acesa é considerado como verdadeiro e se estiver apagada o estado é falso.

A lógica de acendimento da lâmpada depende de como a fonte, as chaves e a lâmpada foram ligadas e das regras usadas para definir o funcionamento do circuito.

Nos próximos exemplos são utilizados como regras as leis da eletricidade básica, em que a corrente sai do positivo da fonte e caminha para o negativo, conforme apresentado na Figura 3.1.

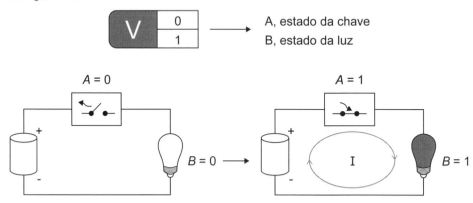

Figura 3.1. Chave alterando estado da lâmpada.

Nesse caso, pode ser interpretado o estado da chave e o estado da lâmpada como variáveis binárias. Se a chave estiver solta, ou a lâmpada apagada, pode-se considerar que elas estão com o estado zero. Se a chave estiver pressionada ou a lâmpada acesa, o estado será interpretado como um.

Uma das diferenças entre a álgebra booleana e a álgebra que se conhece são as operações. Para a álgebra comum, tem-se a soma, subtração, multiplicação etc. Para a álgebra booleana, são definidas três operações básicas: a operação **OU**, **E** e **NÃO**. Em circuitos lógicos, essas operações são representadas por meio de símbolos conhecidos como portas lógicas. Esses símbolos estão apresentados na Figura 3.2.

Figura 3.2. Operações binárias.

As portas lógicas podem ser encadeadas para formar outros circuitos, que possuem funcionamento diferente. Algumas dessas combinações formam circuitos bastante úteis e utilizados em diversos lugares.

Um exemplo é a formação da porta **OU EXCLUSIVA**. A Figura 3.3 apresenta o circuito equivalente utilizado para implementar essa porta. Sua representação gráfica é similar à porta **OU**, com um traço extra.

O modo de operação de uma porta lógica, ou de um circuito lógico, pode ser representado por meio de uma tabela. Essa tabela é conhecida como tabela verdade e indica qual é a saída de um circuito para cada combinação de valores das entradas.

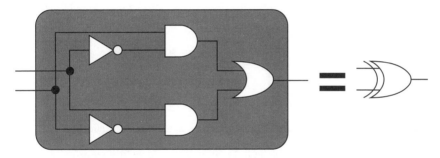

Figura 3.3. Circuito equivalente de uma porta OU EXCLUSIVA.

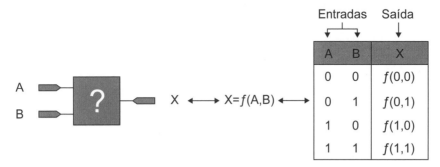

Figura 3.4. Transcrição de um circuito digital para tabela verdade.

A Figura 3.4 apresenta como transcrever um circuito digital para notação matemática e para tabela verdade. A caixa representa o circuito digital: qualquer combinação das entradas através de portas lógicas resultando em uma saída de informação.

A notação matemática faz uso da lógica booleana. Nessa lógica, as operações do tipo **OU** são representadas pelo símbolo de soma: "$A+B$". As operações do tipo **E** são representadas por um ponto, representando o símbolo de multiplicação: "$A \cdot B$". As operações do tipo **NÃO** são representadas por um traço em cima da variável ou operação a ser negada: "$\overline{A}$".

A tabela verdade é uma ferramenta bastante simples de ser utilizada. Dados os valores de entrada para as variáveis, ela apresenta o valor esperado na saída.

3.1.1 | Operação NÃO

A operação de negação é a operação mais simples da lógica digital. Ela funciona negando a informação de entrada. Se na entrada o estado for verdadeiro, na saída da porta o estado passa a ser falso.

Uma utilidade dessa operação é indicar a execução de uma atividade apenas quando uma premissa for falsa. Um exemplo seria: "Se não estiver chovendo, vou sair de bicicleta". A ação de sair de bicicleta só será realizada se a premissa "estiver chovendo" for falsa.

Utilizando termos numéricos, a operação de negação inverte os valores em uma variável binária. Os bits que valem **1** (um) passam a valer **0** (zero) e os bits que valem **0** (zero) passam a valer **1** (um).

Outro modo de visualizar essa operação é por meio de um circuito com uma chave em paralelo com a lâmpada, conforme a Figura 3.5.

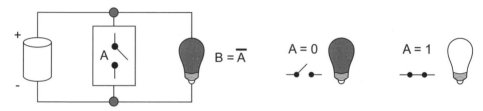

Figura 3.5. Chave funcionando como operação binária *não*.

Se a chave A estiver aberta (estado **0**), a lâmpada está ligada (estado **1**). Se a chave estiver fechada (estado **1**), o curto-circuito fará com que a lâmpada apague. Esse é o funcionamento de uma operação lógica de negação. A Tabela 3.1 apresenta esse comportamento.

Tabela 3.1. Tabela verdade porta NÃO

A	!A
0	1
1	0

Na linguagem de programação C, a operação lógica de negação é feita pelo operador exclamação: "**!**". Lembrando que na linguagem C uma variável com valor zero representa falso e uma variável com valor diferente de zero representa verdadeiro.

```
1 char ini = 12;
2 char result;
3 //ini = 0b00001100
4 result = !ini;
5 //result = 0
6 result = !(!ini);
7 //result = 1
```

A variável **ini** possui o valor **12** que, por ser diferente de zero, é interpretado como verdadeiro. A operação de negação transforma esse valor em falso, ou seja, a variável **result** terá o valor zero. Se duas operações de negação forem feitas em sequência, a primeira operação transformará o valor em **0** e a segunda operação transformará o valor em **1**.

O valor volta a ser verdadeiro, porém diferente do valor original. A utilização de duas operações de negação em sequência é bastante utilizada para garantir que a informação original fique restrita aos valores **0** e **1**.

3.1.2 | Operação E

A operação lógica **E** funciona baseada em duas informações de entrada. Essa operação lógica retorna um resultado verdadeiro apenas quando ambas as entradas são verdadeiras. Se alguma das entradas for falsa, a saída é falsa.

Essa operação é utilizada quando é necessário duas premissas para poder realizar uma ação. Um exemplo seria: "Se eu tiver dinheiro E estiver com fome, comprarei um lanche". A ação de comprar um lanche só será realizada se ambas as premissas: "tiver dinheiro" e "estiver com fome" forem verdadeiras.

Do ponto de vista matemático, seu funcionamento se assemelha à operação de multiplicação, em que, se algum dos valores for igual a zero, o resultado é zero. Por esse motivo, pode ser representada pelo sinal de multiplicação. A Tabela 3.2 apresenta o comportamento dessa operação.

Tabela 3.2. Tabela verdade porta E

A	B	A&&B
0	0	0
0	1	0
1	0	0
1	1	1

Essa operação pode ainda ser interpretada como duas chaves ligadas em série com uma lâmpada num circuito fechado, como demonstrado pela Figura 3.6.

$X = A \cdot B$

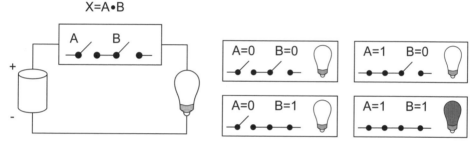

Figura 3.6. Chave funcionando como operação binária E.

A lâmpada só estará ligada se ambas as chaves forem pressionadas simultaneamente. Se apenas uma delas estiver pressionada, a corrente elétrica não terá um caminho fechado para circular, fazendo com que a lâmpada permaneça desligada.

Na linguagem C utiliza-se o operador **&&**, dois E comerciais, para realizar a operação lógica **E**. Nessa operação, os valores das variáveis **A** e **B** são avaliados como verdadeiros, diferentes de zero, ou falsos, iguais a zero.

```
1  char result;
2  char A = 8;
3  //A = 0b00001000
4  char B = 5;
5  //B = 0b00000101
6  result = A && B;
7  //result = 1
```

A variável **result** recebe o valor **1** como resultado da operação, pois as variáveis **A** e **B** são verdadeiras, ou seja, possuem valor diferente de zero.

3.1.3 | Operação OU

A operação lógica **OU** trabalha com dois operandos de entrada. A saída dessa operação só apresentará o estado falso se ambas as entradas forem falsas. Se pelo menos uma das entradas for verdadeira, o estado da saída será verdadeiro. Isso é representado pela Tabela 3.3.

Tabela 3.3. Tabela verdade porta OU

A	B	A||B
0	0	0
0	1	1
1	0	1
1	1	1

O circuito equivalente que executa a mesma funcionalidade da operação lógica OU pode ser implementado com duas chaves em paralelo para acionar uma lâmpada, conforme mostrado pela Figura 3.7.

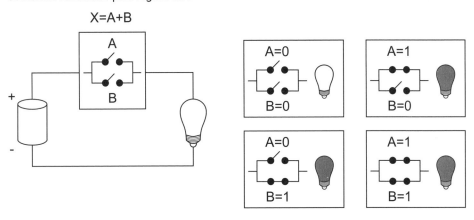

Figura 3.7. Chave funcionando como operação binária *OU*.

Se qualquer uma das chaves estiver pressionada, o caminho entre a bateria e a lâmpada é fechado e a corrente que circula faz com que a lâmpada acenda. Se ambas as chaves estiverem pressionadas a lâmpada continua acesa, pois não há interferência de uma chave na segunda. Apenas quando ambas as chaves estão desligadas é que a lâmpada fica apagada.

O operador utilizado é o **||**, duas barras paralelas, também conhecido como pipe. Assim como os demais operadores binários, o resultado da operação só pode ter como valores zero ou um.

```
1 char result;
2 char A = 8;
3 //A = 0b00001000
4 char B = 5;
5 //B = 0b00000101
6 result = A || B;
7 //result = 1
```

3.1.4 | Operação OU EXCLUSIVO

A operação **OU EXCLUSIVO** verifica se apenas uma das entradas é verdadeira. Nesse caso, a saída também é verdadeira. Se ambas forem iguais a zero, ou ambas iguais a um, a saída é zero, conforme Tabela 3.4.

Para exemplificar esse comportamento é necessária uma chave especial. Essa chave especial é composta de duas chaves simples: uma que está sempre fechada e uma que está sempre aberta. Essas duas chaves estão conectadas fisicamente, de modo que quando uma é pressionada a outra também se move. Desse modo, a chave fechada se abre e a que estava aberta se fecha.

Tabela 3.4. Tabela verdade porta OU EXCLUSIVO

A	B	A⊕B
0	0	0
0	1	1
1	0	1
1	1	0

Essa chave é comum em interruptores paralelos, também conhecidos como *three-way*. Esses interruptores são utilizados em pares, para poder ligar ou desligar uma lâmpada em dois locais diferentes, como nas duas pontas de um corredor.

A Figura 3.8 apresenta este circuito. A linha tracejada indica a conexão física entre as duas chaves que formam o interruptor A e as duas chaves que formam o interruptor B.

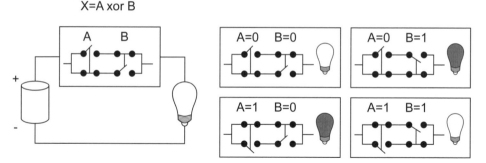

Figura 3.8. Chave funcionando como operação binária *OU EXCLUSIVO*.

Quando ambas as chaves estão soltas, não existe nenhum caminho para a corrente circular da fonte até a lâmpada e esta permanece desligada. Se apenas a chave A for pressionada, o caminho de cima é completado e a corrente flui. A mesma coisa acontece se apenas a chave B for pressionada, mas o caminho se completa pela parte de baixo das chaves. Se ambas as chaves forem pressionadas a corrente para de circular, pois o caminho é interrompido.

Para implementar essa lógica em linguagem C deve-se utilizar a definição da própria operação ou exclusiva, visto que não há operador pronto.

```
1 char result;
2 char A = 8;
3 //A = 0b00001000
4 char B = 5;
5 //B = 0b00000101
6 result = (A && !B) || (!A && B);
7 //result = 1
```

3.2 | Operações binárias (bitwise)

Nos sistemas microcontrolados, todas as informações são codificadas em valores binários, mas a maioria das variáveis é composta por um conjunto de bits. Em geral, a manipulação da variável altera todos os bits ao mesmo tempo.

Existem, no entanto, algumas variáveis nas quais cada bit tem uma interpretação ou funcionalidade diferente. Por isso, é necessário realizar algumas operações que modifiquem apenas um bit, mantendo os demais bits da variável inalterados.

Um exemplo são as portas de entrada e saída. O primeiro bit pode ser o responsável por controlar o acionamento de um motor para a esquerda, enquanto o segundo bit controla o acionamento para a direita. Nesses casos, é preciso conseguir ligar ou desligar cada um dos bits individualmente. No entanto, as operações lógicas estudadas até agora levam em conta o valor da variável como um todo.

A alternativa é utilizar as operações lógicas bitwise. Essas operações também trabalham com as variáveis, mas em vez de interpretar a variável inteira como uma informação verdadeira ou falsa, elas trabalham com cada bit individualmente.

3.2.1 | Bitwise NÃO

O operador "~" (til) executa uma operação de negação lógica. Por ser um operador bitwise, a operação é realizada para cada um dos bits da variável e não para a variável como um todo. A quantidade de bits que será invertida pelo operador depende do tamanho da variável que está sendo negada.

Sua sintaxe de uso é:

```
resultado = ~variavel;
```

Em que:
- **variavel** — É a variável ou o valor a ser negado.
- **resultado** — Variável que armazena o resultado da negação. O resultado pode ser utilizado sem ser armazenado em uma variável.

Na Tabela 3.5 é apresentada a comparação entre a operação lógica de negação e a operação bitwise de negação.

Tabela 3.5. Operações NÃO em linguagem C

Lógico	Bitwise

1 **unsigned char** A = 12; ↵
  //0b00001100
2 **unsigned char** r;
3 r = !A; //r = 0
4 //A = 0b00001100
5
6 //r = 0b00000000
	1 **unsigned char** A = 12; ↵
	  //0b00001100
	2 **unsigned char** r;
	3 r = ~A; //r = 243
	4 //A = 0b00001100
	5 ||||||||
	6 //r = 0b11110011

Pode-se notar que a operação lógica de negação inverte o estado da variável. Como o valor da variável **A** era diferente de zero, a variável foi interpretada como verdadeira. Assim, o valor invertido é falso, ou zero. Já a função bitwise troca todos os bits de modo individual. Assim, o valor inicial que era **12** passa a ser **243**.

Outra diferença entre as operações é que se a operação bitwise de negação for executada duas vezes seguidas (**~~variável**), o valor da variável volta ao seu estágio inicial. Isto nem sempre é verdade com a operação lógica de negação, principalmente quando o valor inicial da variável não é zero nem um.

3.2.2 | Bitwise E

A operação bitwise E utiliza o operador **&**. Essa operação executa um E lógico para cada par de bits nas posições correspondentes das variáveis de entrada e armazena o resultado de cada uma das operações na variável de saída.

Sua sintaxe de uso é dada por:

```
resultado = variavel1 & variavel2;
```

Em que:

	variavelN	São as variáveis a serem operadas.
	resultado	Variável que armazena o resultado da operação E. O resultado pode ser utilizado sem ser armazenado numa variável.

Na Tabela 3.6 é apresentada a comparação entre a operação lógica E e sua correspondente bitwise.

Tabela 3.6. Operações E em linguagem C

Lógico	Bitwise

1 **char** A = **8**; //0b00001000
2 **char** B = **5**; //0b00000101
3 **char** r;
4 r = A && B;
5 //r = 1
6 //A = 0b00001000
7
8 //B = 0b00000101
9
10 //r = 0b00000001
	1 **char** A = **8**; //0b00001000
	2 **char** B = **5**; //0b00000101
	3 **char** r;
	4 r = A & B;
	5 //r = 0
	6 //A = 0b00001000
	7 | | | |
	8 //B = 0b00000101
	9 | | | |
	10 //r = 0b00000000

Nesse exemplo, ambos os valores originais são diferentes de zero. A operação lógica retorna o resultado verdadeiro, fazendo com que a variável **r** passe a ter o valor **1**.

Já a operação bitwise executa o mesmo processo olhando cada um dos bits das variáveis. O bit na posição zero da variável **A** vale **0**, já o bit na posição zero da variável **B** vale **1**. Como em nenhuma posição das variáveis temos dois bits com valor **1**, em nenhuma posição do resultado haverá um valor **1**. Isso faz com que todos os bits sejam zerados no resultado final.

Esse exemplo apresenta uma situação em que, apesar de possuírem a mesma lógica, como executam o processo com operadores distintos (variável inteira x bits individuais), as funções lógica e bitwise retornam resultados diferentes para os mesmos valores de variáveis iniciais.

3.2.3 | Bitwise OU

O operador |, barra vertical ou pipe, executa uma operação do tipo OU lógica para cada par de bits das variáveis e coloca o resultado no bit correspondente.

Sua sintaxe de uso é:

```
resultado = variavel1 | variavel2;
```

Em que:	**variavelN**	São as variáveis a serem operadas.
	resultado	Variável que armazena o resultado da operação OU. O resultado pode ser utilizado sem ser armazenado em uma variável.

Na Tabela 3.7 é apresentada a comparação entre a operação lógica OU e sua correspondente bitwise.

Tabela 3.7. Operações OU em linguagem C

Lógico	Bitwise

1 **char** A = **9**; //0b00001001
2 **char** B = **3**; //0b00000011
3 **char** r;
4 r = A || B;
5 //r = 1
6 //A = 0b00001001
7
8 //B = 0b00000011
9
10 //r = 0b00001011
	1 **char** A = **9**; //0b00001001
	2 **char** B = **3**; //0b00000011
	3 **char** r;
	4 r = A | B;
	5 //r = 13
	6 //A = 0b00001000
	7 | | | |
	8 //B = 0b00000101
	9 | | | |
	10 //r = 0b00001101

3.2.4 | Bitwise OU EXCLUSIVO

Ao contrário das operações lógicas, a operação OU EXCLUSIVO em bitwise apresenta um operador dedicado a essa função, o acento circunflexo (^). Ele executa uma XOR lógica para cada par de bits e coloca o resultado na posição correspondente.

Sua sintaxe de uso é:

```
resultado = variavel1 ^ variavel2;
```

Em que:	**variavelN**	São as variáveis a serem operadas.
	resultado	Variável que armazena o resultado da operação OU exclusivo. O resultado pode ser utilizado sem ser armazenado em uma variável.

Na Tabela 3.8 é apresentada a comparação entre a operação lógica OU EXCLUSIVA e sua correspondente bitwise.

Tabela 3.8. Operações OU EXCLUSIVO em linguagem C

Lógico	Bitwise
1 `char A = 12;` `//0b00001100` 2 `char B = 5;` `//0b00000101` 3 `char r;` 4 `r = (A && !B) || (!A && ` ↩ `B);` 5 `//r = 0` 6 `//A = 0b00001000` 7 8 `//B = 0b00000101` 9 10 `//r = 0b00000000`	1 `char A = 12;` `//0b00001100` 2 `char B = 5;` `//0b00000101` 3 `char r;` 4 `r = A ^ B;` 5 `//r = 9` 6 `//A = 0b00001100` 7 `||||` 8 `//B = 0b00000101` 9 `||||` 10 `//r = 0b00001001`

Após a execução dessa operação, as posições em que os bits das duas variáveis eram diferentes ficaram em **1**. As posições em que os bits eram iguais, ambos zero, apresentam valor **0**.

3.3 | Operação de deslocamento

Outra operação com bits muito utilizada é o deslocamento dos bits dentro de uma variável. Esta é uma operação nativa dos processadores sendo representada em linguagem C pelos símbolos **>>**, dois maiores, ou **<<**, dois menores.

A operação de deslocamento permite que o programador controle o fluxo dos bits em uma variável, sendo esse o procedimento utilizado para a criação de um sistema de comunicação serial.

As operações de shift em linguagem C podem deslocar os bits para a esquerda: operador **<<**, ou direita: operador **>>**. Essa operação apenas desloca os bits, ela não altera o valor da variável original. Para que o valor seja alterado e armazenado, é necessário atribuir o resultado a uma variável, que pode ser a própria variável original.

Além do operando (valor/variável original) e do operador (maior ou menor), é necessário indicar a quantidade de deslocamentos realizados. A sintaxe de uso destes operadores é:

```
//para direita
resultado = variavel >> vezes;

//para esquerda
resultado = variavel << vezes;
```

Em que:	`variavel`	É a variável ou valor que terá seus bits deslocados.
	`vezes`	Indica a quantidade de vezes que o valor será deslocado.
	`resultado`	Variável que armazena o resultado da operação de deslocamento. Se necessário o resultado pode ser utilizado sem ser armazenado em uma variável.

Se o deslocamento for para a esquerda, o bit mais significativo será descartado e na posição do bit menos significativo será inserido o valor zero, como apresentado na Figura 3.9.

```
unsigned char before;
unsigned char after;
before = 0xB9;
after = before << 1;
//after = 0x72
```

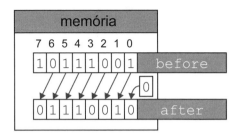

Figura 3.9. Deslocamento de bits para a esquerda.

O valor resultante é, em termos numéricos, maior que o valor inicial. Para um deslocamento de uma posição, o valor será multiplicado por dois, contanto que o resultado não ultrapasse o máximo da variável original. Como a base é uma potência de dois, deslocar o número para a esquerda multiplica todas as posições por dois.

O shift para a direita possui uma peculiaridade. A norma da linguagem C não define se o operador >> deve realizar um shift lógico ou aritmético.

O shift lógico para a direita efetua o deslocamento dos bits e no espaço vazio insere o número zero. O bit menos significativo da variável original é então descartado. A Figura 3.10 apresenta essa operação.

```
unsigned char before;
unsigned char after;
before = 0xB9;
after = before >> 1;
//after = 0x5C
```

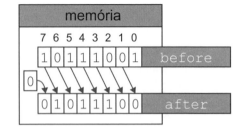

Figura 3.10. Deslocamento de bits para a direita (lógico).

Essa operação é chamada shift lógico porque não considera o resultado numérico da operação. Assim como o shift para a esquerda multiplica o valor por dois, cada deslocamento para a direita divide o valor por dois. Essa afirmação, no entanto, só é válida para números maiores que zero. Para números menores que zero, na representação de complemento de dois, o bit mais significativo tem que continuar valendo **1**, mesmo após o deslocamento. Para este caso foi desenvolvido o shift aritmético.

O shift aritmético para a direita considera, então, o valor do bit mais significativo da variável. Se ele for **0**, será inserido **0** no MSB. Se ele for **1**, será inserido o valor **1**. A Figura 3.11 apresenta esse comportamento:

```
char before;
char after;
before = 0xB9;
after = before >> 1;
//after = 0xDC
```

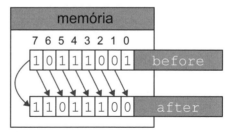

Figura 3.11. Deslocamento de bits para a direita (aritmético).

No entanto, deve-se tomar cuidado ao realizar a operação de shift para a direita. No padrão, não existe nenhuma indicação quando ela será lógica ou aritmética, isso fica a cargo do programador.

Se a variável a ser deslocada não possuir sinal, **unsigned char** ou **unsigned int** por exemplo, o shift executado será um shift lógico. Nesse caso, sempre será inserido o valor zero no bit mais significativo.

Para variáveis com sinal, a documentação da linguagem C deixa a opção entre shift aritmético ou lógico para o desenvolvedor do compilador. Para saber qual foi a escolha é preciso procurar informações na documentação do compilador.

Devemos notar que o shift não altera o valor da variável original. Se for necessário alterá-la após a operação, é preciso salvar o valor em outra variável ou na variável original. A Tabela 3.9 apresenta um exemplo de uso de cada uma das operações de shift.

Tabela 3.9. Operações de deslocamento em linguagem C

Lógico	Bitwise
1 **char** A = 8; //0b00001000	1 **char** A = 8; //0b00001000
2 **char** r;	2 **char** r;
3 r = A << **4**;	3 r = A >> **3**;
4 //r = 128	4 //r = 1
5 //A = 0b00001000	5 //A = 0b00001000
6 |<<<|	6 |>>|
7 //r = 0b10000000	7 //r = 0b00000001

3.3.1 | Shift circular ou rotacionamento de bits

Em algumas ocasiões, pode-se rotacionar os bits de uma variável de modo cíclico, também conhecido como shift circular. Em vez de descartar um bit no deslocamento, este bit é enviado para a outra extremidade da variável. As Figuras 3.12 e 3.13 apresentam os dois modos de rotação.

A linguagem C não dá suporte para executar essa operação diretamente. Para obter esse resultado, pode-se separar a operação em três etapas.

Para efetuar a rotação **X** casas para a esquerda, primeiro desloca-se a variável **X** vezes à esquerda. A operação de shift insere zeros nas novas posições e descarta os valores deslocados para além da variável.

```
unsigned char before;
unsigned char after;
before = 0x39;
after = ROT_RIGHT(before,1);
//after = 0x9C
```

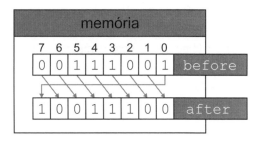

Figura 3.12. Rotação de bits para a direita.

```
unsigned char before;
unsigned char after;
before = 0x39;
after = ROT_LEFT(before,1);
//after = 0x72
```

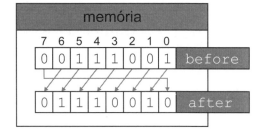

Figura 3.13. Rotação de bits para a esquerda.

Em um segundo momento, desloca-se a variável original **n-8** vezes para a direita, supondo uma variável de 8 bits, fazendo com que os bits que foram perdidos no primeiro deslocamento passem a ficar no lugar correto. Novamente, as posições novas são preenchidas com zeros.

Por fim, realiza-se a operação OU entre esses dois valores intermediários e o resultado será o valor original rotacionado de **X** casas.

```
1 //para rotacionar X casas à esquerda uma variável de 8 bits
2 result = (variavel << X) | (variável >> (8 - X));
3
4 //para rotacionar X casas à direita uma variável de 8 bits
5 result = (variavel >> X) | (variável << (8 - X));
```

3.4 | Manipulando apenas 1 bit de cada vez

Em diversas ocasiões se necessita operar os bits individualmente, principalmente quando esses bits representam saídas ou entradas digitais como, por exemplo, chaves ou leds.

Suponha, por exemplo, que um sistema possua 8 leds ligados ao microcontrolador. Cada led é representado por meio de **1** bit de uma variável. Para ligar ou desligar apenas um led por vez, não alterando o valor dos demais, deve-se utilizar alguns passos da álgebra booleana.

Para ligar apenas um bit, será usada uma operação OU. Supondo duas variáveis iniciais **A** e **B**. Se **A** possui o valor **1**, a operação **A|B** possui como resultado o valor **1**, independentemente de **B**.

Se a variável **A** possui valor **0**, o resultado da operação **A|B** vai depender unicamente do valor de **B**.

Desse modo, pode utilizar a variável **A** como um sistema de sinalização para ligar um bit. Se **A** vale **1**, o bit será ligado. Se **A** vale **0** o bit não será alterado.

Utilizando uma operação bitwise OU, pode-se então controlar quais bits serão ligados na variável desejada.

O último passo para ligar apenas um bit dentro é criar uma variável de controle onde apenas o bit da posição que se deseja ligar possua valor um e as demais posições possuam valor **0**. Essa variável de controle é mais conhecida como máscara. A máscara é montada conforme a tabela a seguir, em que **X** é o bit desejado e **N** é a quantidade total de bits na variável.

Posição	N	...	X+1	X	X-1	...	0
Valor	0	...	0	1	0	...	0

Para criar uma máscara na qual todas as posições são **0** e apenas a posição de interesse seja **1**, basta deslocar o valor **1**, **X** vezes para a esquerda, em que **X** é a posição do bit que será ligada.

Para ligar apenas o bit 2 de uma variável **PORTD** pode-se utilizar o trecho do Código 3.1.

Código 3.1: Ligar um bit sem alterar os demais

```
1  void main(void){
2      char PORTD;
3      char mascara;           //variável que guarda a máscara
4      PORTD = 0x00;
5      //criar uma máscara com apenas o 1º bit ligado
6      mascara = 1;            //máscara = 0b00000001
7      //deslocando a máscara 2 posições
8      mascara = mascara << 2; //bit = 0b00000100
9      //ligando o bit 2
10     PORTD = PORTD | mascara;
11 }
```

Para conseguir desligar apenas um bit de uma variável, o procedimento é muito parecido com o que foi utilizado para ligar um bit. Em vez de utilizar uma operação bitwise OU, será utilizada uma operação bitwise E.

Dadas duas variáveis, **A** e **B**, se **A** vale **0**, a operação **A&B** tem resultado **0** independentemente do valor de **B**. Se **A** vale **1**, o resultado da operação **A&B** é o próprio valor de **B**.

A geração da máscara para desligar um bit é realizado de maneira similar. No entanto, ela deve possuir todos os bits iguais a **1**, com exceção do bit **X**, o bit de interesse, que deverá valer **0**, conforme a tabela a seguir.

Posição	N	...	X+1	X	X-1	...	0
Valor	1	...	1	0	1	...	1

Para criar essa máscara, pode-se usar o mesmo procedimento da máscara que permite ligar um bit, mas no final serão invertidos cada um dos valores. Isso pode ser feito por meio da operação bitwise de negação.

Por exemplo, para desligar apenas o bit 2 da variável **PORTD** pode-se utilizar o trecho do Código 3.2.

Código 3.2: Desligar um bit sem alterar os demais

```
1  void main(void) {
2      char PORTD;
3      char mascara;         //variável que guarda a máscara
4      PORTD = 0xFF;         //desliga todos os leds (lógica negativa)
5      //liga o primeiro bit da variável
6      mascara = 1;          //máscara = 0b00000001
7      //deslocando a máscara em 2 posições
8      mascara = mascara << 2; //máscara = 0b00000100
9      //invertendo todos os bits da máscara
10     mascara = ~mascara;   //máscara = 0b11111011
11     //desliga o bit 2
12     PORTD = PORTD & mascara;
13 }
```

Esse procedimento para a criação da máscara é mais seguro, pois, a princípio não se sabe se a variável possui 8 ou 16 bits. Assim, é garantido que todos os bits que não deverão ser desligados possuam valor **1**.

A alternativa seria inicializar a variável com apenas um **0** e fazer uma operação de deslocamento. No entanto, isso não funcionaria, pois, ao deslocar os bits, novos valores **0** são inseridos.

Para trocar o valor de um bit será usado como artifício algébrico a operação bitwise OU EXCLUSIVA.

Nessa operação, o resultado da operação **A^B** será igual a **B**, se a variável **A** possuir o valor **0**, e será o inverso de **B** se a variável **A** possuir o valor **1**.

A variável **A** funciona como um sistema de controle, indicando se o bit da variável **B** deverá ter seu valor mantido ou se o bit deverá ter seu valor trocado.

Esse comportamento da operação OU EXCLUSIVO permite que o valor trocado de um bit em uma determinada posição, sem saber o valor original dele. Se o bit original estiver ligado, ele será desligado. Se o bit original estiver desligado, ele será ligado.

A máscara utilizada nesse caso é a mesma para a operação de ligar um bit, conforme a tabela a seguir.

Posição	N	...	X+1	X	X-1	...	0
Valor	0	...	0	1	0	...	0

Por exemplo, para trocar os bits 2 e 6 da variável **PORTD** pode-se executar o trecho do Código 3.3.

Pode ser observado, por meio do exemplo, que a utilização do procedimento apresentado troca o valor do bit escolhido. Foi utilizado o mesmo procedimento duas vezes. Na primeira, um bit foi ligado e, na segunda, outro foi desligado.

Para verificar se um determinado bit está ligado ou não, uma das opções é zerar todos os demais bits, de modo que apenas o bit de interesse continue com seu valor original.

Para zerar todos os bits, com exceção do bit desejado, pode ser utilizada a operação bitwise E com uma máscara em que apenas a posição de interesse tenha o valor 1. Essa máscara é a mesma da operação de ligar um bit, conforme tabela a seguir.

Posição	N	...	X+1	X	X-1	...	0
Valor	0	...	0	1	0	...	0

Código 3.3: Trocar o valor de um bit sem alterar os demais

```
1  void main(void) {
2      char PORTD;
3      char mascara;            //variável que guarda a máscara
4      PORTD = 0xF0;            //desliga apenas os 4 primeiros bits
5      mascara = 1;             //máscara = 0b00000001
6      //deslocando a máscara em duas casas
7      mascara = mascara << 2;  //máscara = 0b00000100
8      //inverte o valor do 2º bit
9      PORTD = PORTD ^ mascara; //PORTD = 0b11110010;
10     //liga o primeiro bit da variável
11     mascara = 1; //máscara = 0b00000001
12     //deslocando a máscara em seis casas
13     mascara = mascara << 6;  //máscara = 0b01000000
14     //inverte o valor do 6º bit
15     PORTD = PORTD ^ mascara; //PORTD = 0b10110010;
16 }
```

Ao executar uma operação bitwise E com a variável, o resultado da operação será **0** se o bit de interesse da variável original também for **0**. Se o bit da variável original for **1** a resposta será diferente de **0**. Como a linguagem C interpreta qualquer valor diferente de **0** como verdadeiro, este resultado pode ser utilizado para testes. O trecho do Código 3.4 testa o bit 2 de uma variável **PORTD** e utiliza o teste para fazer uma estrutura de decisão.

Código 3.4: Testar o valor de um bit sem alterar os demais

```
1  void main(void) {
2      char PORTD;
3      char mascara;            //variável que guarda a máscara
4      PORTD = 0x00;            //desliga todos os bits
5      //cria uma variável onde APENAS o primeiro bit é 1
6      mascara = 1;             //máscara = 0b00000001
7      //deslocando a máscara em duas posições
8      mascara = mascara << 2;  //máscara = 0b00000100
9      //verificar se o bit 2 está ligado
10     if(PORTD & mascara){
11         //o bit está ligado
12     }else{
13         //o bit está desligado
14     }
15 }
```

Muito cuidado pois o resultado da operação só será **1** se o bit **0** estiver sendo testado. O trecho do código a seguir será sempre falso, pois o teste com a porta B está verificando se o segundo bit está ligado. Se não estiver, o resultado de **(PORTD & 1<<2)** será **0**. No entanto, se o segundo bit estiver ligado, o resultado será o valor **2**, pois é a segunda posição está ligada. Apesar desse resultado poder ser interpretado como verdadeiro, a comparação **((PORTD & 1<<2) == 1)**, nesse caso, será processada como **(2==1)** também retornando falso.

```
1  //o código abaixo sempre retorna falso
2  if((PORTD & 1<<2) == 1){
3      //o bit pode estar ligado, mas a condição nunca é verdadeira
4  }else{
5      //sempre entra aqui
6  }
```

Para testar o resultado da operação de um único bit se deve sempre comparar se o resultado é igual ou diferente de **0** (zero).

```
1  //o código abaixo funciona corretamente
2  if((PORTD & 1<<2) != 0){
3      //o bit está ligado
4  }else{
5      //o bit está desligado
6  }
```

3.4.1 | Criando funções por meio de define's

Os define's podem criar macros de substituição que funcionam como funções simples. Essas funções são mais rápidas, mas possuem algumas restrições. Essas restrições, no entanto, não são importantes em algumas ocasiões. O processo de ligar, desligar, trocar ou testar o valor de um bit, por exemplo, se beneficia muito da velocidade e simplicidade dessas funções.

Para escrever a função utilizando a diretiva define, é preciso reescrever os exemplos acima para serem executados em uma única linha de comando em linguagem C. Por exemplo, o código para ligar um determinado bit pode ser descrito como:

```
1  char bit = 2;           //bit a ser ligado
2  char mascara;           //máscara com apenas 1 bit ligado
3  char variavel;          //variável que terá seu bit ligado
4  mascara = 1 << bit;     //criação da máscara
5  variavel = variavel | mascara;  //ligando o bit
```

Rearranjando os comandos acima, o código para executar a mesma funcionalidade sem necessitar da variável máscara pode ser reescrito.

```
1  char bit = 2;
2  char variavel;
3  variavel = variavel | (1<<bit);  //ligando o bit
```

Fazendo uso da contração dos operadores e escrevendo o bit na mesma linha, pode-se fazer todos os comandos de uma única vez:

```
1  char variavel;
2  variavel |= (1<<2);  //ligando o bit
```

Na criação da macro, dois parâmetros serão utilizados conforme o trecho do código a seguir:

```
#define bitSet(variavel, bit)  (variavel |= (1<<bit))
```

Em que:	**variavel**	Variável que terá um de seus bits alterados.
	bit	Posição do bit que será ligado. O primeiro bit fica na posição zero.

3.5 | Criação de uma biblioteca para manipulação de bits

Em razão da constante manipulação de bits pelos projetistas e programadores de sistemas embarcados, é interessante criar uma biblioteca que permita acessar essas funções de modo rápido sem a necessidade da constante cópia de códigos, ou de refazer os passos apresentados até aqui dentro de cada função.

A abordagem ideal para isso é a criação de uma biblioteca que disponibilize essas funções para o programador. Como essas funções foram implementadas utilizando diretrizes de **#define**, não é necessário criar um arquivo de código. Pode-se apenas criar o header.

As macros para desligar, trocar o valor de um bit ou testar se um bit está ligado são apresentadas no trecho do Código 3.5.

Código 3.5: Biblioteca para operação com bits

```
1  #ifndef BIT_H
2  #define BIT_H
3
4  //funções para manipulação de bits
5  #define bitSet(arg,bit) ((arg) |=  (1<<(bit)))
6  #define bitClr(arg,bit) ((arg) &= ~(1<<(bit)))
7  #define bitFlp(arg,bit) ((arg) ^=  (1<<(bit)))
8  #define bitTst(arg,bit) ((arg) &   (1<<(bit)))
9
10 #endif   /* BIT_H */
```

A macro **bitTst** é a única que não utiliza um sinal de igual na sua definição, já que ela não altera o valor da variável original, apenas prepara o valor para ser utilizado em um teste.

A utilização dessas macros no código são parecidas com o uso de funções tradicionais, como pode ser visualizado no trecho do Código 3.6.

Código 3.6: Utilização das macros de operação com bits

```
1  void main (void){
2     char PORT = 0x0F;   //4 bits ligados e 4 desligados
3     bitSet(PORT, 5);    //desliga o 4º bit.
4     //PORT = 0b0010 1111
5     bitClr(PORT, 1);    //liga o 1º bit.
```

```
6    //PORT = 0b0010 1101
7    bitFlp(PORT, 2)
8    //PORT = 0b0010 1001
9    bitFlp(PORT, 6)
10   //PORT = 0b0110 1001
11   if(bitTst(PORT,0) != 0){
12       //o bit está ligado, este código será executado
13   }
14 }
```

3.6 | Exercícios

Ex. 3.1 — Descreva a operação e monte a tabela verdade das seguintes operações binárias:
- NÃO
- E
- OU
- OU EXCLUSIVO

Ex. 3.2 — Implemente uma função por meio de um define que receba dois valores e realize a operação **OU** exclusiva de forma lógica.

Ex. 3.3 — Qual a diferença entre as operações lógicas e bitwise na linguagem C? Apresente o resultado das operações a seguir. Considere todos os números e variáveis como inteiros não sinalizados de 8 bits.

```
1  ec0 = 0b10 &   0b01;
2  ec1 = 0b10 &&  0b01;
3  ec2 = 0b10 |   0b01;
4  ec3 = 0b10 ||  0b01;
5  ec4 = 0x77 &   0x88;
6  ec5 = 0x77 &&  0x88;
7  ec6 = 0xAA |   0x55;
8  ec7 = 0xAA ||  0x55;
9  ec8 = !0x0F;
10 ec9 = ~0x0F;
11 eca = !2003;
12 ecb = ~0b10010;
13 ecc = !0b10010;
14 ecd = 0xF0 ^ 0xAA;
15 ece = (0b10 | 0b01) & 0b01;
16 ecf = (0b10 & 0b01) | 0b01;
```

Ex. 3.4 — Para que serve a operação de bit-shift?

Ex. 3.5 — Qual a diferença do shift aritmético e do shift lógico?

Ex. 3.6 — Explique o conceito de máscaras. Para que são utilizadas?

4 Funções e bibliotecas em linguagem C

uqr.to/1cqz6

"As bibliotecas-padrão evitam que os programadores precisem reinventar a roda."
Bjarne Stroustrup

A modularização é um recurso muito importante apresentado nas linguagens de programação, em que um programa pode ser dividido em sub-rotinas específicas. A linguagem C possibilita a modularização por meio das funções.

As funções permitem que um determinado código possa ser reutilizado em diversos locais sem a necessidade de se copiar todo o código diversas vezes. Além disso, por meio dos parâmetros, é possível executar o código com diferentes valores de entrada. Para melhor organizar o código, é comum reunir as funções com mesma funcionalidade em um mesmo arquivo, criando uma biblioteca.

A biblioteca, portanto, é um conjunto de funcionalidades reunidas de modo a facilitar a utilização por parte do programador. Essas funcionalidades podem ser agrupadas de diversas maneiras. Em geral, opta-se por separá-las por tipo de funcionalidade (matemática, operação com textos, tempo etc.) ou por tipo de hardware (LCD, teclado, serial etc.).

Além das funções, a biblioteca pode conter definições de tipos, valores, macros e até armazenar valores dentro de si.

4.1 | Criando funções

Um programa escrito usando a linguagem C possui no mínimo uma função chamada **main()**, que é o ponto inicial de execução do programa. Ela é a única função obrigatória na programação em linguagem C. Existem outras funções pré-definidas que podem ser acessadas por meio das bibliotecas padrões.

A função pode ser definida como um conjunto de sentenças que podem ser chamadas em qualquer parte de um programa. As funções não podem ser declaradas dentro de outras funções. Essa é uma limitação da linguagem C.

Cada função deve realizar uma tarefa definida pelos códigos implementados no corpo da função. O comando **return** é utilizado para indicar que a função deve ser finalizada naquele ponto e que terá algum valor retornado ao programa principal. Com o fim da função, o fluxo do código retorna para o ponto em que a função foi chamada, seja no programa principal (**main( )**) ou dentro de outra função.

A sintaxe da criação de uma função é dada por:

```
tipoRetorno nomeDaFuncao(listaDeParametros){
    corpoDaFuncao;
    return expressão;
}
```

Em que:

	tipoRetorno	Tipo de valor devolvido pela função.
	nomeDaFuncao	Identificador ou o nome dado à função.
	listaDeParametros	São as variáveis passadas para a função. Quando a função recebe mais de um parâmetro, esses são separados por vírgula.
	corpoDaFuncao	Tem que estar definido entre o abre chaves { e o fecha chaves }. Não há ponto e vírgula depois da chave de fechamento.
	expressão	Indica o valor que a função vai devolver para o programa.

A Figura 4.1 apresenta um exemplo de uma função para somar dois números inteiros. Nesse exemplo, as partes que compõem a função estão destacadas.

```
int soma(int num1, int num2)     ── Cabeçalho da função
{
    int resp;                    ── Declaração de variáveis
    resp = num1 + num2;
    return resp;                 ── Valor devolvido
}
```
- Tipo de resultado
- Nome da função
- Lista de parâmetros

Figura 4.1. Declaração de uma função.

As constantes, os tipos de dados e as variáveis declaradas dentro da função podem ser usadas apenas dentro da função e não podem ser lidas ou acessadas fora da função.

Um nome de função começa com uma letra ou um "_" (underscore), podendo conter tantas letras, números ou "_" quanto deseje o programador. As letras maiúsculas e minúsculas são distintas para efeito do nome da função, assim como na declaração das variáveis.

```
1 int max(int x, int y)              //nome da função max
2 double media(double x1, double x2) //nome da função media
```

O usuário deve especificar qual o tipo de dado que a função vai retornar. O tipo de dado deve ser um dos tipos de C, por exemplo: **int**, **double**, **float** ou **char**; ou então um tipo definido pelo usuário. O tipo **void** serve para indicar que a função não retorna nenhum valor.

Por exemplo:

```
1 int max(int x, int y)            //retorna um valor inteiro
2 double media(double x1, double x2)  //retorna um double
3 float soma(int numElem)           //retorna um float
4 void tela(void)                   //não retorna nada
```

A função pode devolver um único valor, e o resultado é mostrado como uma sentença **return**. O valor retornado por uma função deve seguir as mesmas regras que são aplicadas a um operador de atribuição.

Por exemplo, o valor **int** não pode ser retornado se o tipo de retorno da função for um **char**. Sempre que o programa encontra uma instrução **return**, retorna para a instrução que originou a chamada para a função. A execução de uma chamada à função também termina se não encontrar nenhuma instrução **return**; e, nesse caso, a execução continua até a chave final do corpo da função.

4.1.1 | Chamada de função

Para que uma função seja executada, é necessário que a função seja chamada. Qualquer expressão pode conter uma chamada à função, a qual redirecionará o controle do programa para a função chamada. Para realizar a chamada basta escrever o nome da função acrescido de parênteses no final. Dentro dos parênteses são escritos os valores que devem ser passados para a função, se forem necessários.

Normalmente, a chamada a uma função é realizada pela função **main( )**, mas a chamada pode ser feita dentro de outra função. Quando a função termina sua execução, o controle do programa volta para a função que a chamou, seja a **main( )** ou outra qualquer.

Por exemplo, para criar uma função que imprima 10 asteriscos no LCD, o seguinte código pode ser implementado:

```
 1 #include "io.h"
 2 #include "lcd.h"
 3
 4 void desenha(void){
 5     int i; //variável local
 6     for(i=0; i<10; i++){
 7         lcdChar('*');
 8     }//end for
 9 }//end desenha
10 void main(void){
11     lcdInit();
12     desenha(); //chamada para função desenha
13     for(;;);
14 }//end main
```

Modificando o código anterior, é possível criar uma função que, ao invés de imprimir uma quantidade fixa de asteriscos, possa imprimir uma quantidade definida pelo programador. Desse modo, a função pode ser utilizada em diversas ocasiões.

Para isso, basta fazer com que a função receba um parâmetro do tipo `int`, que será responsável por indicar quantos asteriscos deverão ser impressos. Essa função pode ser reimplementada como:

```
1  #include "io.h"
2  #include "lcd.h"
3
4  //o parâmetro nAst indica a quantidade de asteriscos
5  void desenha(int nAst){
6      int i; //variavel local
7      //o loop agora é dinâmico e obedece ao valor recebido por ↵
            parâmetro
8      for(i=0; i<nAst; i++){
9          lcdChar('*');
10     }//end for i
11 }//end desenha
12 void main(void){
13     systemInit();
14     lcdInit();
15     desenha(5); //chamada para função desenha, imprime 5 asteriscos
16     desenha(2); //chamada para função desenha, imprime 2 asteriscos
17
18     for(;;);
19 }//end main
```

4.1.2 | Protótipo de funções

O compilador da linguagem C realiza a leitura do documento do início para o fim. Por isso, é imprescindível que a função seja declarada antes de ser utilizada. Desse modo, o compilador consegue identificar se o código está coerente com relação ao uso das funções.

Isso pode gerar alguns problemas. Se a função A faz uso da função B, e a função B faz uso da função A, não existe uma ordem que permita escrever A antes de B e B antes de A. Para solucionar esses problemas, foi criada a estrutura de protótipos de função.

Além disso, os protótipos são utilizados nos arquivos de cabeçalho (.h) para indicar ao programador quais funções estão disponíveis dentro da biblioteca.

Os protótipos servem, portanto, para declarar uma função sem a sua implementação. O protótipo de uma função possui o mesmo cabeçalho da função, com a diferença que os protótipos terminam com ponto e vírgula. Em versões mais novas do compilador C, pode ser omitido os protótipos das funções.

Um protótipo é composto dos seguintes elementos: o tipo de retorno, o nome da função, os parâmetros (que devem estar entre parênteses e são opcionais) e um ponto e vírgula no final.

A sintaxe de um protótipo é dada por:

```
tipoRetorno nomeDaFunção(listaDeParametros);
```

Em que:

	tipoRetorno	Tipo de valor devolvido pela função.
	nomeDaFunção	Identificador ou o nome dado à função.
	listaDeParametros	São as variáveis passadas para a função. Quando a função recebe mais de um parâmetro, esses são separados por vírgula.

Um protótipo declara uma função e passa ao compilador as informações necessárias para que ele verifique se a função está sendo chamada corretamente, com relação à quantidade e tipo dos parâmetros, bem como o tipo de retorno.

Uma boa prática de programação é sempre definir todos os protótipos no início do programa, antes da definição do **main( )**.

O compilador utiliza os protótipos para validar que o número e os tipos de dado dos argumentos na chamada da função sejam os mesmos que aparecem na declaração formal da função chamada. Caso encontre alguma inconsistência, uma mensagem de erro é visualizada.

Uma vez que os protótipos foram processados, o compilador conhece quais são os tipos de argumentos que ocorreram. Quando é feita uma chamada para a função, o compilador confirma se o tipo de argumento na chamada da função é o mesmo definido no protótipo. Se não forem os mesmos, o compilador gera uma mensagem de erro.

4.2 | Bibliotecas

Uma biblioteca em linguagem C é um conjunto de funcionalidades reunidas de modo a facilitar a utilização por parte do programador. Essas funcionalidades podem ser agrupadas de diversas maneiras. Em geral, opta-se por separá-las por tipo de funcionalidade (matemática, operação com textos, tempo etc.) ou por tipo de hardware (LCD, teclado, serial etc.).

A biblioteca funciona como modo de organização do código. À medida que o projeto cresce em complexidade, manter todas as funções em um mesmo arquivo pode dificultar uma futura manutenção ou atualização do programa.

Outra vantagem do uso de uma biblioteca é a capacidade de reutilização de código. Uma vez criada a biblioteca matemática, seu código pode ser utilizado em vários outros projetos. De fato, algumas funcionalidades são tão básicas que as bibliotecas que suprem essa necessidade são padronizadas e disponibilizadas diretamente com o compilador de linguagem C. Essas bibliotecas formam o conjunto das bibliotecas-padrão, ou standard libs.

Para a primeira versão da linguagem C, havia 15 bibliotecas padronizadas, que proviam desde funções matemáticas, como seno e cosseno, passando pela manipulação de tempo e strings até o controle de alocação de memória ou geração de números aleatórios. Em 1995, três novas bibliotecas foram adicionadas, em geral para gerenciar operações com caracteres. Em 1999, seis novas bibliotecas, a maioria para operações numéricas, foram inseridas. Em 2011, foram adicionadas mais cinco, totalizando 29. A relação dessas bibliotecas pode ser encontrada na Tabela 4.1.

Tabela 4.1. Bibliotecas-padrão da linguagem C

Nome	Definida em	Descrição
<assert.h>		Auxilia no teste e depuração do programa.
<complex.h>	C99	Funções para manipulação de números complexos.
<ctype.h>		Funções para manipulação de caracteres.
<errno.h>		Definições dos códigos de erros reportados pelas bibliotecas.
<fenv.h>	C99	Conjunto de funções para controlar o comportamento dos números com ponto flutuante.
<float.h>		Define contantes com macros para explicitar as propriedades dos números flutuantes.
<inttypes.h>	C99	Define tipos de variáveis inteiras com tamanhos definidos e como formatá-las para impressão/leitura.
<iso646.h>	95	Macros para expressar tokens padronizados. Para programar com caracteres do tipo ISO 646.
<limits.h>		Define contantes com macros para explicitar as propriedades dos números inteiros.
<locale.h>		Utilizada para garantir acentuação correta de acordo com o padrão de acentuação do sistema.
<math.h>		Define as funções matemáticas mais comuns.
<setjmp.h>		Declara as macros setjmp e longjmp.
<signal.h>		Define funções para tratamento de eventos/sinais.
<stdalign.h>	C11	Especifica o alinhamento dos objetos/variáveis na memória.
<stdarg.h>		Para funções com quantidade de argumentos variáveis.
<stdatomic.h>	C11	Para simplificar operações atômicas em objetos compartilhados entre threads.
<stdbool.h>	C99	Define o tipo booleano.
<stddef.h>		Define um conjunto extenso de macros.
<stdint.h>	C99	Define tipos de variáveis inteiras com tamanhos definidos.
<stdio.h>		Funções para entrada e saída de dados.
<stdlib.h>		Cria funções para conversão numérica, geração de números aleatórios, alocação de memórias e controle de processos.
<stdnoreturn.h>	C11	Estruturas para especificar funções que nunca retornam.
<string.h>		Funções para manipulação de strings.
<tgmath.h>	C99	Funções matemáticas para tipos genéricos.
<threads.h>	C11	Funções para gerenciamento de múltiplas threads.
<time.h>		Funções para manipulação de hora e data.
<uchar.h>	C11	Funções para manipulação de caracteres-padrão Unicode.
<wchar.h>	95	Funções para manipulação de string com caracteres Unicode.
<wctype.h>	95	Funções para classificar e converter caracteres Unicode.

Em geral, a biblioteca é composta de um arquivo de cabeçalho, ou header, com extensão .h, e um arquivo de código, com extensão .c. O arquivo .h funciona como um índice ou resumo, explicando quais funcionalidades foram implementadas no arquivo de código. Em geral, são disponibilizados apenas os protótipos de função e definição de tipos no header. As funções são implementadas no arquivo .c, bem como o armazenamento de informações.

4.2.1 | Referência circular

Um problema relacionado à criação de bibliotecas é a possibilidade de referência circular.

Para exemplificar esse problema, podemos utilizar duas bibliotecas: uma responsável pela comunicação serial (serial.h) e a outra responsável pelo controle de temperatura (temp.h). Determinado projeto pode exigir que a temperatura seja controlada pela porta serial e que toda vez que a temperatura passar de um determinado valor, seja enviado um alerta pela porta serial. Desse modo, o arquivo (serial.h) depende do arquivo (temp.h) e o arquivo (temp.h) depende do (serial.h).

A implementação do arquivo header da biblioteca da porta serial (serial.h) tem as seguintes funções:

```
1 //arquivo serial.h
2 //header da biblioteca de comunicação serial
3
4 char lerSerial(void);
5 void enviaSerial(char val);
```

O arquivo de controle da temperatura (temp.h), por sua vez, é composto das seguintes funções:

```
1 //arquivo temp.h
2 //header da biblioteca de controle de temperatura
3
4 char lerTemperatura(void);
5 void ajustaCalor(char val);
```

Em seu funcionamento, toda vez que a função **lerTemperatura()** for chamada, ela deve fazer um teste e, se o valor for maior que um limite pré-definido, ela deve chamar a função **enviaSerial()** com o código 0x30. Para isso, o arquivo temp.h deve incluir o arquivo serial.h. Portanto, o header do arquivo temp.h passa a ser:

```
1 //arquivo temp.h
2 //header da biblioteca de controle de temperatura
3 #include "serial.h"
4 char lerTemperatura(void);
5 void ajustaCalor(char val);
```

Já a função **lerSerial()**, realiza a leitura de um caractere da serial e, se ele for um número, ela deve chamar a função **ajustaCalor()** e repassar o valor. Portanto, para funcionar corretamente, o arquivo serial.h deve incluir o arquivo temp.h:

```
1 //arquivo serial.h
2 //header da biblioteca de comunicação serial
3 #include "temp.h"
4 char lerSerial(void);
5 void enviaSerial(char val);
```

O problema é que, desse modo, é criada uma referência circular: o compilador lê o arquivo serial.h e percebe que tem que inserir o arquivo temp.h. Inserindo o arquivo temp.h, percebe que tem que inserir o arquivo serial.h. Inserindo o arquivo serial.h percebe que tem que inserir o arquivo temp.h. Essa sequência de inclusões segue indefinidamente, conforme pode ser visto na Figura 4.2.

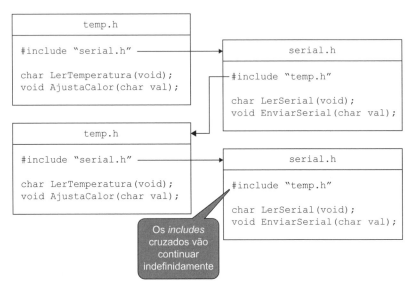

Figura 4.2. Problema das referências circulares.

A solução é criar um dispositivo que permita que o conteúdo do arquivo seja lido apenas uma vez. Tal dispositivo é implementado por meio da estrutura apresentada no trecho do Código 4.1.

Código 4.1: Estrutura de header

```
1 #ifndef TAG_CONTROLE
2 #define TAG_CONTROLE
3 //todo o conteúdo do arquivo vem aqui
4
5 #endif //TAG_CONTROLE
```

Segundo o trecho do Código 4.1, o conteúdo que estiver entre o **#ifndef** e o **#endif**, só será mantido se a tag "**TAG_CONTROLE**" não estiver definida. Como isso é verdade durante a primeira leitura, o pré-compilador lê o arquivo normalmente. Se acontecer uma referência cíclica, na segunda vez que o arquivo for lido, a tag "**TAG_CONTROLE**" já estará definida impedindo assim que o processo cíclico continue, conforme pode ser visto na Figura 4.3.

Geralmente, usa-se como tag de controle o nome do arquivo, já que ele é único para cada arquivo e biblioteca.

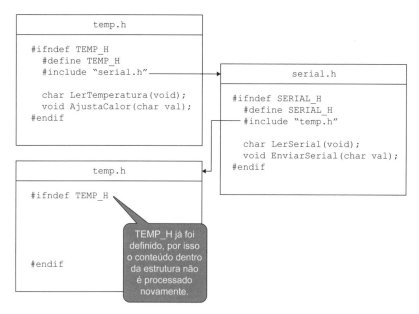

Figura 4.3. Solução das referências circulares com `#ifndef`.

4.2.2 | Padrão para um header

Para evitar o problema de referência circular, bem como padronizar a criação das bibliotecas, pode ser utilizada uma estrutura de pré-compilação conforme o modelo a seguir:

```
#ifndef NOME_ARQUIVO_H
#define NOME_ARQUIVO_H
    //definição de novos tipos (typedef)
    typedef tipoNovo tipoAntigo;
    //protótipos de função
    void prototypeFunction(void);
#endif
```

Em que:		
	NOME_ARQUIVO_H	É o nome do arquivo ou da biblioteca.
	typedef	Comando para definição dos novos tipos de variáveis da biblioteca.
	PrototypeFunction	Lista das funções disponibilizadas pela biblioteca.

As funções que estiverem com seu protótipo definido no header, podem ser utilizadas pelos arquivos que incluírem a biblioteca. Já aquelas que estiverem declaradas apenas no arquivo de código não poderão ser acessadas externamente.

A biblioteca é utilizada para organizar o código. Isso facilita, inclusive, a reutilização das funções em outros projetos. Em geral, as bibliotecas reúnem funções que provêm o mesmo tipo de recurso, ou trabalham com o mesmo periférico.

Essa diferença é bastante útil quando a biblioteca possui algumas funções que não devem ser utilizadas fora da biblioteca, por exemplo, a biblioteca de controle do LCD. O trech do Código 4.2 apresenta o conteúdo dos arquivos lcd.h e lcd.c.

Código 4.2: Exemplo de biblioteca: LCD

```
1  //#######################################
2  //header: lcd.h
3  #ifndef LCD_H
4  #define LCD_H
5      void lcdInit(void);
6      void lcdChar(char letter);
7      void lcdNumber(int value);
8      //a rotina de delay não é disponibilizada para os demais arquivos
9  #endif
10
11 //#######################################
12 //código: lcd.c
13 //é uma boa prática o arquivo de código incluir o header
14 #include "lcd.h"
15 void lcdInit(void){
16     //inicialização do LCD
17 }
18 void lcdChar(char letter){
19     //envio de um caractere para o LCD
20 }
21 void lcdNumber(int value){
22     //decompõe o número num conjunto de caracteres antes de imprimir
23 }
24 void delay(int microsseconds){
25     //rotina para geração de um atraso de microssegundos
26     //geralmente implementada como um loop for
27 }
```

A função **delay()** está declarada apenas no arquivo de código. Desse modo, não é possível chamar essa função dentro do main.c ou de qualquer outro arquivo que inclua o lcd.h. A biblioteca LCD não foi projetada para prover a funcionalidade de contagem de tempo para o programador. A função **delay()** foi feita unicamente para gerar os atrasos necessários para que a comunicação com o display de LCD funcione corretamente. Ela é uma função necessária para a biblioteca LCD mas não é o foco da mesma. Por esse motivo, o projetista da biblioteca resolveu defini-la apenas no arquivo de código.

4.2.3 | Projetando uma biblioteca

Ao projetar uma biblioteca, é necessário primeiramente definir a necessidade que será atendida por ela. Um exemplo seria uma biblioteca para cálculos em ambientes tridimensionais.

Em um ambiente tridimensional, um elemento p tem sua localização representada por um conjunto de três números: x_p, y_p e z_p. Esses números também podem ser representados entre parênteses, $p = (x, y, z)$. Os números representam a distância que o elemento p está da referência, que é definida por $r = (0, 0, 0)$.

Existem diversos cálculos de distância que podem ser feitos: a distância cartesiana (menor distância representa por uma linha reta), a diferença de altitude dos pontos (representada pela diferença entre os valores de z), a distância de Manhattan (distância percorrida por um carro do ponto A ao ponto B em uma cidade com todas as ruas perpendiculares). A implementação das funções de cálculo 3D é mostrada no trecho do Código 4.3.

Código 4.3: Implementação das funções da biblioteca 3D

```
1  //arquivo de código: dist3d.c
2  //funções de cálculo 3D
3  #include "dist3d.h"
4
5  float quad(float val){        //calcular o quadrado de um número
6      return val * val;
7  }
8  float mod(float a){           //retorna o módulo
9      if(a>0) return a;
10     return -a;
11 }
12 //calcular a raiz quadrada de um número
13 //adaptado da Fast_inverse_square_root() do jogo Quake
14 float sqrt(float number){
15     long i;
16     float x2, y;
17     const float threehalfs = 1.5F;
18     x2 = number * 0.5F;
19     y  = number;
20     i  = * ( long * ) &y;
21     i  = 0x5f3759df - ( i >> 1 );
22     y  = * ( float * ) &i;
23     y  = y * ( threehalfs - ( x2 * y * y ) );
24     return (1/y);
25 }
26 float cartesianDistance(position A, position B){
27     return sqrt(quad(A.x - B.x) + quad(A.y - B.y) + quad(A.z - B.z));
28 }
29 float manhatanDistance(position A, position B){
30     return mod(A.x - B.x) + mod(A.y - B.y) + mod(A.z - B.z);
31 }
32 float altitudeDifference(position A, position B){
33     return mod(A.z - B.z);
34 }
```

Definidas as funções que serão disponibilizadas pela biblioteca, pode-se montar o header como apresentado no trecho do Código 4.4.

Pode ser observado que, dentro do arquivo, existem seis funções. As três apresentadas no header e três funções novas: **quad( )**, **mod( )** e **sqrt( )**. Essas funções servem de base de cálculo para as operações em 3D. No entanto, essas funções não são apresentadas no header. Essa decisão foi tomada pois a precisão apresentada por essas funções pode não ser suficiente em outras situações.

Código 4.4: Header da biblioteca 3D

```
//######################################
//arquivo de header: dist3d.h
//funções de cálculo de distância

#ifndef DIST3D_H
#define DIST3D_H

    //define o tipo posição como uma struct com 3 floats
    typedef struct{
        float x;
        float y;
        float z;
    } position;

    //cálculo de distâncias entre 2 pontos
    float cartesianDistance(position A, position B);
    float manhatanDistance(position A, position B);
    float altitudeDifference(position A, position B);

#endif
```

Outro motivo foi evitar problemas com o processo de compilação. Supondo que todas as funções estivessem no header. Um projetista poderia fazer uso das operações em seu programa. Em uma alteração posterior, a biblioteca de cálculo 3D poderia ser trocada por uma biblioteca que efetue o cálculo utilizando um hardware específico, como uma placa de vídeo. Nesse momento, o programa deixaria de funcionar, pois a nova biblioteca não apresentaria as mesmas funções, já que tais operações não são importantes para ela.

Uma opção, nesse caso, seria reunir todas as operações matemáticas em uma única biblioteca. Isso é o que a biblioteca padrão "math.h" da linguagem C faz. No exemplo apresentado, as três funções poderiam ser substituídas pela math.h por meio de um **#include**.

4.3 | Driver ou biblioteca?

Um driver é um componente de software que realiza a interface entre o hardware e o programador. Em geral, funciona como uma camada de abstração do funcionamento do periférico fazendo com que o programador possa utilizá-lo de modo mais simples. Em linguagem C, o driver pode ser implementado como uma biblioteca.

A diferença do driver para uma biblioteca geral é que o driver possui uma estrutura definida, permitindo a troca do periférico sem que o programa principal precise ser alterado. Em algumas situações, o driver também deve implementar uma interface permitindo que o programador faça sua gestão de um modo padronizado, principalmente nas rotinas de inicialização, finalização e detecção de erros.

Os drivers possuem uma estrutura intimamente ligada aos periféricos. O desenvolvimento de um driver exige que se conheça como os dispositivos eletrônicos estão conectados ao microcontrolador e o procedimento exigido pelo processador para acessar esses periféricos.

Em capítulos posteriores deste livro, serão apresentados os conceitos dos periféricos mais comuns, bem como o desenvolvimento das bibliotecas de acesso para cada um. Essas bibliotecas serão padronizadas de modo que um sistema operacional possa gerenciar a sua utilização, transformando-as em drivers.

4.4 | Composição de bibliotecas

Até agora, as bibliotecas foram definidas como um conjunto de funcionalidades reunidas em um mesmo arquivo. Essas bibliotecas não dependiam de nenhuma outra biblioteca, sendo todas elas implementadas usando apenas os comandos básicos da linguagem C.

Em algumas situações, no entanto, é possível que a funcionalidade a ser desenvolvida seja bastante complexa, como, por exemplo, um sistema digital de controle de temperatura.

Esse sistema depende, pelo menos, da capacidade de realizar a leitura de sinais de temperatura e de atuar em um sistema de aquecimento ou resfriamento do ambiente. Estruturar uma biblioteca para realizar todas essas atividades pode fazer com que ela fique muito complexa. Uma opção é quebrar essa estrutura em duas camadas.

A primeira camada será responsável por realizar a interface com o mundo externo. Essa camada possui duas bibliotecas: AD e PWM. A biblioteca AD é responsável por permitir o acesso a um periférico de leitura de sinais elétricos. Já a biblioteca PWM recebe um valor digital e o converte num sinal de saída. Por serem periféricos distintos, é comum separá-los em duas bibliotecas. Os headers desses arquivos são apresentados no trecho do Código 4.5.

Código 4.5: Header das bibliotecas AD e PWM

```
1  //######################################
2  //header: pwm.h
3  #ifndef PWM_H
4  #define PWM_H
5      void pwmInit(void);
6      void pwmSet(int value);
7  #endif
8  //######################################
9  //header: ad.h
10 #ifndef AD_H
11 #define AD_H
12     void adInit(void);
13     int adRead(void);
14 #endif
```

A biblioteca de controle de temperatura faz uso dos dois periféricos, no entanto, ela própria não faz acesso direto ao hardware. Sua principal atividade é realizada por meio da função **tempSystemUpdate()**, que faz a leitura da temperatura atual, através do AD, e a compara com o valor de referência. Esse valor está armazenado dentro da biblioteca.

Se a temperatura atual estiver mais baixa, ela utiliza o PWM para ligar o aquecedor. Essa biblioteca fica em uma segunda camada de software, pois provê uma funcionalidade que é baseada em bibliotecas anteriores. Uma possível implementação para ela pode ser vista no trecho do Código 4.6.

Código 4.6: Header e código da biblioteca temperature

```
1  //#######################################
2  //header: temperature.h
3  #ifndef TEMPERATURE_H
4  #define TEMPERATURE_H
5      void tempInit(void);
6      void tempSetReference(int value);
7      void tempSystemUpdate(void);
8  #endif
9
10 //#######################################
11 //código: temperature.c
12 #include "temperature.h"
13 #include "pwm.h"
14 #include "ad.h"
15 int reference; //variável que armazena a temperatura de referência
16 void tempInit(void){
17     pwmInit();
18     adInit();
19 }
20 void tempSetReference(int value){
21     int reference = value;
22 }
23 void tempSystemUpdate(void){
24     int temp;
25     temp = adRead();
26     if(temp < reference){
27         pwmSet(100);    //liga o aquecedor
28     }
29 }
```

A programação por camadas tem o benefício de simplificar cada vez mais a utilização das bibliotecas por parte do programador. No entanto, ela implica em uma sobrecarga, também conhecida como overhead, tanto de processamento quanto de consumo de memória. Em geral, este overhead é baixo, principalmente quando comparado com as vantagens na programação, tanto em questão de velocidade, ao reaproveitamento de código e à organização do sistema. Por exemplo, a utilização da biblioteca de temperatura pode ser feita como mostrado no trecho do Código 4.7.

Pelo exemplo, pode ser observado que a configuração e o funcionamento do controle de temperatura são bastante simples, pois o programador não precisa se preocupar com as implementações de bibliotecas de acesso ao hardware. Outra vantagem é que se houver mudança na estrutura do sistema embarcado e, por exemplo, o modelo de aquecedor mudar, basta reconfigurar a biblioteca **PWM**. Se a mudança for um pouco mais drástica, é possível que a biblioteca **temperature** também seja modificada. A função **main()**, no entanto, permanece inalterada, garantindo que as demais funcionalidades do software não sejam impactadas com essa mudança.

Código 4.7: Utilização da biblioteca temperature

```c
1  //include com as funções da biblioteca temperature
2  #include "temperature.h"
3
4  void main (void){
5      tempInit();
6      //configura valor de referência da temperatura em 18 graus
7      tempSetReference(18);
8      for(;;) {
9          //executa a atividade de controle de temperatura
10         tempSystemUpdate();
11     }
12 }
```

4.5 | Exercícios

Ex. 4.1 — Crie uma biblioteca matemática com o nome "math" com funções que façam as seguintes operações:
- Calcula o quadrado de um número.
- Calcula o fatorial de um número. Não utilizar recursividade.
- Faça a conversão de um valor em graus para radianos. Utilize *pi* = 3.14159265359. A fórmula da conversão é dada por: $a_{graus} = a_{radianos} * 2 * \pi / 360$.
- Calcula o seno de um número. A função seno pode ser aproximada por $sen(x) = (x) - (x^3)/3! + (x^5)/5! - (x^7)/7!$ (x em radianos).
- Calcula as raízes de uma equação de segundo grau. A resposta deve ser retornada pelos parâmetros da função.

Ex. 4.2 — Não existe maneira simples de gerar números aleatórios na linguagem C. O mais próximo é a geração de números pseudoaleatórios. Esses números formam uma sequência de sorteios bem definida, mas que sob certas circunstâncias pode ser utilizado como um número aleatório. O processo de geração de números pseudoaleatórios é feito por meio de uma função que envolve operações lógicas e/ou aritméticas.
Faça uma biblioteca "random" com uma função que retorna um número aleatório por meio de uma função do tipo LCG. Nesse tipo de função, o próximo número é baseado no número anterior, segundo a equação: $X_{n+1} = (aX_n + c) \mod m$. O número inicial é conhecido como seed. Faça duas funções na biblioteca:
- Uma função que recebe um valor **unsigned long int** e o armazene em uma variável dentro da biblioteca. Essa variável deve ser chamada "seed".
- Uma função que retorne um **unsigned long int**. O valor de retorno deve ser calculado segundo a fórmula passada. Após o cálculo, e antes de retornar o valor, deve-se atualizar a variável seed com o novo valor.

Use os seguintes valores: a = **16807**, c = **0** e m = **2 147 483 647**.

Ex. 4.3 — Crie uma biblioteca "alarme", que será responsável por armazenar internamente os limites superiores e inferiores de alarme de temperatura. Essa biblioteca deve possuir as seguintes funções:
- **void configuraAlarmeAlto(int valor)**, que atualizará o valor do limite superior do alarme. A função deve garantir que o valor não seja mais baixo que o limite inferior.
- **void configuraAlarmeBaixo(int valor)**, que atualizará o valor do limite inferior do alarme. A função deve garantir que o valor não seja mais alto que o limite superior.
- **int checaAlarme(int temperatura)**, que receberá como parâmetro o valor de temperatura e, comparando com os limites, retornará se o valor está dentro da faixa (retornando o valor **0**), acima do limite superior (retornando o valor **1**) ou abaixo do limite inferior (retornando o valor **-1**).

Ex. 4.4 — Construa uma biblioteca chamada "alarmes" que permita ao programador configurar 2 tipos de alarmes: temperatura e pressão. Os alarmes são ativados pelos bits 3 (temperatura) e 6 (pressão) da porta E. Para ativar os alarmes basta ligar os respectivos bits. Para desativar é suficiente desligar os bits. A biblioteca deve ter quatro funções:
- Uma para configurar o valor limite de temperatura, que recebe como parâmetro um **int** com o valor limite de temperatura e não retorna nada.
- Uma função para configurar o valor limite de pressão, que recebe como parâmetro um **int** com o valor limite de pressão e não retorna nada.
- Uma função para inicializar o sistema de alarme.
- Uma função que faz a leitura dos valores de pressão e tensão atuais e aciona as saídas caso algum limite tenha sido ultrapassado.

A leitura dos valores de pressão e de temperatura pode ser feita por meio da biblioteca "adc.h", que possui duas funções: **void inicializaADC(void)**, que inicializa o ADC, e **int lerValorAD(int canal)**, que lê o canal desejado e retorna seu valor. O sensor de temperatura está no canal 3 e o de pressão, no canal 6.

5 Planejando o software embarcado

uqr.to/1cqz6

"Você pode usar uma borracha na prancheta de desenho ou uma marreta na construção."
Frank Lloyd Wright

Vários dos equipamentos embarcados são desenvolvidos para funcionar continuamente, monitorando sinais de entrada, tomando decisões e atuando nos dispositivos de saída. Eles são planejados para que suas atividades sejam executadas continuamente, enquanto estiverem ligados.

Outra característica desses equipamentos é que, geralmente, eles não têm contato com a parte do usuário, seja um teclado ou comunicação serial. Mesmo que o equipamento tenha essas interfaces, esses eventos podem não acontecer. Assim sendo, os programas devem ser desenvolvidos para executarem continuamente, independentemente da interação do usuário. Desse modo, se o código ficar esperando uma informação do usuário, ele pode acabar negligenciando as outras funções.

Além dessas peculiaridades no funcionamento, é necessário considerar a necessidade de gerenciar tanto os periféricos de entrada e saída quanto a aplicação. O programador tem a responsabilidade de primeiro garantir que o sistema esteja funcionando, com todas as suas características básicas, para só então desenvolver a aplicação. É necessário primeiro se certificar de que todos os periféricos, as bibliotecas e os drivers funcionem corretamente antes de implementar as funcionalidades da aplicação.

Por fim, é necessário, nesses sistemas, que o programador se preocupe com as questões temporais. Os sistemas embarcados possuem informações que se alteram constantemente, mesmo sem a interferência do usuário. Além disso, algumas atividades possuem requisitos de execução que, se não atendidos, podem causar problemas, desde simples falhas no sistema até a destruição do equipamento.

Levando todas essas questões em consideração, o funcionamento do programa para um sistema embarcado é distinto do de um programa para desktop, para internet ou até mesmo para um celular. É necessário planejar o programa considerando todas essas peculiaridades.

Existem algumas técnicas/modelos que facilitam o desenvolvimento de programas para sistemas embarcados. Boa parte delas está relacionada às estruturas de máquinas de estado ou fluxogramas. O que todos esses modelos têm em comum é a implementação de um loop infinito e o conceito de evolução temporal do código.

5.1 | Primeiro modelo: o loop infinito

Todo software embarcado possui ao menos um loop infinito. Esse loop normalmente se localiza na função **main()** como no Código 5.1.

Código 5.1: O loop infinito de um sistema embarcado

```
1 //includes
2 void main (void){
3     //inicialização do sistema
4     for(;;){
5         //código a ser executado
6     }
7     //o sistema não deve chegar neste ponto
8 }
```

O código apresenta duas seções bem definidas: uma antes do loop, que será executada uma única vez assim que o sistema for ligado, e uma dentro do loop, que será executada indefinidamente enquanto o sistema estiver ligado.

Na inicialização da placa, deve-se configurar todos os periféricos utilizados na aplicação, como timers, portas de I/O, comunicações seriais, entre outros. Deve-se tomar cuidado com a inicialização dos periféricos externos ao chip. Esses periféricos podem exigir rotinas próprias de inicialização. Além disso, eles dependem de periféricos internos, de modo que esses têm que ser inicializados primeiro.

As funções inseridas no loop serão repetidas diversas vezes ao longo do tempo, enquanto o sistema estiver ligado. Deve-se tomar o cuidado para lembrar da existência e da execução do loop quando se projetar essas funções. Se apenas uma função ficar esperando algum comando ou evento, todas as demais funções do sistema serão paralisadas.

De fato, as funções projetadas para o loop infinito se baseiam justamente no fato de que serão repetidas indefinidamente para funcionar. Por isso, não se pode criar funções que façam com que esse fluxo de repetição seja bloqueado.

Essa abordagem é a mesma utilizada pelas plataformas Arduino e Chipkit. Ambas utilizam o framework Wiring, que implementa a função **main()** mas não a expõe para o programador. Ela fica escondida nas bibliotecas do framework. Em vez da função **main()**, ele apresenta duas outras funções: **loop()** e **setup()**.

A função **setup()** é responsável por fazer toda a inicialização do sistema, já a função loop será executada indefinidamente enquanto a placa estiver ligada. O Código 5.2 apresenta a função **main()** como implementada pelo Arduino.

As funções **init()**, **initVariant()** e **USBDevice.attach()** são responsáveis por inicializar as funções mínimas da placa e permitir que a placa receba o código novo a ser gravado. Depois ela chama a função **setup()**, de responsabilidade do programador.

Código 5.2: Função **main** como implementada pelo Wiring

```
1  int main(void){
2      init();
3      initVariant();
4  #if defined(USBCON)
5          USBDevice.attach();
6  #endif
7      setup();
8      for(;;){
9          loop();
10         if(serialEventRun) serialEventRun();
11     }
12     return 0;
13 }
```

No loop infinito é executada a função **loop()**. Desse modo, todo o código implementado segue o fluxo temporal sendo reexecutado continuamente. Já a função **serialEventRun()** apenas é executada se a placa tiver recebido alguma mensagem na serial. Isto ajuda a deixar transparente o uso da comunicação serial dentro da plataforma Wiring.

Neste livro são usadas placas compatíveis com Wiring, mas serão ignoradas as funcionalidades desse framework, pois o objetivo é justamente ensinar como programar pensando diretamente no hardware e nos periféricos. Mas, nesses casos, como não temos acesso à função **main()**, as rotinas de inicialização deverão ser colocadas dentro da função **setup()** e as demais rotinas, que iriam dentro do loop infinito, são colocadas na função **loop()**.

5.2 | A evolução do loop no tempo

Uma ideia pouco clara quando se começa a programar para sistemas embarcados é que, enquanto o loop infinito é executado, o mundo externo passa por mudanças. Assim, deve-se entender o loop não como uma simples execução cíclica de tarefas, mas como um bloco de comandos que está em constante execução, porém em diferentes instantes. O loop infinito pode ser interpretado então como um conjunto infinito de repetições de um trecho de código, como podemos ver na Figura 5.1.

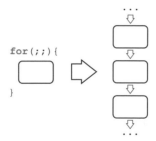

Figura 5.1. Interpretação de um loop infinito como uma sequência de um bloco de comandos.

Quando se insere um código para uma verificação de teclado no loop infinito, por exemplo, deve-se lembrar que essa verificação será reexecutada a cada rodada do loop. Por isso não convém ficar aguardando um determinado evento, pode-se simplesmente perguntar se as condições para aquele evento são verdadeiras e, caso não sejam, esperamos uma próxima rodada do loop para perguntar novamente.

Veja o exemplo de relógio com um cronômetro de 60 segundos. O programa deve verificar se o botão de start foi pressionado para iniciar a contagem. Se durante a contagem o botão de reset for pressionado, o contador deve voltar para zero e parar. Nesse exemplo, utiliza-se quatro funções prontas: **lcdNumber()**, que escreve um valor inteiro no LCD; **getStartStatus()**, que devolve o estado do botão start; **getResetStatus()**, que devolve o estado do botão reset; **timerDelay(1000)**, que gera um atraso de 1 segundo. Segue uma primeira implementação desse algoritmo.

Código 5.3: Código para controle de um cronômetro

```
1  void main (void)
2      int cont = 0;
3      while (getStartStatus() == 0); //espera apertar o botão
4      for{cont=0; cont<60; cont++){
5          lcdNumber(cont);
6          timerDelay(1000);
7          if(getResetStatus() == 1){
8              break;
9          }
10     }
11 }
```

Essa implementação realiza todas as operações necessárias seguindo a lógica de funcionamento de um cronômetro. O problema é que ela não é cíclica. Isso faz com que o cronômetro funcione apenas uma vez e depois saia da rotina. A primeira providência a ser tomada é criar um loop infinito para que o programa funcione continuamente. Conforme o Código 5.4.

Código 5.4: Código para controle de um cronômetro

```
1  void main (void)
2      int count = 0;
3      for(;;){
4          while(getStartStatus() == 0); //espera apertar o botão
5          for{cont=0; count<60;cont++){
6              lcdNumber(cont);
7              timerDelay(1000);
8              if(getResetStatus() == 1){
9                  break;
10             }
11         }
12     }
13 }
```

A transição de uma rotina normal (Código 5.3) para uma rotina cíclica baseada em loop infinito não deve ser feita como apresentado no Código 5.4, pois isso pode gerar problemas.

Como o exemplo é simples, apenas um problema apareceu: o estado do botão reset só é considerado depois da rotina **timerDelay( )**. Durante todo o tempo em que o programa estiver na rotina **timerDelay( )**, qualquer pressionamento do botão não resetará o valor da contagem. Se o usuário pressionar e soltar o botão em menos de 1 segundo, enquanto o código estiver aguardando, o pressionamento é perdido. Para evitar esse problema, deveríamos testar o botão reset na rotina **timerDelay( )**, ou utilizar outro modo de contagem de tempo. Uma solução simples seria reduzir o tempo do delay para 10 ou 100 milissegundos, reduzindo o intervalo em que o botão é testado. Desse modo começa a ser difícil, ou até impossível, que um ser humano consiga apertar e soltar o botão tão rápido a ponto de não termos nenhuma rodada do loop que consiga pegar este evento.

Outra situação bastante comum é a criação de botões para controle de variáveis ou eventos, como, por exemplo, um botão de aumentar o volume. Supondo que se tenha uma função **getVolumeUp( )**, que retorna o valor **0** (zero) se o botão estiver solto e **1** se o botão estiver pressionado, poderia tentar criar o seguinte trecho de código para aumentar o volume:

```
1  unsigned int volume;
2  for(;;){
3      if(getVolumeUp() == 1){
4          volume++;
5      }
6      //restante do código
7  }
```

O código testa se o botão de aumentar o volume está pressionado e, se estiver, a variável volume é aumentada. No entanto, esse código é executado dentro de um loop infinito. Isso faz com que a cada loop do código a variável seja aumentada em uma unidade. Mesmo nos sistemas embarcados mais simples, esse loop será executado várias vezes por segundo. Por esse motivo, mesmo que o usuário pressione a tecla rapidamente, a alta velocidade de execução do sistema fará com que a variável seja testada e aumentada várias vezes no mesmo pressionamento.

Para evitar esses problemas, deve-se planejar o desenvolvimento do software considerando as reexecuções do loop, lembrando que, para a maioria dos sistemas, a velocidade de execução do loop chega a centenas ou milhares de vezes por segundo.

Uma boa abordagem para iniciar o planejamento é desenhar o sistema explicitando as entradas e saídas do dispositivo, bem como as principais características do sistema a ser desenvolvido. Para um cronômetro, pode-se chegar ao diagrama da Figura 5.2.

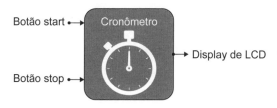

Figura 5.2. Diagrama de entradas e saídas de um cronômetro.

De posse desse diagrama, pode-se pensar quais funcionalidades o sistema deve executar. É importante também listar as atividades que devem ser executadas quando cada uma das entradas for ativada e se existem atividades que serão executadas em condições específicas.

Uma boa abordagem para a implementação do código é montar um ciclo que lerá todas as entradas definidas no diagrama, verificar se existe alguma ação a ser realizada e atualizar as saídas.

No caso do cronômetro, a principal funcionalidade é realizar a contagem do tempo. Com relação à lista de atividades, tem-se:

- Habilitar a contagem se o botão **start** for pressionado.
- Reiniciar a contagem se o botão **reset** for pressionado.
- Quando a contagem chegar em 60 o cronômetro deve parar.

Isso pode ser transcrito para programação como apresentado no trecho do Código 5.5. Ele é bastante diferente do Código 5.4, apresentado inicialmente para controlar o cronômetro. Deve-se olhar o código como um conjunto de atividades que será reexecutado sequencialmente enquanto o sistema estiver ligado. Assim, a cada ciclo do loop verifica-se se houve pressionamento de algum dos botões, fazendo a contagem, se necessário, e atualizando as saídas. Nenhuma atividade é deixada de lado enquanto está sendo verificada alguma entrada ou aguardando algum evento.

Código 5.5: Código para controle de um cronômetro explicitando as entradas e saídas

```
1  void main (void)
2      int cont = 0;
3      for(;;){
4          //***leitura das entradas e tomada de decisão
5          if(getStartStatus()==1){
6              enable_counting = 1;
7          }//end if
8          if(getResetStatus()==1){
9              count = 0;
10             enable_counting = 0;
11         }//end if
12         //***processamento das funcionalidades
13         //contagem do tempo
14         if(enable_counting == 1){
15             count++;
16         }//end if
17         if(count >= 60){
18             count = 0;
19             enable_counting = 0;
20         }//end if
21         timerDelay(1000);
22
23         //***acionamento das saídas
24         lcdNumber(cont);
25     }
26 }
```

6 Debug de sistemas embarcados

uqr.to/1cqz9

"Na mente do iniciante existem muitas possibilidades; na do especialista existem poucas."
Shunryu Suzuki

Quando se encontra um erro no funcionamento de um programa, esse erro é chamado de "bug", inseto em português. O procedimento de remover os bugs do programa é conhecido como "debug".

Como os sistemas embarcados geralmente apresentam restrições físicas e computacionais, é difícil visualizar o que está acontecendo no sistema sem alterar o seu funcionamento ou até mesmo pausá-lo. Eles ainda possuem vários dispositivos agregados ao chip e à placa, que podem funcionar independentemente do processador. Isso dificulta a compreensão do que está acontecendo.

Mesmo que o software esteja correto, é possível que problemas no hardware atrapalharem o funcionamento do sistema. *Bouncing*, tempo de chaveamento de transistores, velocidade na transmissão de dados e interferências eletromagnéticas são exemplos de problemas em hardware que podem levar o programador a pensar que o software não está funcionando corretamente.

Com todas essas questões, o processo de debug de sistemas embarcados pode ser mais complexo que sistemas comuns. Neste capítulo, serão abordadas ferramentas e conceitos que podem ajudar o programador a procurar os erros e consertá-los.

6.1 | Externalizar as informações

A primeira necessidade é saber o que está acontecendo no sistema. Na programação em computadores tradicionais, é comum imprimirmos mensagens na tela que notificam o que o programa está fazendo. O código a seguir, por exemplo, utiliza esse recurso para dizer quando cada linha foi executada e até mesmo em qual parte da estrutura de decisão o código entrou.

```
1 #include "stdio.h"
2 #include "serial.h"
3
4 //início do programa
5 int main(int argc, char* argv[]){
6     int resp;
7     printf("Inicializando sistema");
8     resp = recebeCaracter();
9     if(resp == NULL){
10        printf("Debug: caracter com problema");
11    }else{
12        printf("Debug: caracter lido corretamente");
13    }
14    return 0;
15 }//end main
```

Essas mensagens servem como uma informação quando algo não funciona, ou podem ser utilizadas simplesmente para informar se o sistema está funcionando corretamente. Um ponto importante é lembrar de remover esses alertas quando o programa estiver pronto.

Quando não se tem uma tela disponível, pode-se usar portas de comunicação serial.

A comunicação serial permite que o programador realize um comando de impressão, como um **printf()**, por exemplo, mas, em vez de ser exibido em uma tela ligada ao sistema embarcado, o texto será enviado para um computador, que fará a leitura e o exibirá na sua tela. É possível também enviar comandos do computador para o sistema embarcado se algo der errado.

Em vários sistemas, no entanto, não se tem uma tela para exibir as mensagens e nem um caminho de comunicação serial. É possível também que, mesmo tendo uma comunicação serial disponível, não se deseja utilizá-la, visto que a impressão na serial pode atrasar o funcionamento do código. Nessas situações, é comum utilizar um ou mais leds para se fazer a indicação de como o programa está executando. O código a seguir apresenta essa ideia.

```
1  //início do programa
2  void main(void){
3      int lastKey;
4      //configurando o teclado
5      kpInit();
6      ligaLed(1);
7      serialInit();
8      bufferInit();
9      ligaLed(2);
10     for(;;){
11         trocaLed(3);
12         kpDebounce();
13         processing();
14         lastKey = kpRead();
15         executeCommand(lastKey);
16     }//end for
17 }//end main
```

Esse código utiliza 3 leds para indicar o andamento do programa. Os dois primeiros acendem à medida que os dispositivos forem inicializados. Se algum led não acender, quer dizer que houve um erro e o programa travou. Se o led 1 não acender, é provável que a função **kpInit()** não tenha executado corretamente. Já o led 2 indica que ambas as funções de inicialização da serial e do buffer terminaram.

Caso o segundo led não acenda, alguma das duas funções está com problema. A primeira providência seria deslocar a função que liga o led 1 para depois da função de inicialização da serial. Assim pode-se verificar se o erro está na **serialInit()** ou no **bufferInit()**.

```
1  void main(void) {
2      int lastKey;
3      //configurando o teclado
4      kpInit();
5      serialInit();
6      ligaLed(1);     //mudado de posição
7      bufferInit();
8      ligaLed(2);
9
10     for(;;){
11         //código não foi alterado
12     }//end for
13 }//end main
```

Como o led 1 foi deslocado, se ele acender, é conhecido que o erro está na inicialização do buffer, e se não acender, o erro provavelmente está na função de inicialização da serial. Lembrando que isso só é verdade se tiver certeza que a inicialização do teclado está correta. Como no primeiro teste o led havia acendido, essa afirmação é coerente.

O último led realiza duas funções: indica que o programa conseguiu entrar no loop e troca de valor a cada vez que o loop é executado. Em geral, a velocidade com que ele pisca é muito alta, não sendo possível ser visto a olho nu. Uma opção interessante é utilizar um osciloscópio para ver o sinal elétrico. Ler a velocidade com que o led está piscando auxilia a verificar se o sistema está funcionando conforme esperado.

Esse procedimento de externalizar as informações também é conhecido como instrumentação do código, ou seja, instrumentos (exibição de texto, leds etc.) são adicionados para indicar o bom andamento da execução do código.

6.1.1 | Usando os terminais de entrada e saída

A estrutura mais simples para externalizar informações é a utilização de terminais do microcontrolador. No primeiro exemplo, foram utilizados 3 leds para apresentar o estado da placa: dois para inicialização e um para a execução do loop principal. No entanto, o desenvolvedor pode precisar externalizar mais informações do que apenas 3 estados. A solução mais simples é utilizar mais terminais, o que pode ser inviável do ponto de vista do projeto de hardware.

A segunda solução é utilizar todos os pinos disponíveis como um conjunto de informações, e não como bits isolados.

No exemplo, tem-se três bits disponíveis e, se utilizados em conjunto, podem apresentar até 8 estados diferentes: **000, 001, 010, 011, 100, 101, 110** e **111**. Nesse caso, a junção dos valores dos terminais indicará a informação desejada. Cada estado será responsável por passar uma mensagem, e, assim, tem-se 8 possíveis combinações para apresentar uma informação, em vez de apenas 3 como no exemplo original. O código **000**, por não apresentar nenhuma mudança na saída dos terminais, pode ser escolhido como representação de que nenhum código foi enviado.

Se utilizar um led RGB, estes estados serão visualizados na placa por meio de diferentes cores, como apresentado na Tabela 6.1.

Tabela 6.1. Cor visualizada por meio da combinação de um led RGB

R	G	B	Cor visualizada
0	0	0	Apagado
0	0	1	Azul
0	1	0	Verde
0	1	1	Ciano/Azul-claro
1	0	0	Vermelho
1	0	1	Rosa
1	1	0	Amarelo
1	1	1	Branco

Pensando nos três terminais, pode ser criado um conjunto de macros para facilitar a utilização do debug. O primeiro conjunto de macros serve para definir quais terminais são utilizados. No exemplo, serão criados macros para os três leds.

```
1 //definindo 1º pino de debug (red)
2 #define DEBUG_PIN_1 2
3 //definindo 1º pino de debug (green)
4 #define DEBUG_PIN_2 3
5 //definindo 1º pino de debug (blue)
6 #define DEBUG_PIN_3 4
```

Em um segundo momento, é definido quais são os códigos para cada estado, de acordo com as definições apresentadas pela Tabela 6.1.

```
1 #define DEBUG_NO_MSG 0b000
2 #define DEBUG_BLUE    0b001
3 #define DEBUG_GREEN   0b010
4 #define DEBUG_CYAN    0b011
5 #define DEBUG_RED     0b100
6 #define DEBUG_PINK    0b101
7 #define DEBUG_YELLOW  0b110
8 #define DEBUG_WHITE   0b111
```

Por fim, é criado uma função que será responsável por atualizar as saídas conforme o código desejado:

```
1 #ifdef DEBUG
2     #define debugPrint(a)   debugPrintFunction(a)
3 #else
4     #define debugPrint(a)
5 #endif
6
```

```
 7 void debugPrint(int debugState){
 8     if(debugState & 0x01){
 9         DEBUG_PIN_1 = 1;
10     }else{
11         DEBUG_PIN_1 = 0;
12     }
13     if(debugState & 0x02){
14         DEBUG_PIN_2 = 1;
15     }else{
16         DEBUG_PIN_2 = 0;
17     }
18     if(debugState & 0x04){
19         DEBUG_PIN_3 = 1;
20     } else {
21         DEBUG_PIN_3 = 0;
22     }
23 }//end debugPrint
```

A função **debugPrint( )** será implementada apenas se o label **DEBUG** for definido. Caso contrário, todas as chamadas da função serão removidas do código.

Como agora tem-se 7 diferentes estados, o código pode ser instrumentado de modo mais preciso:

```
 1 #define DEBUG
 2 void main(void){
 3     //configurando todos os pinos como saídas
 4     int lastKey;
 5     kbInit();
 6     debugPrint(DEBUG_BLUE);
 7     serialInit();
 8     debugPrint(DEBUG_GREEN);
 9     bufferInit();
10     debugPrint(DEBUG_YELLOW);
11     for(;;){
12         debugPrint(DEBUG_RED);
13         kbDebounce();
14         debugPrint(DEBUG_CYAN);
15         processing();
16         lastKey = readKey();
17         if(lastKey > 10){
18             debugPrint(DEBUG_WHITE);
19         }
20         executeCommand(lastKey);
21     }//end for
22 }//end main
```

Com o aumento de estados, cada passo do código pode ser monitorado, verificando se todos os casos foram executados corretamente. Quando o programa estiver concluído, basta remover a diretiva **#define DEBUG** que todas as funções de debug não serão compiladas.

Por fim, uma boa prática é deixar disponível na placa um conector com um conjunto de terminais que poderão ser utilizados para depuração. Isso permite conectar a placa rapidamente a um osciloscópio ou analisador lógico.

6.2 | Programação incremental

Uma boa técnica de programação é desenvolver o menor código possível, mesmo que ele não tenha todas as funcionalidades no início. Esse código será a base do desenvolvimento.

Partindo desse código, devemos adicionar funcionalidades e testar o sistema de modo gradual. É uma boa prática iniciar por programas simples que testam apenas os periféricos, sem implementar as funcionalidades do produto em si. Isso ajuda a garantir que o hardware não está com problema.

Outro ponto importante é não alterar regiões diferentes do código simultaneamente. Concentre a alteração em um único arquivo ou função por vez. Assim, se algo não funcionar, é provável que o erro se encontre perto de onde as alterações foram feitas. Nesse caso, basta instrumentar o código, utilizando leds ou displays para verificar onde está o problema.

6.3 | Cuidado com a otimização de código

Entende-se por otimização o processo de modificar o código rearranjando a sequência ou estrutura dos comandos, de modo que ele seja executado mais rapidamente. Isto é feito, em geral, quando o sistema não consegue processar todas as atividades programadas no tempo aceitável para a aplicação.

A otimização deve ser o último recurso. Pode-se antes verificar se é possível aumentar o clock do processador. Grande parte dos microcontroladores permite alterar a frequência de trabalho; outros já precisam da troca do cristal de oscilação. Em ambos os casos, o custo dessa troca é próximo de zero. No entanto, isso pode gerar dois problemas: maior consumo de energia, situação crítica para sistemas que operam com bateria, e aumento de ruído nos outros sinais da placa, que pode ser minimizado com um layout de placa adequado.

Caso o aumento de frequência não seja viável ou suficiente, deve-se entender melhor o problema que se está tentando resolver para verificar se não existem algoritmos mais adequados ou eficientes. Um exemplo são os algoritmos de ordenação de números em uma lista. Existem diversos algoritmos, alguns mais simples, que demoram mais tempo para terminar, e outros mais rebuscados, que terminam a mesma atividade em menos tempo.

Se ao fim desse processo ainda for necessário otimizar o código, procure primeiro definir onde otimizar. Instrumente o código e verifique qual região do programa consome mais tempo.

Uma função grande com muito código gasta mais tempo para ser executada. No entanto, mesmo que ela demorando muito, ela pode não ser o problema do sistema. Uma função menor, mas chamada com maior frequência, pode ser a maior responsável pelo consumo de tempo. Focar na função ou região correta é fundamental para conseguir uma boa economia de tempo.

Outra opção é utilizar uma ferramenta de profiler. Os profilers instrumentam o código automaticamente e devolvem informações sobre onde o tempo de processamento é gasto.

6.4 | Reproduzir e isolar o erro

Quando um erro for percebido ou informado, o primeiro passo é conseguir reproduzi-lo. Tente criar um pequeno guia que explique passo a passo quais ações devem ser feitas, e em que ordem, para que o erro aconteça.

A reprodução permite que o programador entenda melhor onde está acontecendo o erro e corrija o código de maneira eficiente. Após resolvido o erro, o guia pode ser usado para ver se a correção funcionou.

Se não é possível reproduzir o erro de modo consistente, é mais difícil garantir que o erro foi eliminado.

No processo de instrumentação do código, um loop infinito pode ser colocado dentro de uma condição de teste para que, se acontecer algo que não era esperado, o sistema trave naquele ponto e indique o problema.

```
1   //começo do trecho de debug
2   if(tecla >= 10){         //a variável tecla deveria ir só até 9
3       ligaLed(3);          //liga o led 3
4       for(;;);             //trava o programa num loop infinito
5   }
6   // fim do trecho de debug
```

6.5 | Crie rotinas de teste

Rotinas de testes são funções ou procedimentos que visam verificar se um código está funcionando corretamente. A melhor maneira de se verificar se uma função está correta é passar um valor conhecido para ela e verificar se o resultado bate com o esperado.

```
1 int powerConsumption(int current, int voltage){
2     //realiza o cálculo de potência
3 }
```

A função **powerConsumption()** recebe os valores de corrente e de tensão de um sensor e faz o cálculo da potência consumida. Nesse caso, deve-se elencar alguns testes em que os resultados são conhecidos e verificar se eles estão corretos.

Entre os valores que serão utilizados como parâmetros da função, devem ser usados aqueles que tendem a verificar situações extremas. No caso do cálculo de potência, podem ser usados valores negativos e verificar se o resultado ainda é maior que zero, já que não faz sentido obter consumo de potência negativa em equipamentos sem geração de energia.

```
1 void tests(void){
2     if(powerConsumption ( 0, 0) != 0) { printf("erro"); }
3     if(powerConsumption ( 0, 1) != 0) { printf("erro"); }
4     if(powerConsumption ( 1, 0) != 0) { printf("erro"); }
5     if(powerConsumption ( 1, 1) != 1) { printf("erro"); }
6     if(powerConsumption (-1, 1) <  0) { printf("erro"); }
7     if(powerConsumption ( 1,-1) <  0) { printf("erro"); }
8     if(powerConsumption (-1,-1) <  0) { printf("erro"); }
9 }//end tests
```

Ao longo do desenvolvimento, a função **powerConsumption()** pode ser alterada para utilizar outro algoritmo que seja mais rápido ou mais preciso. Nessas alterações, é possível que algum erro apareça. Manter uma rotina de testes ajuda a detectar esse tipo de erro.

A linguagem C possui uma biblioteca desenvolvida com esse intuito: a **assert.h**. Essa biblioteca implementa apenas uma função e uma macro.

A macro **assert()** realiza um teste se o parâmetro enviado é verdadeiro. Se o resultado estiver errado, ela executa a função **_assert()**, que imprime o nome do arquivo e o número da linha em que o erro aconteceu, além de travar o programa em um loop infinito.

```
1 #define assert(x) ((x) == 0 ? _assert(#x, __FILE__, __LINE__):(void)0)
2
3 void _assert(char *expr, const char *filename, unsigned int ↵
        linenumber){
4     printf("Assert(%s) failed at line %u in file %s.\n",
5         expr, linenumber, filename);
6     while(1);
7 }
```

Como apresentado anteriormente, alguns sistemas embarcados não possuem saídas de texto, desse modo seria interessante reescrever a função para imprimir um código de erro. Para isso, pode ser utilizado os códigos de acesso aos leds, por exemplo, e reescrever a macro **assert**, como no trecho do código a seguir.

```
1 #define assert(condition,errCode) ((condition) == 0 ? ↵
        debugPrint(errCode):(void)0)
2 #define DEBUG
3 void main(void) {
4     int lastKey;
5     kbInit();
6     for(;;){
7         kbDebounce();
8         lastKey = kbRead();
9         assert(lastKey > 10, DEBUG_WHITE);
10        //executa código baseado na tecla pressionada
11        executeCommand(lastKey);
12    }//end for
13 }//end main
```

No exemplo dado, se em algum momento a tecla pressionada for maior que 10, o programa indicará um erro.

6.6 | Criação de uma biblioteca para debug

Como cada placa possui um conjunto de particularidades, uma solução é reunir em um único lugar todas as macros e funções relacionadas ao processo de depuração. Para unificar o acesso aos terminais físicos, é utilizada a biblioteca **io.h**, que reúne as informações dos periféricos.

```
1  //arquivo: Debug.h
2  //macros para exibição dos códigos e para testes
3
4  #include "io.h"
5
6  //utiliza-se o #ifdef pois assim o programador pode remover todo o ↵
       sistema de debug de uma única vez
7  #ifdef DEBUG
8      #define debugPrint(a)         debugPrintFunction(a)
9      #define assert(cond,errCode) ((cond) == 0 ? ↵
          debugPrint(errCode):(void)0)
10 #else
11     #define debugPrint(a)         ((void)0)
12     #define assert(cond,errCode) ((void)0)
13 #endif
14
15 void debugPrintFunction(int debugState);
16
17 //códigos de debug
18 #define DEBUG_NO_MSG   0b000
19 #define DEBUG_MSG_1    0b001
20 #define DEBUG_MSG_2    0b010
21 #define DEBUG_MSG_3    0b011
22 #define DEBUG_MSG_4    0b100
23 #define DEBUG_MSG_5    0b101
24 #define DEBUG_MSG_6    0b110
25 #define DEBUG_MSG_7    0b111
26
27 //definindo os terminais disponíveis para debug a partir dos ↵
       defines do arquivo io.h
28 #define DEBUG_PIN_1 PIN_LED_BLUE
29 #define DEBUG_PIN_2 PIN_LED_GREEN
30 #define DEBUG_PIN_3 PIN_LED_RED
```

No arquivo do trecho do código, apenas a função de debug é implementada. Ela utiliza as definições dos pinos de saída para gerar o código binário que será apresentado nos leds.

```c
1  //arquivo: debug.c
2  #include "debug.h"
3
4  //implementação da função de impressão
5  void debugPrint(int debugState){
6      if(debugState & 0x01){
7          digitalWrite(DEBUG_PIN_1,HIGH);
8      }else{
9          digitalWrite(DEBUG_PIN_1,LOW);
10     }
11     if(debugState & 0x02){
12         digitalWrite(DEBUG_PIN_2,HIGH);
13     }else{
14         digitalWrite(DEBUG_PIN_2,LOW);
15     }
16     if(debugState & 0x04){
17         digitalWrite(DEBUG_PIN_3,HIGH);
18     }else{
19         digitalWrite(DEBUG_PIN_3,LOW);
20     }
21 }//end debugPrint
```

7 Introdução a microcontroladores

uqr.to/1cqz9

"As pessoas que realmente levam a sério o software devem fazer o seu próprio hardware."
Alan Kay

A maioria dos circuitos digitais é desenvolvida de modo a realizar uma única operação específica. O tamanho desses circuitos depende das funcionalidades a ele agregadas. Desenvolver um novo circuito a cada projeto consome muito tempo e, normalmente, ele não pode ser reutilizado em novos projetos.

Com o objetivo de gerar um chip que pudesse ser utilizado em diversos projetos, sem a necessidade de reconstruir o hardware toda vez, o engenheiro Federico Faggin, da Intel, desenvolveu um circuito com um conjunto de operações que podem ser executadas numa sequência definida e armazenada numa memória. Passava-se de um circuito combinacional, em que o valor de saída só depende dos valores das entradas, para um circuito sequencial, em que a saída depende das entradas, como também das operações realizadas em passos anteriores.

O primeiro produto desenvolvido com essa tecnologia foi a calculadora BUSICOM 141-PF, que utilizava o chip 4004, o primeiro processador comercial. A Figura 7.1 apresenta esse processador em sua primeira versão produzida.

Figura 7.1. Microprocessador 4004 (Fonte: Intel).

O microprocessador 4004 foi lançado em 1971, possuindo uma arquitetura de 4 bits e 45 instruções diferentes. Sua frequência de operação máxima era de 740 kHz.

No entanto, apenas com o microprocessador não era possível desenvolver um produto completo. Eram necessários outros circuitos para que o processador pudesse interagir com o meio externo. Em conjunto com o 4004, foram desenvolvidos mais três circuitos auxiliares: uma memória ROM de 2048 bits (4001), uma memória RAM de 320 bits (4002) e um registrador de deslocamento de 10 bits (4003), utilizado para realizar a interface com dispositivos externos.

Esses circuitos são comumente utilizados em conjunto, então a evolução natural do projeto foi desenvolver um circuito integrado que combinasse todos estes recursos. Esses chips são chamados microcontroladores, pois, além de possuir as estruturas computacionais, também conseguem realizar o controle de elementos externos.

Em geral, os periféricos de entrada e saída são tratados da mesma forma que a memória. Isso quer dizer que, para o processador, não existe diferença se está sendo tratado com um valor guardado na memória RAM ou com valores externos de chaves ou leds.

Isso é possível porque existem circuitos eletrônicos que criam essa abstração em hardware, fazendo com que todos os dispositivos apareçam como endereços de memória. Diz-se, nesses casos, que os dispositivos estão mapeados na memória. A Figura 7.2 apresenta esse modelo. É possível notar que as memórias e os periféricos estão todos conectados no mesmo barramento interno.

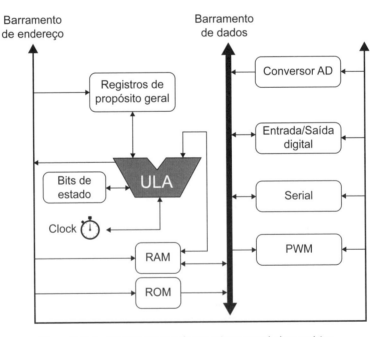

Figura 7.2. Arquitetura interna de um microcontrolador genérico.

Como todos os dispositivos utilizam um único barramento de dados para enviar e receber mensagens, é necessário que alguém controle o acesso. Há diversos modos de fazer esse controle, e um dos mais simples é fornecer autorização ao dispositivo por meio de um outro barramento, conhecido como barramento de endereço.

Esse segundo barramento é o responsável por indicar quem deve ler ou escrever no barramento de dados. Em geral, apenas a unidade de processamento (ULA) possui controle sobre esse barramento. Assim sendo, os acessos são todos organizados por ela.

Por fim, é necessário um sistema de geração de clock para sincronizar os eventos e permitir que a unidade de processamento execute suas tarefas.

7.1 | A unidade de processamento

A unidade de processamento, ou processador, é o centro de um microcontrolador. É ela quem coordena, executa e gerencia todos os recursos disponíveis.

O processador é um circuito digital sequencial. Isso quer dizer que o estado atual e os dados de entrada definem o próximo estado em que o circuito se encontrará. A mudança entre um estado para o próximo é comandada por um circuito de sincronismo, também chamado de clock. O tempo entre dois estados é chamado de ciclo.

O roteiro com as entradas, que indicarão ao processador o que ele deve fazer, são listadas em um conjunto de comandos. Cada comando é chamado de instrução, sendo que cada instrução pode estar relacionada a mais de uma operação a ser efetuada pelo microprocessador. O tempo que o processador leva para executar uma instrução é medido pela quantidade de ciclos necessários para terminar a instrução, bem como o tempo de cada ciclo. Alguns comandos podem realizar operações com valores armazenados na memória, enquanto outros apenas trabalham com os registradores. Os valores armazenados na memória costuma-se chamar de dados. A Figura 7.3 apresenta o modelo resumido do funcionamento de um processador.

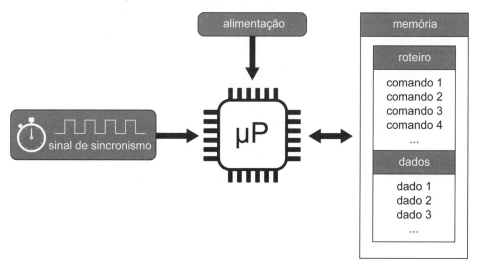

Figura 7.3. Mapeamento de tarefa para operação.

Com relação ao modo de funcionamento, a grande maioria dos processadores atuais se divide em duas arquiteturas: Harvard e von Neumann.

Na arquitetura von Neumann existe apenas um barramento de dados. O barramento de dados é o caminho pelo qual os valores são transportados. Por haver apenas um barramento, os dados e as instruções do programa fazem o mesmo percurso para chegar ao processador, conforme a Figura 7.4.

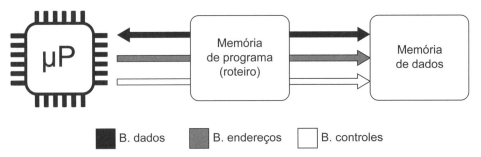

Figura 7.4. Arquitetura de processador von Neumann.

Nos processadores von Neumann, as memórias são diferenciadas por meio do barramento de endereços. A memória de programas e a memória de dados recebem, cada uma, uma faixa de valores distintos. Uma opção bastante comum é reservar os primeiros endereços para a memória de dados e os últimos para a memória de programa. Isso no entanto, é uma opção do desenvolvedor do microcontrolador.

O projetista do chip insere um hardware que verifica qual é o endereço que está chegando para a memória e, estando de acordo, ele habilita ou não o envio de informações entre a memória e o barramento de dados.

Na arquitetura Harvard, os barramentos são separados. Nesse caso, a memória de dados pode ser acessada independentemente da memória de programa. Isso permite executar duas ações ao mesmo tempo, dado que os barramentos são distintos, como apresentado na Figura 7.5.

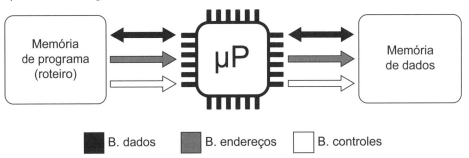

Figura 7.5. Arquitetura de processador Harvard.

Algumas arquiteturas mais novas possuem elementos híbridos, com uma arquitetura externa do tipo von Neumann, mas possuindo memórias internas com barramentos dedicados. Com relação ao funcionamento interno, o processador pode ser apresentado como uma estrutura de quatro unidades: execução, controle, decodificação e controle de barramento.

A unidade de controle do barramento é a responsável por gerenciar todas as interações de informação entre os barramentos e as unidades internas, e também por buscar as instruções na memória de programa e ler ou armazenar valores nas memórias de dados.

A unidade de decodificação é a responsável por interpretar as informações recebidas no barramento de dados e indicar às demais unidades qual atividade deve ser realizada.

É na unidade de execução que as atividades decodificadas são efetivamente executadas. Ela processa os comandos que chegam pelo barramento e o resultado dessas operações pode modificar os registros de operação. Os registros, no entanto, armazenam os resultados das operações de modo temporário. Se for desejado pelo programador, a unidade de execução pode salvar esses resultados novamente na memória, de modo que não se percam.

Por fim, a unidade de controle é a responsável por realizar o sincronismo entre todas as atividades das demais unidades, como pode ser visto na Figura 7.6. A velocidade com que o processador trabalha é definida por ela. O clock é definido dentro dessa unidade. Alguns microcontroladores podem gerar o sinal de sincronismo, ou clock, dentro da própria unidade de controle.

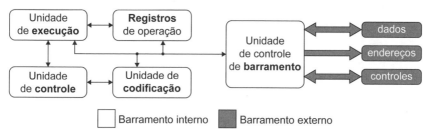

Figura 7.6. Organização básica de um processador.

Os registros de operação possuem diferentes funções. Existem pelo menos 4 tipos distintos de registos, como apresentado na Figura 7.7.

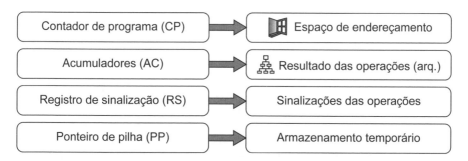

Figura 7.7. Registros internos de um processador.

O contador de programa tem como responsabilidade indicar em qual região da memória o processador deverá realizar a leitura dos dados. Modificando esse contador, é possível controlar qual parte do código será executada. Esse comportamento é utilizado, por exemplo, na instrução da linguagem C **if** para definir qual de dois blocos de comandos será executado.

O registro de sinalização serve para indicar qual a condição atual do processador, de acordo com as operações realizadas até o momento. Entre os sinais monitorados por ele, é possível ter a indicação se o resultado da última operação foi negativo, zero ou positivo, se as interrupções estão habilitadas, se houve algum problema de estouro, ou overflow, em alguma operação matemática, entre outras informações que o projetista do processador julgou necessárias.

O ponteiro de pilha funciona como um indicador de memória. Seu funcionamento é muito similar ao de um ponteiro. Por meio dele é possível acessar um outro endereço de memória. A diferença é que as instruções de leitura ou escrita por meio do ponteiro de pilha são acompanhadas por uma mudança de endereço. Isso facilita o armazenamento de valores de modo temporário e permite criar uma estrutura para chamadas de função ou interrupções de maneira bastante simples e eficiente.

Por fim, os acumuladores são os registros que armazenam os dados que serão utilizados nos cálculos. Em geral, são estes registros que definem o tamanho de bits do processador.

Para fazer leitura ou escrita de informações na memória, o processador utiliza três barramentos, conforme apresentado na Figura 7.8.

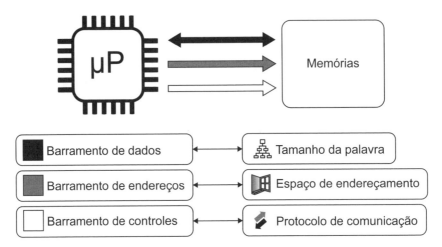

Figura 7.8. Barramentos em um processador.

O primeiro deles é o barramento de dados. É por meio desse barramento que as informações de dados, ou do programa, são transferidas da memória para o processador, ou do processador para a memória.

O barramento de endereço serve para indicar a posição de memória que o processador está acessando no momento. Quando são utilizados ponteiros na linguagem C, o valor de endereço armazenado no ponteiro será utilizado no barramento de endereços para que a memória correspondente envie seu valor pelo barramento de dados.

Assim, o barramento de controle é o responsável por controlar as memórias. Em um microcontrolador convencional, existem várias memórias distintas, por esse motivo é necessário controlar quais delas estão ativas para um determinado endereço.

Os barramentos, a princípio, são estruturas bastante simples, formados por conjuntos de trilhas internas que, no entanto, definem muito da arquitetura do sistema. O barramento de dados indica o tamanho da palavra que o processador consegue operar na memória. Já o barramento de endereços define o espaço de endereçamento; em termos práticos, a quantidade máxima de memória com que o processador consegue trabalhar. Dessa maneira, o barramento de controle define o protocolo de comunicação lógico e elétrico entre os dispositivos, bem como os ciclos de escrita e leitura de dados. Esses barramentos definem, portanto, a forma de se comunicar com o microprocessador.

A Figura 7.9 mostra como pode-se identificar o espaço de memória observável pelo processador por meio da quantidade de bits do barramento de endereço.

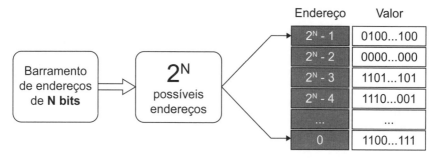

Figura 7.9. Espaço de endereçamento.

7.2 | Memória

A quantidade de memória disponível que um microcontrolador pode acessar depende basicamente do tamanho do barramento de endereço. Esse tamanho indica quantas posições de memória o processador consegue endereçar.

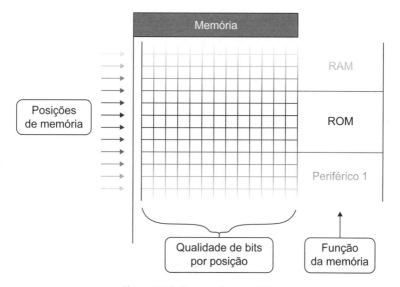

Figura 7.10. Espaço de memória.

Por exemplo, um microcontrolador, cujo tamanho da palavra de endereço é de 8 bits, possui a capacidade de acessar uma memória de até $2^{(tamanho\_do\_endereço)} = 2^8 = 256$ bytes.

Para a maioria das memórias, cada posição armazena 8 bits de dados, mesmo para arquiteturas de 16, 32 ou 64 bits. Portanto, a quantidade máxima de memória para um barramento com N bits é de 2^N bytes. Um sistema com barramento de endereço com 10 bits pode armazenar até 1024 bytes. Por esse motivo, os sistemas operacionais de 32 bits não conseguem fazer uso efetivo de memórias RAM com mais de 2^{32} = 4 gigabytes.

Mesmo o processador podendo alcançar toda essa extensão, nem sempre existe memória física acessível em cada uma dessas posições para armazenar dados. Desse modo, a memória pode possuir espaços vazios. Se um ponteiro for apontado para um desses espaços, uma operação de escrita será desperdiçada. Apesar de tentar escrever, os valores serão perdidos, pois não há memória para armazenar a informação. Uma operação de leitura retornará lixo (valor aleatório e sem significado) do barramento de dados, não sendo possível prever qual será o valor retornado.

7.2.1 | Mapeando periféricos na memória

A memória digital pode ser entendida como um armário. Em um armário com 6 espaços vazios, um marceneiro poderá fabricar até 6 gavetas para serem instaladas. O número da gaveta será o endereço da variável e o conteúdo da gaveta, a informação armazenada naquele endereço.

Para guardar um objeto no armário é necessário saber qual posição está disponível. No entanto, só será possível armazenar o objeto corretamente se a gaveta estiver encaixada no espaço dedicado a ela. Se a gaveta não estiver presente, não é possível afirmar com certeza o que acontecerá com o objeto armazenado ali.

Em vez de construir gavetas regulares, um marceneiro pode projetar outros "sistemas de armazenamento" nos espaços de um armário. Alguns desses sistemas podem permitir que o usuário enxergue o que está armazenado, mas não permitir que se mexa nele, como uma vitrine. Alguns sistemas permitem que o usuário coloque objetos, mas não permitir que ele os retire, como um cofre boca de lobo. Outros, ainda, permitem que a pessoa retire objetos mas não permite que ela os reponha, como dispensadores de latas de refrigerante. A Figura 7.11 apresenta essa analogia.

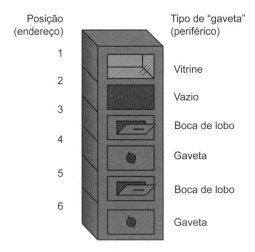

Figura 7.11. Memória e periféricos como um armário.

Esses vários sistemas de armazenamento representam a variedade de tipos de memória e de interfaces de periféricos que podem estar ligados diretamente à memória do processador. A Figura 7.12 apresenta esse modelo. Todos os periféricos estão conectados nos mesmos barramentos de dados e de endereços. O barramento de controle é o responsável por indicar qual dos periféricos deve responder aos comandos do microprocessador.

A identificação da posição de memória é feita por meio de um valor de endereço. Por estar tratando de sistemas digitais, o valor do endereço é codificado em binário. Em geral, os valores são escritos em hexadecimal para evitar erros na transcrição ou indicação dos dados.

INTRODUÇÃO A MICROCONTROLADORES | 85

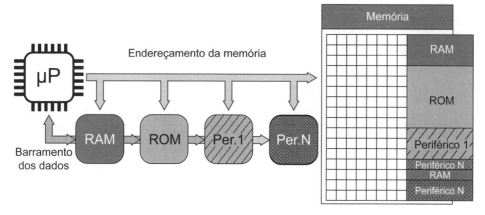

Figura 7.12. Mapa de memória e circuitos correspondentes.

Os dispositivos que são mapeados na memória podem ocupar uma região do espaço total da memória. A quantidade de endereços depende do tipo de dispositivo. Por exemplo: um processador com barramento de endereço com 16 bits pode enxergar até 2^{16} ou 65.535 posições. Essas posições são numeradas de 0 a 65.535, ou em hexadecimal, de 0000_{16} a $FFFF_{16}$. Uma memória RAM de 2 kilobytes possui 2048 endereços, podendo ser numerados de 000_{16} a $3FF_{16}$, por exemplo. Para que essa memória seja lida corretamente pelo processador, é necessário que cada um dos endereços da memória seja mapeado nos endereços do processador. Uma abordagem bastante comum é conectar os bits menos significativos e utilizar os bits mais significativos para identificar o chip.

Quando são usados vários dispositivos ao mesmo tempo, a identificação de cada um deles deve ser feita de modo único. Isso acontece com todos os tipos de memória e todos os periféricos. Se for preciso salvar uma variável na memória, é preciso tomar o cuidado de utilizar endereços que estão ligados em memórias do tipo RAM. Se alguma informação gravada na memória ROM for lida, é preciso conhecer a localização exata antes de realizar a leitura.

Os microcontroladores que implementam arquitetura Harvard de processamento possuem diferentes barramentos de memória para os dados e para os programas. O microcontrolador da Atmel ATmega 328 com core AVR possui essa arquitetura.

A Figura 7.13 apresenta o espaço de endereços do ATmega328 e do PIC18F4520, ambos de arquitetura Harvard. Nesses microcontroladores existem duas regiões de memória: a de dados e a de programa. As diferenças mais significavas entre os dois processadores estão na região de boot e nos registros de propósito geral (SFR), que estão em posições opostas.

A linguagem C foi desenvolvida para sistemas com apenas uma região de memória, cujos valores de endereço possuem apenas uma faixa. Na estrutura Harvard, pode-se observar que existem duas posições de memória com o mesmo endereço. Desse modo, um ponteiro que aponta para o endereço **0×F83** pode estar apontando para qualquer uma das memórias. Para evitar esse problema, os compiladores utilizam palavras especiais para indicar para qual das regiões de memória o ponteiro está apontando. É comum utilizar os modificadores **near** e **far** nessas ocasiões.

A Figura 7.14 apresenta o espaço de memória dos microcontroladores da Microchip e da NXP. Esses microcontroladores utilizam arquitetura von Neumann, com apenas um espaço de endereçamento. Por isso, as memórias de programa (flash) e de dados (RAM) estão intercaladas.

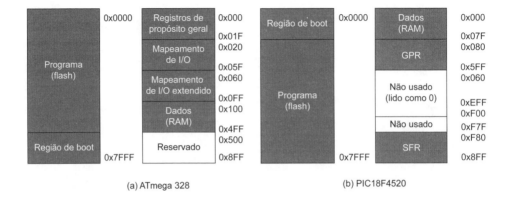

Figura 7.13. Regiões de memória disponíveis.

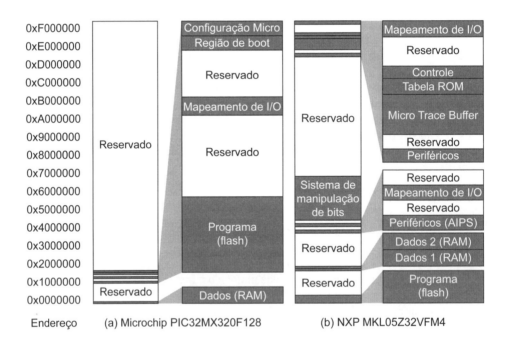

Figura 7.14. Regiões de memórias disponíveis nos processadores Microchip PIC32 e no NXP KL05Z.

Os mapas de memória apresentados foram baseados nos valores fornecidos pelos fabricantes por meio de de seus *datasheets*. Cada modelo de processador pode possuir diferenças consideráveis. Em geral, as regiões marcadas como "reservado" são utilizadas nos diferentes modelos para abrigar mais periféricos ou mais memórias, sejam RAM ou flash.

7.3 | Clock e tempo de instrução

O microcontrolador é um circuito digital controlado por um sinal de sincronismo. Esse sinal é denominado de clock. A execução de uma atividade compreende pelo menos 3 etapas: buscar da próxima operação na memória (*fetch*), decodificar a instrução (*decode*) e executar a operação. O conjunto dessas três operações é chamado de ciclo de máquina.

Alguns processadores possuem um ciclo de máquina com mais instruções por ciclo. Assim, a velocidade de execução de tarefas do processador é uma fração da velocidade do clock.

Além dessa redução, a velocidade efetiva de uma instrução varia de acordo com a tarefa que a instrução realiza. Algumas instruções podem ser mais demoradas, precisando de mais de um ciclo de máquina para serem executadas.

Alguns processadores são desenvolvidos para que todas as instruções consumam o mesmo tempo. Esses processadores são também conhecidos como RISC. Já os processadores CISC são desenvolvidos com um conceito chamado microinstrução, que permite que o processador saiba fazer instruções mais complexas, no entanto, essas instruções são mais demoradas.

Um exemplo é o caso da soma de dois números. Para números inteiros, a soma é feita diretamente. Já em notação científica, é necessário realizar passos extras: igualar as potências antes de realizar a soma, fazer a soma dos números e ajustar as casas decimais para o formato científico. Esse é um dos motivos que faz a segunda operação ser mais demorada que a primeira. Na Tabela 7.1 é apresentado um exemplo numérico.

Tabela 7.1. Diferença na quantidade de operações com diferentes representações de números

Soma com inteiros	Soma em notação científica
A = 12321; B = 5550; C = A + B; //C = 17871 //1. Somar // 12321 // + 5550 // 17871	A = 1.2321 x 10 ^ 4 B = 5.55 x 10 ^ 3 C = A + B //C = 1.7871 x 10 ^ 4 //1. Converter para os // mesmos expoente // 12.321 x 10 ^ 3 // 5.55 x 10 ^ 3 //2. Somar os números // mantendo a mantissa // 12.321 x 10 ^ 3 // + 5.55 x 10 ^ 3 // 17.871 x 10 ^ 3 //3. Corrigir quantidade // de casas decimais // e o valor da mantissa // 1.7871 x 10 ^ 4

O cálculo de operações com ponto flutuante é especialmente caro para os processadores tradicionais. Eles podem demorar até 10 vezes mais para terminar do que as operações inteiras. Para evitar esse atraso, alguns processadores possuem embutido em seu hardware um coprocessador matemático, capaz de efetuar as operações com ponto flutuante de modo muito mais rápido.

Conhecer quanto tempo o código leva para ser executado permite ao desenvolvedor saber de maneira determinística qual é a exigência, em termos de capacidade de processamento, que o sistema embarcado em desenvolvimento precisa.

7.4 | Microcontroladores

Os microcontroladores são circuitos eletrônicos que reúnem em um único chip a unidade de processamento, as memórias e um conjunto de periféricos de entrada e saída.

Isso facilita o desenvolvimento de produtos eletrônicos, pois com um único componente, é possível desenvolver aplicações bastante complexas. Além disso, o projeto das placas é simplificado, visto que a quantidade de componentes e ligações fica reduzida.

Quando sistemas embarcados são programados em linguagem C, grande parte das diferenças entre os processadores é abstraída pelo compilador. Desse modo, não é preciso se preocupar com a arquitetura do processador, com a quantidade de bits nos barramentos de dados ou no barramento de endereços.

No entanto, com relação aos periféricos de entrada e saída, quase todo o procedimento de acesso e configuração fica a cargo do programador. O compilador da linguagem C não provê nenhuma ferramenta de acesso aos periféricos. As configurações também diferem para cada modelo de microcontrolador. O programador deve então ficar atento ao chip utilizado para realizar corretamente o processo de configuração dos periféricos.

O intuito deste livro é apresentar o conceito por trás desses periféricos e o modo de operação de cada um deles, sem ficar preso a uma arquitetura específica. Em seguida, serão apresentadas as três arquiteturas das placas utilizadas: AVR, ARM e MIPS.

7.4.1 | Atmel ATMega328

Os microcontroladores da família Atmel 8-bit são baseados na arquitetura AVR, um modelo de processador RISC. Essa arquitetura possui 8 bits e barramentos separados de dados e programas (Harvard). Essa arquitetura foi desenvolvida em 1996, sendo um dos primeiros microcontroladores a fazerem uso de memória flash para armazenar o código do programa. Isso permitiu que os chips fossem reprogramados de modo simples, facilitando o processo de desenvolvimento do produto.

O ATMega328 possui 23 terminais de I/O, 6 canais de entrada analógica com 10 bits de precisão, 6 saídas com modulação PWM, comunicação serial em UART, SPI, I2C, 3 timers configuráveis e 5 modos de economia de energia. O clock de operação pode alcançar 20 MHz. Pode ser alimentado com tensões de 1,8 até 5,5 volts.

Com relação à memória, o ATmega possui uma memória flash de 32 kbytes e uma memória RAM do tipo SRAM de 2 kbytes. Ele possui, ainda, uma memória EEPROM de 1 kbyte. Esta última pode ser utilizada para armazenar variáveis mesmo quando a energia for interrompida.

7.4.2 | Microchip PIC18F4520

Os microcontroladores de 8 bits da família PIC18, da *Microchip Technology Inc*, são baseados na arquitetura Harvard. Eles apresentam instruções de 16 bits, pilha de hardware de 32 níveis e multiplicador por hardware.

O PIC18F4520 possui 36 terminais de I/O, 13 canais de entrada analógica com 10 bits de precisão, comunicação serial em UART, SPI, I2C e quatro timers. O clock de operação pode alcançar 40 MHz. Pode ser alimentado com tensões de 2,0 até 5,5 volts.

Com relação à memória, o PIC18F4520 possui uma memória flash de 32 kbytes, uma memória RAM do tipo SRAM de 1,5 kbyte e 256 bytes de EEPROM.

7.4.3 | NXP KL05z

Os microcontroladores da família Kinetis L Series KL0x MCU são baseados na arquitetura ARM de processador. Essa arquitetura possui 32 bits e barramentos de dados e programas juntos (von Neumann).

O MKL05Z32VFM4 possui 28 terminais de I/O, 12 canais de entrada analógica com 12 bits de precisão, 8 saídas com modulação PWM, comunicação serial em UART, SPI, I2C, três timers configuráveis e 9 modos de economia de energia. O clock de operação pode alcançar 48 MHz. Pode ser alimentado com tensões de 1,7 até 3,6 volts.

Com relação à memória, o MKL05Z possui uma memória flash de 32 kbytes e uma memória RAM do tipo SRAM de 4 kbytes.

7.4.4 | Microchip PIC32MX320F128

Os microcontroladores da família PIC32 são baseados na arquitetura MIPS de processador.

O modelo de microcontrolador utilizado é o PIC32MX110. Ele possui 21 terminais de IO, 10 canais de entrada analógica, 5 saídas com modulação PWM e comunicação serial em UART, SPI, I2C.

O PIC32MX320F128 possui 21 terminais de I/O, 16 canais de entrada analógica com 10 bits de precisão, 8 saídas com modulação PWM, comunicação serial em UART, SPI, I2C, cinco timers configuráveis e três modos de economia de energia. O clock de operação pode alcançar 80 MHz. Pode ser alimentado com tensões de 2,3 até 3,6 volts.

Com relação à memória, o PIC32MX320F128 possui uma memória flash de 128 kbytes e uma memória RAM do tipo SRAM de 16 kbytes.

7.5 | Registros de configuração do microcontrolador

Visando serem úteis para mais de uma aplicação, é comum que os microcontroladores possuam terminais que podem ser utilizados de mais de um modo.

Antes de utilizá-los, é necessário fazer a configuração desses terminais do modo desejado. A escolha de qual será a função de cada um dos terminais fica a cargo do projetista do hardware no momento em que ele faz as conexões entre o microcontrolador e os periféricos externos. Do ponto de vista do software, deve-se descrever o funcionamento de acordo com o que foi planejado pelo hardware. Essa descrição é feita utilizando espaços de memória pré-definidos. Esses espaços são chamados de registros, e os valores que podem assumir variam de processador para processador e de periférico para periférico. As definições corretas podem ser pesquisadas nos documentos conhecidos como datasheets, dos microcontroladores.

Para as plataformas Arduino e Chipkit, a maioria das configurações já está pronta ou armazenada nos chips. Para a plataforma Freedom, é necessário fazer algumas definições para que os demais periféricos consigam funcionar corretamente.

A primeira é a definição da fonte de clock a ser utilizada. A Freedom pode utilizar cristais externos como referência ou um circuito oscilador interno. Ela possui ainda vários modos internos de oscilação, com capacidade de modificar sua velocidade. Para simplificar a utilização da placa, ela será configurada para utilizar o oscilador interno com uma frequência fixa de 24 MHz. Para isso, deve-se configurar o registro **C4** do periférico **MCG**, ligando-se o bit 7.

```
1 MCG_BASE_PTR ->C4 |= 0x80;
```

Algumas arquiteturas possuem configurações que não estão disponíveis em tempo de execução: isso quer dizer que alguns registros não podem ser modificados depois que o programa começa a executar. Em geral, esses registros modificam configurações que devem ser definidas antes do processador ser inicializado. Esses registros são conhecidos como bits de configuração, ou fuses. A Figura 7.15 apresenta os registros do microcontrolador PIC18F4520.

File Name		Bit 7	Bit 6	Bit 5	Bit 4	Bit 3	Bit 2	Bit 1	Bit 0	Default/ Unprogrammed Value
300000h	CONFIG1L	—	—	USBDIV	CPUDIV1	CPUDIV0	PLLDIV2	PLLDIV1	PLLDIV0	--00 0000
300001h	CONFIG1L	IESO	FCMEN	—	—	FOSC3	FOSC2	FOSC1	FOSC0	00-- 0101
300002h	CONFIG2L	—	—	VREGEN	BORV1	BORV0	BOREN1	BOREN0	PWDTEN	--01 1111
300003h	CONFIG2H	—	—	—	WDTPS3	WDTPS2	WDTPS1	WDTPS0	WDTEN	---1 1111
300005h	CONFIG3H	MCLRE	—	—	—	LPT1OSC	PBADEN	CCP2MX	1--- -011
300006h	CONFIG4L	DEBUG	XINST	ICPRT	—	—	LVP	—	STVREN	100- -1-1
300008h	CONFIG5L	—	—	—	—	CP3[(1)]	CP2	CP1	CP0	---- 1111
300009h	CONFIG5H	CPD	CPB	—	—	—	—	—	—	11-- ----
30000Ah	CONFIG6L	—	—	—	—	WRT3[(1)]	WRT2	WRT1	WRT0	---- 1111
30000Bh	CONFIG6H	WRTD	WRTB	WRTC	—	—	—	—	—	111- ----
30000Ch	CONFIG7L	—	—	—	—	EBTRB3[(1)]	EBTR2	EBTR1	EBTR0	---- 1111
30000Dh	CONFIG7H	—	EBTRB	—	—	—	—	—	—	-1-- ----
30000Eh	DEVID1	DEV2	DEV1	DEV0	REV4	REV3	REV2	REV1	REV0	xxxx xxxx[(2)]
3FFFFFh	DEVID2	DEV10	DEV9	DEV8	DEV7	DEV6	DEV5	DEV4	DEV3	0001 0010[(2)]

Figura 7.15. Registros de configuração do microcontrolador PIC 18f4520.

Dos registros apresentados na Figura 7.15, três necessariamente precisam ser configurados para que o sistema funcione. Um tem relação com a configuração do sistema de clock, especificando qual é a fonte do sinal de clock, que, no caso da placa em questão, é um cristal externo.

Além de configurar a frequência básica do clock, é necessário desligar o watchdog. Este é um circuito para aumentar a segurança do sistema embarcado desenvolvido. Para funcionar corretamente, o programa deve ser preparado para tal finalidade. Como ele só é abordado no Capítulo 18, ele será desligado nos próximos exemplos.

A última configuração necessária é desabilitar a programação em baixa tensão. Em razão das ligações feitas na placa, deixar essa opção ligada impede o funcionamento da placa enquanto estiver ligada ao gravador.

Como essas configurações precisam estar inseridas no microcontrolador antes que ele comece a funcionar, é preciso fazer uso de diretivas de compilação especiais. Em geral, utiliza-se a diretiva **pragma** nessa situação. Para o microcontrolador PIC18F4520 com o compilador XC8, a configuração inicial é dada por:

```
1 #pragma config OSC = HS     //oscilador com cristal externo HS
2 #pragma config WDT = OFF    //watchdog controlado por software
3 #pragma config LVP = OFF    //sem programação em baixa tensão
```

7.6 | Requisitos elétricos do microcontrolador

O projeto inicial do hardware se dá pela escolha do microcontrolador. Após a escolha, deve-se adicionar os demais componentes e sistemas que permitam que o microcontrolador seja ligado e gravado. Por fim, é adicionado o sistema de clock.

O projeto eletrônico que define como os dispositivos estão conectados é denominado esquemático. O esquemático será utilizado ao longo deste livro para descrever, de modo gráfico, os componentes utilizados.

O circuito que liga o microcontrolador é chamado de circuito de alimentação. O fator mais importante é o nível de tensão utilizado. Atualmente, boa parte dos microcontroladores trabalha com níveis de 5 volts, mas a cada dia cresce o número daqueles que precisam de apenas 3,3 volts. Ligar um microcontrolador de 3,3 volts em uma alimentação de 5 volts pode levá-lo a queimar e, até mesmo, danificar os demais componentes da placa. Alguns microcontroladores suportam uma faixa de alimentação, como o NXP KL05z, que pode ser alimentado com qualquer tensão contínua entre 1,71 e 3,6 volts.

Os microcontroladores podem ser bastante sensíveis a alterações na tensão, principalmente se fizerem uso de conversores analógicos para digitais. Um dos modos de reduzir o ruído que chega pelo ambiente é fazer uso de um pequeno capacitor. Esse capacitor deve ficar o mais próximo dos terminais de alimentação do microcontrolador, um no positivo e outro no terra.

Alguns microcontroladores possuem mais de um par de terminais de alimentação. Assim, coloca-se um capacitor em cada par desses terminais. Em geral, utiliza-se capacitores cerâmicos de valores próximos a 100 nF. Para saber o valor recomendado para seu microcontrolador, procure informações com o fabricante no *datasheet* do componente.

O circuito de gravação depende do modelo de microcontrolador a ser utilizado. Em geral, a maioria dos circuitos permite a gravação do microcontrolador sem precisar tirá-lo da placa. Esse tipo de gravação é chamada de in-circuit. Um dos protocolos de gravação mais comuns é o JTAG, ou *Joint Test Action Group*. Já a Microchip utiliza o ICSP, ou *In-Circuit Serial Programming*.

Com relação ao sinal de sincronia, ou clock, é possível utilizar diversos circuitos diferentes. Os três mais comuns são: osciladores do tipo RC, osciladores a cristal e fonte de sinal externa.

Os osciladores do tipo RC são, em geral, mais baratos. Eles utilizam uma malha com um resistor (R) e um capacitor (C) como base de tempo. O resistor funciona como um regulador de corrente, limitando a quantidade de energia que flui para o capacitor. Esse por sua vez, leva um tempo até ser carregado. Depois que ele está carregado, um circuito interno inverte o sentido da corrente e começa a descarregar o capacitor. De posse dessa onda de carga/descarga, é utilizado um comparador para gerar uma onda quadrada de sincronismo.

Vários microcontroladores possuem um circuito RC interno, reduzindo o custo com componentes externos.

O maior problema com a malha RC é a sua precisão. Quando utilizados componentes externos, estes podem apresentar até 20% de variação na frequência obtida. Além disso, o valor da capacitância pode se alterar com o tempo, fazendo com que a frequência de operação também se altere.

Os osciladores a cristal são um pouco mais caros que a malha RC, mas apresentam uma precisão extremamente alta, chegando a atrasar apenas um segundo a cada 30 anos. O funcionamento é similar à malha RC, no entanto, o circuito ressonante é baseado na frequência de vibração do cristal de quartzo utilizado.

Por fim, é possível utilizar uma fonte de clock externa. Essa alternativa pode ser utilizada quando se deseja fazer o controle de velocidade de processamento externamente ou para sincronizar o trabalho de vários processadores.

7.7 | Exercícios

Ex. 7.1 — O que são microcontroladores? Qual a diferença para microprocessadores?

Ex. 7.2 — Como os registros dos periféricos podem ser acessados?

Ex. 7.3 — Como é dividida a memória de um microcontrolador?

Ex. 7.4 — Qual a principal diferença entre as arquiteturas Harvard e von Neumann?

Ex. 7.5 — O que é um barramento de dados?

8 Programação dos periféricos

uqr.to/1cqza

"Em teoria, não há diferença
entre teoria e prática;
mas, na prática, sim."
Chuck Reid

No microcontrolador, o processador é responsável por executar a lista de códigos, incluindo as abstrações lógicas e aritméticas. As demais atividades são carregadas por dispositivos dedicados chamados periféricos.

Os periféricos podem ser internos ao microcontrolador, embutidos no mesmo chip, servirem de interface entre as estruturas internas do chip e o mundo externo ou serem circuitos externos com funções próprias.

Os periféricos internos podem executar atividades dedicadas de modo independente do processador, como converter um sinal analógico em um valor digital, realizar a contagem de um tempo ou preparar uma mensagem para ser enviada por um sistema serial.

Os periféricos de interface fazem com que os sinais gerados pelo processador cheguem aos terminais físicos do microcontrolador. Eles funcionam como periféricos de saída. Eles podem, ainda, fazer o caminho contrário, recebendo valores dos terminais físicos e adequando-os para que o processador seja capaz de interpretar e manipular essa informação.

Os periféricos externos adicionam novas funcionalidades ao produto desenvolvido, funcionando como interfaces de entrada e saída para o usuário, como um teclado ou um display de LCD. Esses tipos de periféricos podem também complementar as funções internas do chip, provendo recursos que o processador não apresenta, como relógios de tempo real, memória extra de armazenamento, conversão de protocolos de comunicação, entre outros.

Este livro toma como base um conjunto de periféricos que visam compreender os principais conceitos de acionamento, gerenciamento e programação de periféricos para sistemas embarcados.

Com relação aos periféricos externos de exibição, serão abordados: um display de LCD, um display de leds de 7 segmentos e um led RGB. O led RGB será controlado por uma saída PWM.

Como periféricos externos de entrada, serão utilizados um teclado matricial, com duas linhas e cinco colunas, um sensor de luminosidade e um potenciômetro, os dois últimos por meio de um conversor ADC.

Para exemplificar os periféricos de comunicação, serão abordados um sistema de comunicação assíncrono, utilizando uma UART, e um sistema síncrono, comunicando-se com um relógio de tempo real via I2C.

Por fim, para estudo dos periféricos internos, serão abordados os sistemas de PWM, ADC, temporização, interrupção e watchdog.

8.1 | Controlando os terminais do microcontrolador

A maioria dos microcontroladores que disponibilizam terminais de entrada e saída acaba organizando esses terminais por meio de conjuntos, denominados portas. As portas são registros que repassam a informação da memória para os terminais físicos. Nessas portas, cada um dos bits representa um terminal. Desse modo, ao ligar o bit, um dos terminais passa a ter um nível de tensão alto. Quando o bit é desligado, o terminal correspondente passa ao nível de tensão zero.

O primeiro passo é identificar qual registro controla cada uma das portas, bem como, quais terminais correspondem aos bits do registro. A Figura 8.1 apresenta um exemplo em que cada terminal é mapeado para um bit na memória.

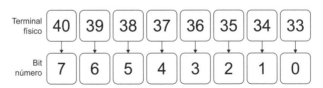

Figura 8.1. Mapeamento de terminais físicos a bits da memória.

No caso da Figura 8.1, os oito bits estão diretamente conectados aos terminais físicos de número 33 a 40. Isso que dizer que, ligando o bit de número 4, o terminal 37 apresentará nível alto de tensão, 3,3 ou 5 volts (dependendo do microcontrolador utilizado). Desligando esse bit, o terminal 37 apresentará zero volts em sua saída. Desse modo, é possível controlar o que estiver conectado ao terminal utilizando as operações com os bits.

Algumas portas podem, ainda, ter seus terminais trabalhando como entrada ou como saída de sinais, sendo necessário como primeiro passo configurá-las antes de sua utilização. A Figura 8.2 apresenta a representação simplificada de um dos terminais do microcontrolador.

Em geral, as portas possuem dois registros: um para realizar a leitura/escrita da porta e outro para controlar a direção do sinal. Algumas arquiteturas separam os registros de escrita e leitura. Desse modo, para ler um determinado valor, deve-se primeiro configurar a porta como entrada, e realizar a leitura no registro correto. Para a escrita, é necessário reconfigurar a porta como saída e depois escrever em outro registro. O comportamento exato do periférico deve ser observado no datasheet do microcontrolador utilizado.

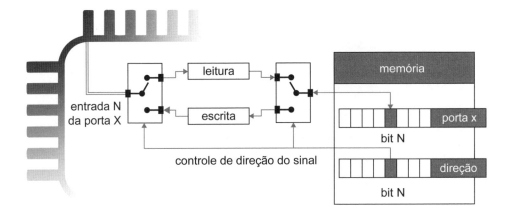

Figura 8.2. Processo de leitura/escrita de um terminal a partir de um bit na memória.

Para realizar a leitura, o nível de tensão que está conectado ao pino externo é convertido para uma informação lógica **0** (zero) ou **1** (um), dependendo do nível de tensão. Esse valor binário é então levado para uma posição pré-definida de memória, comumente chamado de porta.

Para conseguir mudar o valor de tensão externo, é preciso primeiramente configurá-lo como saída. Esse controle é feito por meio de um bit em outra região de memória que controla a direção dos sinais. Dependendo do microcontrolador, ao escrever zero neste bit faz com que o pino se torne uma saída e, ao escrever um, ele se torna uma entrada. Depois de configurado como saída, basta acionar o bit correspondente na porta para que o terminal tenha sua tensão controlada pelo valor do bit.

Uma mesma porta pode possuir parte de seus terminais configurados como entrada e parte como saída, sem interferir no funcionamento do programa.

Com relação aos microcontroladores utilizados, seus terminais foram conectados de modo que ficassem compatíveis com o modelo utilizado pela placa do Arduino. Desse modo, 14 terminais digitais do microcontrolador foram ligados ao lado direito da placa. Seis terminais analógicos foram conectados ao lado esquerdo da placa. As Figuras 8.3, 8.4, 8.5 e 8.6 apresentam as placas com suas conexões e nomes dos terminais.

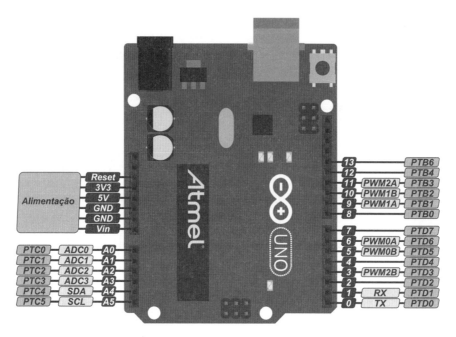

Figura 8.3. Pinagem da placa Arduino com ATmega328.
Fonte: Imagem produzida com Fritzing/Inkscape

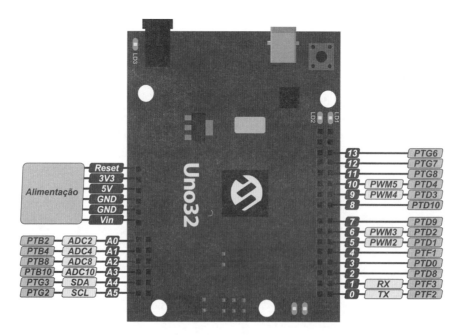

Figura 8.4. Pinagem da placa Chipkit com PIC32MX320.
Fonte: Imagem produzida com Fritzing/Inkscape

PROGRAMAÇÃO DOS PERIFÉRICOS | 97

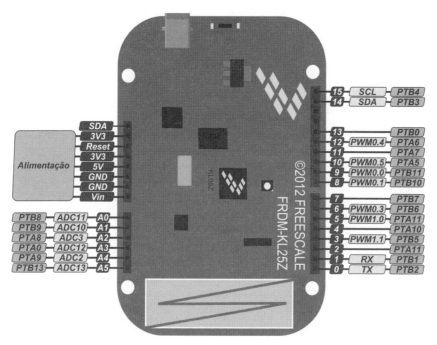

Figura 8.5. Pinagem da placa Freedom com KL05z.
Fonte: Imagem produzida com Fritzing/Inkscape

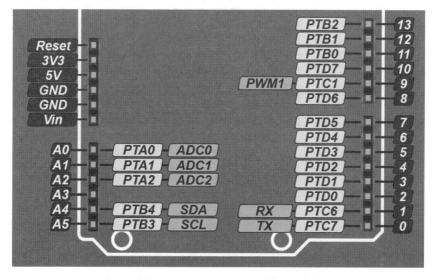

Figura 8.6. Pinagem da placa PQDB com PIC18F4520.
Fonte: Imagem produzida com Fritzing/Inkscape

Como mencionado, as portas utilizadas em cada um dos microcontroladores estão mapeadas em alguma região da memória. A Tabela 8.1 apresenta os endereços de cada um dos registros das portas, bem como dos registros de configuração de direção. Os nomes de cada um dos registros variam de acordo com o fabricante.

Tabela 8.1. Endereços de memória dos registros de acesso às portas

Registro	Endereço	Microcontrolador
DDRB	0×04	ATmega328
PORTB	0×05	ATmega328
DDRC	0×07	ATmega328
PORTC	0×08	ATmega328
DDRD	0×0A	ATmega328
PORTD	0×0B	ATmega328
TRISB	0×BF886040	PIC32MX320
PORTB	0×BF886050	PIC32MX320
TRISD	0×BF8860C0	PIC32MX320
PORTD	0×BF8860D0	PIC32MX320
TRISF	0×BF886140	PIC32MX320
PORTF	0×BF886150	PIC32MX320
TRISG	0×BF886180	PIC32MX320
PORTG	0×BF886190	PIC32MX320
PORTA_PDOR	0×4004F000	KL05z32
PORTA_PDIR	0×4004F010	KL05z32
PORTA_PDDR	0×4004F014	KL05z32
PORTB_PDOR	0×4004F040	KL05z32
PORTB_PDIR	0×4004F050	KL05z32
PORTB_PDDR	0×4004F054	KL05z32
PORTA	0×F80	PIC18F4520
PORTB	0×F81	PIC18F4520
PORTC	0×F82	PIC18F4520
PORTD	0×F83	PIC18F4520
PORTE	0×F84	PIC18F4520
TRISA	0×F92	PIC18F4520
TRISB	0×F93	PIC18F4520
TRISC	0×F94	PIC18F4520
TRISD	0×F95	PIC18F4520
TRISE	0×F96	PIC18F4520

Para os microcontroladores da Microchip, os registros de configuração de direção são chamados de TRISx e as portas, de PORTx, em que x é a letra da porta. Para a Atmel, as portas também são chamadas de PORTx, mas os registros de direção possuem o nome DDRx. A NXP utiliza a nomenclatura GPIOA_PDDR para os registros de configuração de direção. A NXP também realiza uma divisão entre o registro de leitura da porta (GPIOA_PDIR) e de escrita (DGPIOA_PDOR). Desse modo, no microcontrolador KL05 existem três registros por porta.

Para acessar os terminais, basta utilizar o valor que está no endereço listado na Tabela 8.1. Se quiser ligar todas as saídas da porta C no microcontrolador ATmega328, deve-se colocar o valor **0×FF** no endereço de memória **0×08**. Para que o valor seja efetivamente enviado para a porta, o **DDRC** deve ser configurado com o valor **0×00**.

Um dos modos de se fazer isso é criar um ponteiro para esse endereço de memória de modo a acessá-lo indiretamente.

Por exemplo, o trecho de Código 8.1 faz a inicialização dos terminais digitais do zero ao sete, por meio da porta D no microcontrolador ATmega328.

Código 8.1: Acesso direto aos terminais de entrada e saída com ponteiros

```
1  void main(void){
2      //Para os ponteiros PORTD e DDRD funcionarem, são definidos como:
3      //a) unsigned char: pois os 8 bits representam valores
4      //b) volatile: as variáveis podem mudar a qualquer momento
5      volatile unsigned char *PORTD = 0x0A;
6      volatile unsigned char *DDRC  = 0x0B;
7
8      //configurando todos os pinos como saídas
9      //0 = entrada (Input)
10     //1 = saída   (Output)
11     *DDRD  = 0b11111111;
12     //liga apenas os quatro últimos terminais
13     *PORTD = 0b11110000;
14
15     //mantém o sistema ligado indefinidamente
16     for(;;);
17 }//end main
```

Pode-se notar que, por se tratar de ponteiros, as variáveis **PORTD** e **DDRD** devem sempre ser manipuladas com um asterisco, indicando que está sendo usado o endereço indicado pelo ponteiro.

Outra maneira de manipular as portas é criar **#define**'s que fazem o uso de uma conversão do número da posição da variável para um ponteiro. Desse modo, uma única diretiva **#define** é responsável tanto por criar quanto por dereferenciar o ponteiro, por isso aparece com dois asteriscos (*), como no Código 8.2. Assim, o programador pode usar o registro como se fosse uma variável normal.

A utilização dessa abordagem, utilizando macros, é preferida em relação a de ponteiros, pois simplifica o modo de uso das portas. Outra vantagem é que essa definição precisa ser feita apenas uma vez em um arquivo, e as demais partes do código podem fazer uso dela.

O trecho de Código 8.2 apresenta a utilização da porta D através de **#define**'s, de modo que os registros **PORTD** e **DDRD** são utilizados como se fossem variáveis comuns.

Código 8.2: Acesso direto aos terminais de entrada e saída com **#define**

```
1  //define's para portas de entrada e saída
2  #define PORTD (*(volatile unsigned char*)0x0A)
3  #define DDRD  (*(volatile unsigned char*)0x0B)
4
5  //início do programa
```

```
 6 void main(void){
 7
 8     //configurando todos os pinos como saídas
 9     TRISD = 0b11111111;
10
11     //liga apenas os quatro últimos terminais
12     PORTD = 0b11110000;
13
14     //mantém o sistema ligado indefinidamente
15     for(;;);
16 }//end main
```

Na prática, não é comum fazer este arquivo à mão, já que grande parte dos fabricantes entrega um header com todas essas definições prontas. Essas definições usam a estrutura mais ajustada e conhecida pelo compilador, gerando códigos mais otimizados.

Nas três plataformas utilizadas, os arquivos que contêm essas definições são dados por meio de cada um dos **#includes** a seguir. Eles não devem ser utilizados simultaneamente, mas de acordo com a placa ou simulador que esteja em uso.

```
 1 //definições dos registros do Atmel ATmega
 2 #include <avr/io.h>
 3
 4 //definições dos registros do Microchip PIC32MX
 5 #include <plib.h>
 6
 7 //definições dos registros do NXP KL05
 8 #include <MKL05Z4.h>
 9
10 //definições dos registros do Microchip PIC18F4520
11 #include <pic18f4520.h>
```

8.1.1 | Mapeando os terminais nas placas de controle

Em geral, os terminais dos microcontroladores podem ser configurados de diversas formas. Um mesmo terminal pode funcionar como uma entrada de um conversor analógico ou um canal de recepção de dados seriais, ou até mesmo uma saída de um sinal PWM. É necessário realizar a configuração do terminal antes de utilizá-lo.

A escolha de qual das funcionalidades disponíveis será utilizada, depende do projetista. Para as placas de controle, os projetistas já definiram as funcionalidades de modo que os terminais ficassem compatíveis com o formato dos terminais do Arduino.

No padrão do Arduino, existem 14 terminais digitais, em que alguns podem ser utilizados como saída PWM, e dois em comunicação serial assíncrona. Outros 6 terminais estão disponibilizados como entrada analógica, em que dois podem ser usados como comunicação serial síncrona.

Para compatibilizar os microcontroladores estudados, os projetistas das placas projetaram as conexões de modo que os terminais dos barramentos fossem compatíveis.

A placa-base foi projetada de modo que, independentemente da placa de controle utilizada, a funcionalidade implementada pelos terminais fosse a mesma. A Figura 8.7 apresenta essas conexões.

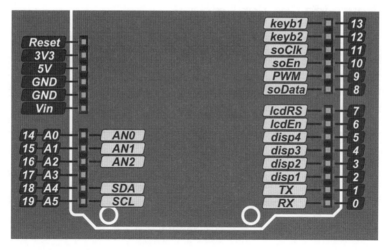

Figura 8.7. *Footprint* da PQDB com a funcionalidade dos terminais.
Fonte: Imagem produzida com Fritzing/Inkscape

A Tabela 8.2 apresenta como os terminais de entrada e saída são numerados nos barramentos, a função implementada na placa-base com cada um desses terminais e os terminais originais em cada uma das três plataformas utilizadas.

Tabela 8.2. Correspondência entre terminais e portas dos microcontroladores

Terminal	Função	Direção	Freedom	Chipkit	Arduino	PICSim
D0	RX	Entrada	PTB2	PTF2	PTD0	PTC7
D1	TX	Saída	PTB1	PTF3	PTD1	PTC6
D2	disp1	Saída	PTA11	PTD8	PTD2	PTD0
D3	disp2	Saída	PTB5	PTD0	PTD3	PTD1
D4	disp3	Saída	PTA10	PTF1	PTD4	PTD2
D5	disp4	Saída	PTA12	PTD1	PTD5	PTD3
D6	lcdEn	Saída	PTB6	PTD2	PTD6	PTD4
D7	lcdRS	Saída	PTB7	PTD9	PTD7	PTD5
D8	soData	Saída	PTB10	PTD10	PTB0	PTB6
D9	PWM	Saída	PWM0.0	PWM4	OC1A	PTC1
D10	soEn	Saída	PTA5	PTD4	PTB2	PTD7
D11	soClk	Saída	PTA7	PTG8	PTB3	PTB0
D12	keyb1	Entrada	PTA6	PTG7	PTB4	PTB1
D13	keyb2	Entrada	PTB0	PTG6	PTB5	PTB2
A0/D14	AN0	Entrada	ADC11	ADC2	ADC0	ADC0
A1/D15	AN1	Entrada	ADC10	ADC4	ADC1	ADC1
A2/D16	AN2	Entrada	ADC3	ADC8	ADC2	ADC2
A3/D17	–	–	–	–	–	–
A4/D18	SDA	Entrada/Saída	PTA9	PTG3	PTC4	PTB3
A5/D19	SCL	Saída	PTB13	PTG2	PTC5	PTB4

8.2 | Configuração dos periféricos

O processo de configuração dos periféricos é dependente do microcontrolador utilizado e das conexões realizadas. A plataforma Arduino traz uma camada de abstração que permite utilizar os periféricos sem precisar conhecer os detalhes de configuração destes. Essa camada é especializada para cada processador utilizado. O modo de utilizá-la é dado por:

O trecho do Código 8.3 apresenta, simplificadamente, como a função **pinMode()** é implementada segundo o framework Wiring.

Código 8.3: Implementação da função pinMode pelo framework Wiring

```
1  void pinMode(uint8_t pin, uint8_t mode){
2      uint8_t bit = digitalPinToBitMask(pin);
3      uint8_t port = digitalPinToPort(pin);
4      volatile uint8_t *reg, *out;
5
6      reg = portModeRegister(port);
7      out = portOutputRegister(port);
8
9      if(mode == INPUT){
10         *reg &= ~bit;
11         *out &= ~bit;
12     }else if(mode == OUTPUT){
13         *reg |= bit;
14     }//end if
15 }//end pinMode
```

Pode-se notar que a função **pinMode()** recorre a outras duas para mapear o terminal do microcontrolador com o terminal indicado pelo barramento do Arduino.

A primeira, **digitalPinToBitMask()**, retorna qual é o bit relacionado ao terminal escolhido. Já a função **digitalPinToPort()** retorna qual é a porta em que o terminal se encontra. O resultado é o endereço do registro na memória em que a porta está mapeada.

A plataforma exige que o usuário defina qual é o modelo de placa que está em uso, para fazer as configurações corretas. Isso facilita o processo de programação mas insere uma quantidade de código considerável. A utilização de um framework facilita a programação, no entanto, pode esconder detalhes importantes do modo de uso e levar a problemas no funcionamento do hardware.

Para a placa Freedom, no entanto, o framework Wiring não está disponível. Desse modo é preciso criar as funções de mapeamento dos terminais.

O primeiro passo é conhecer quais bits de quais portas acionam os terminais físicos. Para a Freedom, eles são mapeados de acordo com a Tabela 8.3.

Tabela 8.3. Terminais-padrão Arduino x Freedom

Terminal	0	1	2	3	4	5	6	7	8	9	10	11	12	13	18	19
Porta/Bit	C7	C6	A11	B5	A10	A11	B6	B7	B10	B11	A5	A7	A6	B0	A9	B13

Para simplificar o uso dos terminais na placa, eles foram mapeados por meio do número do terminal físico, utilizando um **#define**. Isso facilita a criação das bibliotecas. Caso haja necessidade de mudança da placa de controle, a atualização dos códigos para acesso aos terminais é feita apenas em um local.

Para essa arquitetura, o registro que controla a direção da porta é o **PDDR** - Port Data Direction Register. Para configurar um terminal como saída, é preciso colocar o valor **1**, sendo o valor **0** utilizado para entrada. Além disso, para garantir que o terminal será um dispositivo de I/O digital, é necessário colocar o valor **0x140** no registro PCR de cada terminal.

Para ligar ou desligar um terminal, depois que ele for configurado como saída, utiliza-se a função **digitalWrite()** no framework Wiring do Arduino ou do Chipkit. Para compatibilizar os códigos com a Freedom, essa função foi desenvolvida para a plataforma com o mesmo funcionamento. Ela recebe o número do terminal e faz uma operação **bitClr()** para desligar a saída, ou uma operação **bitSet()** para ligar. O registro que controla a escrita de dados é o **PDOR**, *Port Data Output Register*.

O processo de leitura do terminal, quando configurado como entrada, é muito parecido. Basta realizar uma operação de **bitTst()** no bit da porta correspondente ao terminal. O registro que controla a escrita de dados é o **PDIR**, *Port Data Input Register*.

Essas funções foram reunidas em uma biblioteca denominada **io**. O header e a implementação estão apresentados nos trechos de Códigos 8.4 e 8.5. Além das funções, essa biblioteca cria as definições de **INPUT**, **OUTPUT**, **HIGH** e **LOW** para igualar o funcionamento das funções com o framework Wiring.

Código 8.4: Header da biblioteca de IO para Freedom

```
1  #ifndef IO_H_
2  #define IO_H_
3
4  #define OUTPUT 0
5  #define INPUT  1
6  #define LOW    0
7  #define HIGH   1
8
9  //definição das funções dos terminais físicos
10 #define SCL_PIN      19
11 #define SDA_PIN      18
12 #define keyb1        13
13 #define keyb2        12
14 #define SO_CLK_PIN   11
15 #define SO_EN_PIN    10
16 #define PWM           9
17 #define SO_DATA_PIN   8
18 #define LCD_RS_PIN    7
```

```c
19 #define LCD_EN_PIN      6
20 #define DISP4_PIN       5
21 #define DISP3_PIN       4
22 #define DISP2_PIN       3
23 #define DISP1_PIN       2
24 #define TX              1
25 #define RX              0
26 //Os leds compartilham os terminais dos displays
27 #define LED_R_PIN DISP1_PIN
28 #define LED_G_PIN DISP2_PIN
29 #define LED_B_PIN DISP3_PIN
30
31     void pinMode(int pin, int type);
32     void digitalWrite(int pin, int value);
33     int digitalRead(int pin);
34     void systemInit(void);
35 #endif /* IO_H_ */
```

Código 8.5: Código da biblioteca de IO para Freedom

```c
1  #include "io.h"
2  #include "bits.h"
3  #include "derivative.h"
4
5  #define PORTA_PDDR (PTA_BASE_PTR ->PDDR)
6  #define PORTA_PDOR (PTA_BASE_PTR ->PDOR)
7  #define PORTA_PDIR (PTA_BASE_PTR ->PDIR)
8  #define PORTB_PDDR (PTB_BASE_PTR ->PDDR)
9  #define PORTB_PDOR (PTB_BASE_PTR ->PDOR)
10 #define PORTB_PDIR (PTB_BASE_PTR ->PDIR)
11 #define PRC_V (PORT_PCR_MUX(1) | PORT_PCR_DSE_MASK)
12
13 void systemInit(void) {
14     //init clock das portas
15     SIM_SCGC5 |= (SIM_SCGC5_PORTA_MASK | SIM_SCGC5_PORTB_MASK);
16     MCG_BASE_PTR ->C4 |= 0x80;   //clock interno em 24 MHz
17     PORTB_PCR(5) = PRC_V;        //PORTB 5, remover o NMI
18 }
19 void pinMode(int pin, int type) {
20     if (type == OUTPUT) {
21         switch (pin) {
22             case 0:  PORTB_PCR(2)  = PRC_V; bitSet(PORTB_PDDR, 2);  ↵
                    break;
23             case 1:  PORTB_PCR(1)  = PRC_V; bitSet(PORTB_PDDR, 1);  ↵
                    break;
24             case 2:  PORTA_PCR(11) = PRC_V; bitSet(PORTA_PDDR, 11); ↵
                    break;
25             case 3:  PORTB_PCR(5)  = PRC_V; bitSet(PORTB_PDDR, 5);  ↵
                    break;
26             case 4:  PORTA_PCR(10) = PRC_V; bitSet(PORTA_PDDR, 10); ↵
                    break;
```

```
27                    case 5:   PORTA_PCR(12) = PRC_V; bitSet(PORTA_PDDR, 12);  ↵
                          break;
28                    case 6:   PORTB_PCR(6)  = PRC_V; bitSet(PORTB_PDDR, 6);   ↵
                          break;
29                    case 7:   PORTB_PCR(7)  = PRC_V; bitSet(PORTB_PDDR, 7);   ↵
                          break;
30                    case 8:   PORTB_PCR(10) = PRC_V; bitSet(PORTB_PDDR, 10);  ↵
                          break;
31                    case 9:   PORTA_PCR(11) = PRC_V; bitSet(PORTA_PDDR, 11);  ↵
                          break;
32                    case 10:  PORTA_PCR(5)  = PRC_V; bitSet(PORTA_PDDR, 5);   ↵
                          break;
33                    case 11:  PORTA_PCR(7)  = PRC_V; bitSet(PORTA_PDDR, 7);   ↵
                          break;
34                    case 12:  PORTA_PCR(6)  = PRC_V; bitSet(PORTA_PDDR, 6);   ↵
                          break;
35                    case 13:  PORTB_PCR(0)  = PRC_V; bitSet(PORTB_PDDR, 0);   ↵
                          break;
36                    case 18:  PORTA_PCR(9)  = PRC_V; bitSet(PORTA_PDDR, 9);   ↵
                          break;
37                    case 19:  PORTB_PCR(13) = PRC_V; bitSet(PORTB_PDDR, 13);  ↵
                          break;
38                    default: break;
39                }
40         }
41         if (type == INPUT) {
42             switch (pin) {
43                 case 12: PORTA_PCR(6)  = PRC_V; bitClr(PORTA_PDDR, 6);   ↵
                          break;
44                 case 13: PORTB_PCR(0)  = PRC_V; bitClr(PORTB_PDDR, 0);   ↵
                          break;
45                 case 18: PORTA_PCR(9)  = PRC_V; bitClr(PORTA_PDDR, 9);   ↵
                          break;
46                 case 19: PORTB_PCR(13) = PRC_V; bitClr(PORTB_PDDR, 13);  ↵
                          break;
47                 default: break;
48             }
49         }
50 }
51 void digitalWrite(int pin, int value) {
52      if (value) {
53          switch (pin) {
54              case 0:  bitSet(PORTB_PDOR, 2);   break;
55              case 1:  bitSet(PORTB_PDOR, 1);   break;
56              case 2:  bitSet(PORTA_PDOR, 11);  break;
57              case 3:  bitSet(PORTB_PDOR, 5);   break;
58              case 4:  bitSet(PORTA_PDOR, 10);  break;
59              case 5:  bitSet(PORTA_PDOR, 12);  break;
60              case 6:  bitSet(PORTB_PDOR, 6);   break;
61              case 7:  bitSet(PORTB_PDOR, 7);   break;
62              case 8:  bitSet(PORTB_PDOR, 10);  break;
63              case 9:  bitSet(PORTB_PDOR, 11);  break;
64              case 10: bitSet(PORTA_PDOR, 5);   break;
```

```
65              case 11: bitSet(PORTA_PDOR, 7);  break;
66              case 12: bitSet(PORTA_PDOR, 6);  break;
67              case 13: bitSet(PORTB_PDOR, 0);  break;
68              case 18: bitSet(PORTA_PDOR, 9);  break;
69              case 19: bitSet(PORTB_PDOR, 13); break;
70              default:break;
71          }
72      } else {
73          switch (pin) {
74              case 0:  bitClr(PORTB_PDOR, 2);  break;
75              case 1:  bitClr(PORTB_PDOR, 1);  break;
76              case 2:  bitClr(PORTA_PDOR, 11); break;
77              case 3:  bitClr(PORTB_PDOR, 5);  break;
78              case 4:  bitClr(PORTA_PDOR, 10); break;
79              case 5:  bitClr(PORTA_PDOR, 12); break;
80              case 6:  bitClr(PORTB_PDOR, 6);  break;
81              case 7:  bitClr(PORTB_PDOR, 7);  break;
82              case 8:  bitClr(PORTB_PDOR, 10); break;
83              case 9:  bitClr(PORTB_PDOR, 11); break;
84              case 10: bitClr(PORTA_PDOR, 5);  break;
85              case 11: bitClr(PORTA_PDOR, 7);  break;
86              case 12: bitClr(PORTA_PDOR, 6);  break;
87              case 13: bitClr(PORTB_PDOR, 0);  break;
88              case 18: bitClr(PORTA_PDOR, 9);  break;
89              case 19: bitClr(PORTB_PDOR, 13); break;
90              default:break;
91          }
92      }
93 }
94 int digitalRead(int pin) {
95      switch (pin) {
96          case 0:  return bitTst(PORTB_PDIR, 2);
97          case 1:  return bitTst(PORTB_PDIR, 1);
98          case 2:  return bitTst(PORTA_PDIR, 11);
99          case 3:  return bitTst(PORTB_PDIR, 5);
100         case 4:  return bitTst(PORTA_PDIR, 10);
101         case 5:  return bitTst(PORTA_PDIR, 12);
102         case 6:  return bitTst(PORTB_PDIR, 6);
103         case 7:  return bitTst(PORTB_PDIR, 7);
104         case 8:  return bitTst(PORTB_PDIR, 10);
105         case 9:  return bitTst(PORTB_PDIR, 11);
106         case 10: return bitTst(PORTA_PDIR, 5);
107         case 11: return bitTst(PORTA_PDIR, 7);
108         case 12: return bitTst(PORTA_PDIR, 6);
109         case 13: return bitTst(PORTB_PDIR, 0);
110         case 18:return bitTst(PORTA_PDIR, 9);
111         case 19:return bitTst(PORTB_PDIR, 13);
112         default:break;
113     }
114     return -1;
115 }
```

Já para o simulador e o PIC18F4520 com a PQDB, o projetista do hardware definiu a utilização dos terminais conforme apresentados na Tabela 8.4.

Tabela 8.4. Terminais-padrão Arduino x PIC18F4520

Terminal	0	1	2	3	4	5	6	7	8	9	10	11	12	13	18	19
Porta/Bit	C7	C6	D0	D1	D2	D3	D4	D5	D6	C1	D7	B0	B1	B2	B3	B4

Devido ao **enum pin_label** e à organização feita nas ligações de hardware, foi possível montar uma lógica no acesso aos terminais da placa utilizando as mesmas funções da Freedom: **digitalRead()**, **digitalWrite()** e **pinMode()**. Isso reduziu a quantidade de linhas de código, quando comparado com as mesmas funções da Freedom. Lá (Códigos 8.4 e 8.5), cada terminal tem que ser acessado individualmente; aqui (Códigos 8.6 e 8.7), é possível fazer uso da sequencialidade dos pinos e separá-los pelos **if**'s apenas nas 5 portas distintas.

Código 8.6: Header da biblioteca de IO para PIC18F4520

```
1  #ifndef IO_H
2  #define IO_H
3
4  #define OUTPUT 0
5  #define INPUT  1
6  #define LOW 0
7  #define HIGH 1
8
9  enum pin_label{
10      PIN_A0,PIN_A1,PIN_A2,PIN_A3,PIN_A4,PIN_A5,PIN_A6,PIN_A7,
11      PIN_B0,PIN_B1,PIN_B2,PIN_B3,PIN_B4,PIN_B5,PIN_B6,PIN_B7,
12      PIN_C0,PIN_C1,PIN_C2,PIN_C3,PIN_C4,PIN_C5,PIN_C6,PIN_C7,
13      PIN_D0,PIN_D1,PIN_D2,PIN_D3,PIN_D4,PIN_D5,PIN_D6,PIN_D7,
14      PIN_E0,PIN_E1,PIN_E2,PIN_E3,PIN_E4,PIN_E5,PIN_E6,PIN_E7
15  };
16
17  #define SDA_PIN        PIN_B4
18  #define SCL_PIN        PIN_B3
19  #define KEYPAD_1_PIN   PIN_B2
20  #define KEYPAD_2_PIN   PIN_B1
21  #define SO_CLK_PIN     PIN_B0
22  #define SO_EN_PIN      PIN_D7
23  #define PWM_PIN        PIN_C1
24  #define SO_DATA_PIN    PIN_D6
25  #define LCD_RS_PIN     PIN_D5
26  #define LCD_EN_PIN     PIN_D4
27  #define DISP_4_PIN     PIN_D3
28  #define DISP_3_PIN     PIN_D2
29  #define DISP_2_PIN     PIN_D1
30  #define DISP_1_PIN     PIN_D0
31  #define TX_PIN         PIN_C6
32  #define RX_PIN         PIN_C7
33
34  #define LED_BLUE_PIN   DISP_3_PIN
```

```
35 #define LED_GREEN_PIN DISP_2_PIN
36 #define LED_RED_PIN   DISP_1_PIN
37
38 void digitalWrite(int pin, int value);
39 int digitalRead(int pin);
40 void pinMode(int pin, int type);
41 #endif
```

Código 8.7: Código da biblioteca de IO para PIC18F4520

```
1  #include "bits.h"
2  #include "io.h"
3  #include <pic18f4520.h>
4  void digitalWrite(int pin, int value){
5      if(pin<8){
6          if (value){  bitSet(PORTA,pin);}
7          else{        bitClr(PORTA,pin);}
8      }else if(pin<16){
9          if (value){  bitSet(PORTB,pin-8);}
10         else{        bitClr(PORTB,pin-8);}
11     }else if(pin<24){
12         if (value){  bitSet(PORTC,pin-16);}
13         else{        bitClr(PORTC,pin-16);}
14     }else if(pin<32){
15         if (value){  bitSet(PORTD,pin-24);}
16         else{        bitClr(PORTD,pin-24);}
17     }else if(pin<40){
18         if (value){  bitSet(PORTE,pin-32);}
19         else{        bitClr(PORTE,pin-32);}
20     }
21 }
22 int digitalRead(int pin){
23     if(pin<8){        return bitTst(PORTA,pin);
24     }else if(pin<16){ return bitTst(PORTB,pin-8);
25     }else if(pin<24){ return bitTst(PORTC,pin-16);
26     }else if(pin<32){ return bitTst(PORTD,pin-24);
27     }else if(pin<40){ return bitTst(PORTE,pin-32);
28     }
29     return -1;
30 }
31 void pinMode(int pin, int type) {
32     if(pin<8){
33         if (type){  bitSet(TRISA,pin);}
34         else{       bitClr(TRISA,pin);}
35     }else if(pin<16){
36         if (type){  bitSet(TRISB,pin-8);}
37         else{       bitClr(TRISB,pin-8);}
38     }else if(pin<24){
39         if (type){  bitSet(TRISC,pin-16);}
40         else{       bitClr(TRISC,pin-16);}
41     }else if(pin<32){
42         if (type){  bitSet(TRISD,pin-24);}
```

```
43            else{       bitClr(TRISD,pin-24);}
44     }else if(pin<40){
45            if (type){  bitSet(TRISE,pin-32);}
46            else{       bitClr(TRISE,pin-32);}
47     }
48 }
```

8.3 | Exercícios

Ex. 8.1 — Um mesmo terminal pode ser configurado como entrada e saída? De que forma?

Ex. 8.2 — O que é necessário fazer para que o processador possa ler informações de um terminal físico?

Ex. 8.3 — Crie as definições para acessar as portas A, B, C e D de um microcontrolador. Essas portas se encontram nos endereços **0×9EFDE, 0×9EFDF, 0×9EFE0** e a maior, no **0×9EFE1**.

Ex. 8.4 — Qual a função dos registros TRIS/DDR/PDDR? Desenhe seu esquema de funcionamento.

Ex. 8.5 — Crie um programa cíclico que realiza a leitura de 3 chaves na porta B, nos bits 1, 2 e 3. Em seguida, esse programa deverá acender uma quantidade de leds correspondente ao somatório dos números das chaves. Por exemplo, se as chaves 1 e 3 estiverem pressionadas, 4 leds serão acesos. Se as chaves 1, 2 e 3 estiverem pressionadas, 6 leds serão acesos. Se nenhuma das chaves estiver pressionada, todos os leds devem ser apagados. As chaves podem ser lidas por meio da variável PORTB e os leds se encontram na variável PORTD. Os registros de configuração de entrada/saída estão localizados no DDRB e DDRD.

Ex. 8.6 — Uma prensa industrial possui vários sistemas de segurança para evitar que seja acionada de maneira errada. Um deles é um sensor de fim de curso que fica ativo quando a porta está fechada. Um segundo sensor indutivo fica dentro do equipamento e verifica se a peça foi colocada corretamente. Por fim, o acionamento é feito utilizando dois botões que devem ser pressionados ao mesmo tempo. Faça um programa que verifica os sensores de segurança (fim de curso no bit 4 da porta E e indutivo no bit 7 da porta E) e aciona a prensa (bit 5 da porta E) quando os dois botões forem pressionados. Caso os botões sejam pressionados em tempos diferentes, o programa deve aguardar a soltura dos botões antes de verificar novamente. Os botões estão nos bits 2 e 3 da Porta E.

9 Saídas digitais

uqr.to/1cqza

"A revolução digital é muito mais significativa do que a invenção da escrita, ou mesmo da prensa de impressão."
Douglas Engelbart

Diversos componentes eletrônicos possuem apenas dois estados: ligado ou desligado. Um exemplo bastante simples é uma lâmpada, que pode estar acesa ou apagada. Para realizar o controle desses dispositivos são utilizadas saídas digitais.

As saídas digitais apresentam dois estados distintos. Isso é feito para permitir que o programador consiga ligar ou desligar os componentes. O controle dessas saídas é bastante simples. Na maioria das vezes, estão mapeadas em uma determinada região da memória do microcontrolador. Ao acessar essa memória e fazer com que o bit tenha o valor **1**, a saída passa para um estado alto. Ao fazer o bit receber o valor **0**, o estado da saída passa a ser baixo.

A maioria das portas de entradas ou saídas digitais possui mais de um terminal conectado à mesma posição de memória. Desse modo, para acionar um bit é necessário tomar cuidado para não alterar os demais. Para isso, pode-se utilizar as rotinas **bitClr( )** e **bitSet( )**.

Por estado alto entende-se que o terminal físico apresentará uma tensão positiva em relação ao terra na saída. No estado baixo, a saída apresentará o mesmo potencial que o terra. Para os sistemas eletrônicos, a saída de nível alto depende da tecnologia e do microcontrolador utilizado. Os níveis mais comuns são 3,3 e 5,0 volts.

O Arduino fornece tensões de 5,0 v nos seus terminais digitais, com uma capacidade de corrente de 20 mA por terminal. A Freedom e a Chipkit operam com 3,3 volts, a primeira permitindo até 4 mA por terminal e a segunda, 12 mA. A Tabela 9.1 apresenta essas e outras informações elétricas das placas.

A placa de desenvolvimento foi projetada para aceitar comandos tanto de 3,3 quanto de 5 volts. Desse modo, não há diferença no método de acionamento. O nível de tensão tem que ser considerado pelo projetista de hardware.

Tabela 9.1. Capacidade de corrente e tensão

Placa	Tensão	Corrente (por terminal)	Corrente (máxima da placa)
Arduino Uno	5,0 V	20 mA	20 mA
Chipkit Uno	3,3 V	12 mA	20 mA
Freedom KL05	3,3 V	4 mA	20 mA
PIC18F4520	5,0 V	25 mA	20 mA

9.1 | Acionamentos

A capacidade de acionamento de uma saída digital de um microcontrolador é relativamente baixa, cerca de 10 miliamperes em 3,3 ou 5 volts. Para conseguir acionar cargas maiores, é preciso utilizar um circuito de amplificação. Esses circuitos são conhecidos como drivers de acionamento.

Do ponto de vista computacional, o acionamento de um led ou de um chuveiro é o mesmo. A diferença está nos drivers de acionamento utilizados e, consequentemente, na capacidade de corrente de cada um.

Nesta seção serão apresentados os circuitos de drivers mais comuns em pequenos e médios acionamentos.

9.1.1 | Leds

Um dos componentes mais simples de ser acionado digitalmente são os leds. Led é a abreviação de *Light Emitting Diode*, ou diodo emissor de luz. Os leds são componentes semicondutores bastante similares aos diodos. Quando uma corrente elétrica circula por um led, ele passa a emitir luz. A intensidade da luz é proporcional à corrente que passa pelo led.

Por possuir uma estrutura similar à do diodo, o led só funciona se a corrente passar em um sentido. Se a corrente tentar passar pelo sentido contrário, ela é barrada pelas propriedades do semicondutor, fazendo com que o led não acenda. O led é representado pelo mesmo símbolo do diodo, com duas setas, indicando a luz que sai do componente. Os leds podem ser encontrados praticamente em qualquer coloração.

O circuito mais simples para o acionamento do led é colocá-lo em série com um resistor e aplicar a tensão desejada. O resistor funciona como limitador de corrente para evitar que o led consuma muita corrente e queime. A Figura 9.1 apresenta o circuito desse acionamento.

Para permitir que por meio de um único componente seja possível gerar qualquer cor de luz, foi desenvolvido um led com as três cores primárias de emissão: vermelho, verde e azul. Esse componente na realidade é composto por três leds montados em um mesmo encapsulamento. A Figura 9.2 apresenta esse componente.

As cores primárias na emissão difere das cores primárias de reflexão: azul, amarelo e vermelho. Na emissão, a formação da luz amarela é feita por meio da adição de vermelho e verde.

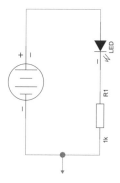

Figura 9.1. Circuito de acionamento de um LED.

Figura 9.2. Led RGB.
Fonte: Imagem produzida com Fritzing/Inkscape

9.1.2 | Transistor

O transistor é um componente eletrônico que pode funcionar tanto como um amplificador quanto como uma chave. No modo amplificador, ele possui a capacidade de ampliar o nível de tensão ou corrente de um sinal. Como chave, ele permite que por meio de um pequeno sinal de entrada seja possível ligar cargas maiores em sua saída.

Eles podem vir em diversos tamanhos e modelos, como mostra a Figura 9.3. Essa variação depende principalmente da capacidade de corrente de cada transistor.

(a) To-92.

(b) To-202.

Figura 9.3. Modelos de encapsulamento de transistores.
Fonte: Imagens produzidas com Fritzing/Inkscape

O transistor possui três terminais. Os transistores do tipo bipolar têm seus terminais denominados base, emissor e coletor. Para funcionar como chave, basta que a tensão aplicada na base seja maior, cerca de 1 volt a mais, que a tensão no emissor.

Nos circuitos de acionamento que operam como chave, em geral, utiliza-se o terminal emissor conectado ao terra, de modo que a tensão gerada pelo microcontrolador, mesmo os de 3,3v, seja suficiente para que o transistor ligue.

Com o transistor ligado, a corrente consegue então circular da tensão positiva até o terra através da carga e do transistor, como no circuito da Figura 9.4.

Essa estrutura é o modelo utilizado para fazer a ligação do display quádruplo de 7 segmentos da placa, dado que o microcontrolador não conseguiria fornecer energia para os 32 leds.

9.1.3 | Relé

Os transistores de baixo custo possuem algumas limitações. Em geral, não conseguem manipular correntes muito altas, nem operar em corrente alternada.

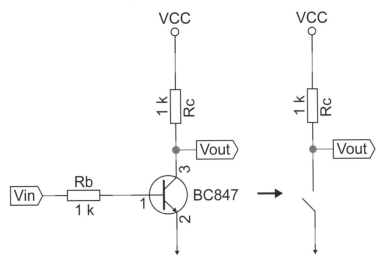

Figura 9.4. Transistor operando como chave.

A energia elétrica é, em sua maioria, gerada, transmitida e distribuída em corrente alternada. Isso impede o uso de transistores simples para acionamento de boa parte dos equipamentos. Uma opção nesse caso é fazer uso de dispositivos eletromecânicos, conhecidos como relés, mostrado na Figura 9.5.

Figura 9.5. Relé eletromecânico.

Fonte: Imagem produzida com Fritzing/Inkscape

Os relés possuem pequenas chaves elétricas, muito parecidas com os interruptores residenciais. A diferença é que esses interruptores não são acionados por meio de um botão, mas sim, de um campo eletromagnético que atrai a chave, fazendo com que ela seja acionada. O campo é formado pela circulação de uma corrente em um fio enrolado. A ação de fechar e soltar a chave é que produz o som característico do relé, parecido com um estalo.

Se conseguir controlar a passagem dessa corrente por esse fio, pode-se ligar e desligar o relé. Este, por sua vez, funciona como uma chave que pode ligar ou desligar qualquer tipo de equipamento. O problema é que os relés possuem uma corrente de acionamento muito alta para os microcontroladores. Uma opção é fazer uso do acionamento por um transistor. A Figura 9.6 apresenta o circuito utilizado como interface entre um microcontrolador e um relé.

Esse circuito possui outra vantagem: não existe ligação elétrica entre a carga e o microcontrolador. O relé garante isolação elétrica, de modo que o acionamento é bastante seguro. Qualquer problema que aconteça na rede elétrica ou no equipamento, seja um curto ou uma sobrecorrente, não afetará o sistema embarcado. O diodo protege o relé contra surtos de tensão.

SAÍDAS DIGITAIS | 115

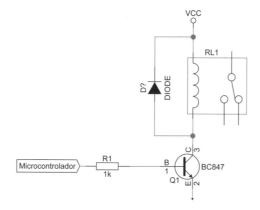

Figura 9.6. Acionamento de um relé eletromecânico.

9.1.4 | Relé de estado sólido

Os relés de estado sólido, mostrado na Figura 9.7, funcionam do mesmo modo que os relés eletromecânicos, com a diferença de não possuírem partes móveis, como a chave. Seu acionamento é mais simples que o dos relés eletromecânicos, pois não precisa de um transistor.

Figura 9.7. Relé de estado sólido.
Fonte: Imagem produzida com Fritzing/Inkscape

Em geral, esses sistemas possuem o acionamento interno realizado por meio de uma interface ótica. Desse modo, consegue-se o mesmo efeito de isolação elétrica dos relés eletromecânicos, enquanto se consome pouca corrente na entrada. A Figura 9.8 apresenta o circuito de acionamento.

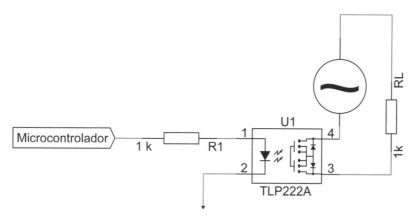

Figura 9.8. Circuito de acionamento de um relé de estado sólido.

A entrada de controle deve se manter entre os níveis especificados pelo fabricante. Para o MP120D2, por exemplo, esse valor pode variar de 3 a 24 volts. Com uma faixa tão extensa, esses circuitos podem ser utilizados em sistemas com lógica de 3,3 ou 5 volts. Na sua saída, ele consegue acionar cargas de 127 volts e 2 amperes.

9.1.5 | Ponte H

Uma aplicação muito comum é a utilização das chaves já mencionadas (transistores, relés ou relés de estado sólido) para efetuar o controle de motores de corrente contínua (Fig. 9.9).

Figura 9.9. Motor DC.
Fonte: Imagem produzida com Fritzing/Inkscape

O funcionamento desses motores é simples: se uma tensão positiva for aplicada no terminal 1, ele gira em sentido horário, no terminal 2, ele gira em sentido anti-horário.

Para facilitar o processo de controle desses motores, foi desenvolvida uma topologia de controle com chaves chamadas ponte H. Desse modo, é possível inverter o sentido da corrente sem precisar mudar as ligações físicas do circuito, como apresentado na Figura 9.10.

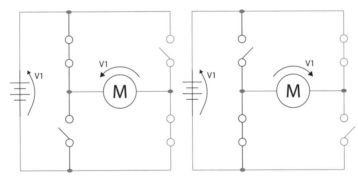

Figura 9.10. Motor DC controlado por ponte H.

Para realizar o acionamento desse circuito é necessário ter controle das quatro chaves. Um dos modos é ligar estas chaves nos terminais do microcontrolador por meio dos sistemas com transistores ou relés. Supondo que as chaves estejam ligadas aos terminais digitais 3, 4, 5 e 6, pode-se criar a rotina para acionamento do motor conforme o trecho do Código 9.1.

Código 9.1: Código para acionamento de uma ponte H transistorizada

```
1 #define swtich1A 3
2 #define swtich1B 4
3 #define swtich2A 5
4 #define swtich2B 6
5
```

```
 6  void initMotorControl(void){
 7      //configura os quatro terminais como saída
 8      pinMode(swtich1A, OUTPUT);
 9      pinMode(swtich1B, OUTPUT);
10      pinMode(swtich2A, OUTPUT);
11      pinMode(swtich2B, OUTPUT);
12  }//end initMotorControl
13
14  void motorOff(void){
15      digitalWrite(swtich1A, LOW);
16      digitalWrite(swtich1B, LOW);
17      digitalWrite(swtich2A, LOW);
18      digitalWrite(swtich2B, LOW);
19  }//end motorOff
20
21  void motorOnLeft(void){
22      //sempre desliga primeiro
23      digitalWrite(swtich2A, LOW);
24      digitalWrite(swtich2B, LOW);
25      digitalWrite(swtich1A, HIGH);
26      digitalWrite(swtich1B, HIGH);
27  }//end motorOnLeft
28
29  void motorOnRight(void){
30      //sempre desliga primeiro
31      digitalWrite(swtich1A, LOW);
32      digitalWrite(swtich1B, LOW);
33      digitalWrite(swtich2A, HIGH);
34      digitalWrite(swtich2B, HIGH);
35  }//end motorOnRight
```

Com essa topologia, deve-se tomar cuidado para não ligar simultâneamente as duas chaves da esquerda (1a e 1b) ou as duas da direita (2a e 2b). Se isso acontecer, a corrente passará diretamente da alimentação para o terra, gerando um curto-circuito.

Uma maneira de se evitar esse problema é utilizar um circuito dedicado de acionamento, como o DVR8833 ou o SN754410. Eles realizam todas as proteções e facilitam a utilização dos motores. Ambos os circuitos permitem acionar até dois motores com duas pontes H distintas.

Utilizando então um driver eletrônico, o circuito de acionamento de um motor DC por meio de uma ponte H pode ser simplificado, conforme apresentado na Figura 9.11.

O acionamento, do ponto de vista computacional, também é simplificado, pois existem apenas dois terminais de controle de direção e um terminal que habilita/desliga o motor.

Com relação aos terminais de direção, o primeiro habilita o motor para girar para a esquerda e o segundo para a direita. Mas o movimento só é executado se o terminal de habilitação (**enablePin**) estiver acionado. Se ambos os pinos (para esquerda e direita) forem ligados simultaneamente, o circuito de interface realiza a proteção do sistema e evita o curto-circuito.

Para simplificar ainda mais este acionamento, pode-se criar funções específicas para ligar o motor para a esquerda ou para a direita, como no trecho do Código 9.2.

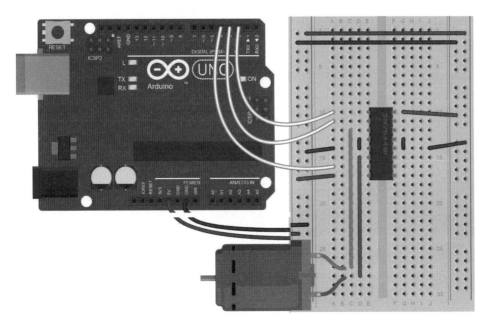

Figura 9.11. Ponte H microcontrolada.
Fonte: Imagem produzida com Fritzing/Inkscape

Código 9.2: Código para acionamento de uma ponte H

```
1  #define motor1Pin 3
2  #define motor2Pin 4
3  #define enablePin 2
4
5  void initMotorControl(void){
6      //configura os três terminais como saída
7      pinMode(motor1Pin, OUTPUT);
8      pinMode(motor2Pin, OUTPUT);
9      pinMode(enablePin, OUTPUT);
10 }//end initMotorControl
11
12 void motorOff(void){
13     digitalWrite(enablePin, LOW);
14 }//end motorOff
15
16 void motorOnLeft(void){
17     digitalWrite(enablePin, HIGH);
18     digitalWrite(motor1Pin, LOW);
19     digitalWrite(motor2Pin, HIGH);
20 }//end motorOnLeft
21
22 void motorOnRight(void){
23     digitalWrite(enablePin, HIGH);
24     digitalWrite(motor1Pin, HIGH);
25     digitalWrite(motor2Pin, LOW);
26 }//end motorOnRight
```

9.2 | Controle de led RGB

Na placa-base, existe um led RGB conectado aos terminais 2, 3 e 4. Esses terminais estão em portas diferentes, dependendo da placa de controle utilizada (Arduino, Chipkit ou Freedom).

O circuito de conexão do led na placa é apresentado na Figura 9.12. São utilizados três resistores de 1 k para limitar a quantidade de corrente de cada um dos leds.

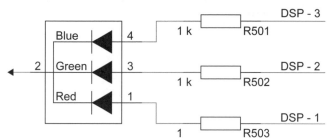

Figura 9.12. Circuito de conexão do led RGB.

Para ligar ou desligar o led, é necessário configurar primeiro os terminais como saídas digitais. Em cada placa, os terminais são distintos, mas como a função **pinMode()** e **digitalWrite()** fazem o mapeamento correto entre cada uma das placas e os terminais digitais, o acesso aos leds pode ser feito de maneira idêntica em todas elas.

9.2.1 | Criação da biblioteca

A ideia de se desenvolver uma biblioteca para o led RGB é simplificar o processo de utilização do periférico. Como o led pode acender cada uma das cores individualmente ou misturá-las, pode-se criar uma rotina que receba como parâmetro qual é a cor que o usuário deseja exibir.

Para isso, será criada uma lista de definições das cores disponíveis. Essas definições serão descritas no arquivo de header para ser disponibilizado ao programador. O header está apresentado no trecho do Código 9.3 e a implementação das funções no trecho do Código 9.4.

Código 9.3: Header da biblioteca de led RGB

```
1  #ifndef RGB
2  #define RGB
3
4  //todos desligados
5  #define OFF    0
6
7  //cores primárias
8  #define RED    1
9  #define GREEN  2
10 #define BLUE   4
11
12 //cores secundárias
13 #define YELLOW (RED+GREEN)
14 #define CYAN   (GREEN+BLUE)
```

```
15 #define PURPLE  (RED+BLUE)
16
17 //todos acesos
18 #define WHITE   (RED+GREEN+BLUE)
19
20     void rgbColor(int led);
21     void turnOn(int led);
22     void turnOff(int led);
23     void rgbInit(void);
24 #endif
```

Os códigos das cores foram desenvolvidos com base em cada uma das cores primárias. O vermelho ocupa o primeiro bit, o verde, o segundo e o azul, o terceiro. Desse modo, um valor binário **0b111** representa todos os três leds acesos. As funções levam isso em conta no momento de exibir a cor desejada.

Código 9.4: Código da biblioteca de led RGB

```
1 #include "io.h"
2
3 void rgbColor(int led) {
4     if (led & 1) {
5         digitalWrite(LED_R_PIN, HIGH);
6     } else {
7         digitalWrite(LED_R_PIN, LOW);
8     }
9     if (led & 2) {
10        digitalWrite(LED_G_PIN, HIGH);
11    } else {
12        digitalWrite(LED_G_PIN, LOW);
13    }
14    if (led & 4) {
15        digitalWrite(LED_B_PIN, HIGH);
16    } else {
17        digitalWrite(LED_B_PIN, LOW);
18    }
19 }
20 void turnOn(int led) {
21     if (led & 1) {
22         digitalWrite(LED_R_PIN, HIGH);
23     }
24     if (led & 2) {
25         digitalWrite(LED_G_PIN, HIGH);
26     }
27     if (led & 4) {
28         digitalWrite(LED_B_PIN, HIGH);
29     }
30 }
31 void turnOff(int led) {
32     if (led & 1) {
33         digitalWrite(LED_R_PIN, LOW);
34     }
35     if (led & 2) {
```

```
36          digitalWrite(LED_G_PIN, LOW);
37      }
38      if (led & 4) {
39          digitalWrite(LED_B_PIN, LOW);
40      }
41  }
42  void rgbInit(void) {
43      pinMode(LED_R_PIN, OUTPUT);
44      pinMode(LED_G_PIN, OUTPUT);
45      pinMode(LED_B_PIN, OUTPUT);
46  }
```

As definições dos terminais são dadas pelo header do arquivo io.h. Deve-se lembrar que os leds estão ligados juntos dos terminais de controle do display de 7 segmentos. O correto funcionamento do display de 7 segmentos impede o uso eficiente dos leds.

9.3 | Expansão de saídas

Um dos quesitos relacionados ao custo de um microcontrolador é a quantidade de saídas disponíveis. Dependendo do custo do projeto, é comum ter que utilizar microcontroladores que têm poucas saídas.

Uma solução é usar circuitos para a expansão de saídas. Essa expansão pode ser feita de diversos modos. Os mais comuns são: conversores de serial para paralelo, expansores de IO, multiplexação temporal dos terminais ou multiplexação em frequências diferentes.

Cada abordagem acarreta algum tipo de custo no sistema: financeiro, atraso na resposta ou aumento da complexidade no acionamento.

9.3.1 | Conversor serial-paralelo

Um conversor serial-paralelo muito utilizado é o chip LM74HC595, mostrado na Figura 9.13. Esse conversor recebe os sinais de modo serial e os transforma em um conjunto de 8 bits em paralelo.

Figura 9.13. Conversor serial-paralelo 74HC595.
Fonte: Imagem produzida com Fritzing/Inkscape

Para que esse dispositivo funcione, existem três sinais de controle: *shift register clock* (SHCP), que controla a velocidade do envio dos bits; *storage register clock* (STCP), que repassa os dados recebidos até o momento para a saída paralela, e *output enable* (OE), que habilita a saída dos dados.

Os bits são enviados por meio do terminal SHCP. Para que o bit seja recebido pelo 74HC595, é necessário enviar um sinal do tipo pulso no terminal STCP.

Um sinal do tipo pulso é um sinal em que o terminal, estando em nível baixo, sobe para o nível alto durante um tempo e volta para o nível baixo. Ao longo do tempo, a forma desse sinal é parecida com a apresentada na Figura 9.14.

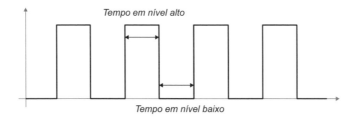

Figura 9.14. Pulso de clock.

O código para gerar esse tipo de pulso é dado pelo trecho do Código 9.5. A primeira função gera um pulso de clock no terminal STCP e a segunda no terminal RCLK.

Código 9.5: Geração de pulso de clock

```
1 void pulseEnClock(){
2     digitalWrite(SO_EN_PIN, HIGH);
3     digitalWrite(SO_EN_PIN, LOW);
4 }//end pulseEnClock
5
6 void pulseClockData(){
7     digitalWrite(SO_CLK_PIN, HIGH);
8     digitalWrite(SO_CLK_PIN, LOW);
9 }//end pulseClockData
```

Para enviar os oito bits, é necessário inicialmente definir de qual extremo binário irá começar, pelo bit mais significativo ou pelo bit menos significativo. Pela estrutura do 74HC595, para que o bit 7 apareça na saída Q7, deve-se começar pelo bit mais significativo.

O código para enviar cada um dos bits utiliza um loop **for** que testa cada um dos bits. Esse bit é então colocado no terminal SCHP e um comando de pulso é enviado. Essa função pode ser visualizada no trecho do Código 9.6.

Código 9.6: Envio de dados serializados para o 74HC595

```
 1 void soWrite(int value){
 2     int i;
 3     digitalWrite(SO_CLK_PIN, LOW);
 4     for(i=0; i<8; i++){
 5         digitalWrite(SO_DATA_PIN, value & 0x80);
 6         pulseClockData();
 7         value <<= 1;
 8     }//end for
 9     pulseClock();
10 }//end soWrite
```

A última linha da função envia um pulso no terminal OE. Esse terminal é o responsável por atualizar as saídas, pois, enquanto os bits são enviados, eles são armazenados na memória interna do 74HC595. Assim, os bits seriais armazenados são disponibilizados nos terminais paralelos de saída. O circuito complexo da ligação é apresentado na Figura 9.15.

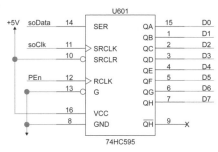

Figura 9.15. Ligações do 74HC595 com a placa de controle.

9.4 | Criação da biblioteca de expansão de saídas digitais

O conversor serial para paralelo pode ser utilizado como uma nova porta de saída de dados, sendo composta por oito terminais. Desse modo, será criado um barramento de dados novo que terá a capacidade de enviar até 8 bits de informação para um desses periféricos. Para facilitar a utilização desse barramento para o programador, é interessante criar uma biblioteca que simplifique o envio dessas informações. O header está apresentado no trecho do Código 9.7 e a implementação das funções, no trecho do Código 9.8.

Código 9.7: Header da biblioteca serial-paralela

```
1 #ifndef SO_H_
2 #define SO_H_
3
4     void soInit (void);
5     void soWrite(int value);
6
7 #endif
```

Código 9.8: Código da biblioteca serial-paralela

```
1 #include "io.h"
2
3 void soInit(void) {
4     pinMode(SO_EN_PIN, OUTPUT);
5     pinMode(SO_CLK_PIN, OUTPUT);
6     pinMode(SO_DATA_PIN, OUTPUT);
7 }
8 //pulso de clock para habilitar os dados na saída
9 void PulseEnClock(void){
10    digitalWrite(SO_EN_PIN, HIGH);
11    digitalWrite(SO_EN_PIN, LOW);
12 }
13 //pulso de clock para enviar um bit
14 void PulseClockData(void){
```

```
15      digitalWrite(SO_CLK_PIN, HIGH);
16      digitalWrite(SO_CLK_PIN, LOW);
17 }
18 void soWrite(int value) {
19      char i;
20      digitalWrite(SO_CLK_PIN, LOW);
21      for (i = 0; i < 8; i++) {
22          digitalWrite(SO_DATA_PIN, value & 0x80);
23          PulseClockData();
24          value <<= 1;
25      }
26      PulseEnClock();
27 }
```

Como essa biblioteca faz uso apenas das funções da biblioteca **io.h**, não importa as diferenças entre os terminais, portas ou numeração de pinos, pois usando a biblioteca **io.h** adequada para cada processador, o trecho do código da biblioteca **so.h** pode ser o mesmo para todas as placas.

Esse periférico vai ser utilizado para acionar outros circuitos da placa, principalmente o display de LCD, o display de 7 segmentos e o teclado. Isso foi feito pois as placas de controle não possuem terminais suficientes para todos os dispositivos.

9.5 | Exercícios

Ex. 9.1 — Em um dado equipamento, a porta D possui oito terminais com um led cada. Dado o programa a seguir, indique quais leds estão ligados. No equipamento em questão, os leds ligam com nível alto.

```
1 #include "config.h"
2 #include "basico.h"
3 void main(void){
4      TRISD = 0xE3;
5      PORTD = 0xAA;
6      for(;;);
7 }//end main
```

Ex. 9.2 — Crie uma biblioteca chamada "BarramentoLeds". Essa biblioteca realizará operações com o led RGB. Crie funções que sejam capazes de:
- Ligar os leds de acordo com um parâmetro recebido. Esse parâmetro será uma variável unsigned char em que os leds que devem ser ligados possuem valor 1 no seu bit respectivo. Por exemplo: 0x03 - ligar os leds 0 e 1; 0x06 - ligar os leds 1 e 2. Os demais leds não podem ser alterados.
- Desligar os leds de acordo com um parâmetro recebido. O funcionamento é similar ao Ligar, com a diferença que os leds que devem ser desligados possuem valor zero.
- Inicializar o sistema.
- Retornar o estado atual dos leds.

Ex. 9.3 — Crie um programa que utiliza a biblioteca criada no exercício anterior para gerar um efeito de acendimento de cada uma das cores de modo sequencial.

Ex. 9.4 – O bit na posição i da variável não sinalizada de 8 bits TRISD controla o sentido dos dados da porta D. Um bit com número 0 (zero) significa que aquele terminal é de saída. Um bit com número 1 significa que aquele terminal é de entrada. Configure TRISD para o circuito ao lado. Apresente o valor de TRISD em binário, hexadecimal e decimal. Considere que os leds são dispositivos de saída e as chaves, dispositivos de entrada.

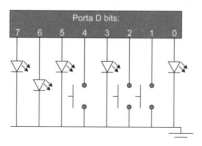

Ex. 9.5 – Construa uma biblioteca chamada "controle_led" que permita ao programador acessar cada um dos leds individualmente por meio de duas fuções: "LigaLed", que recebe como parâmetro um char indicando qual posição deve ser ligada e "DesligaLed", que também recebe um char indicando a posição a ser desligada. Além disso, crie a função InicializaLED(), que recebe como parâmetro dois endereços (ambos unsigned int). O primeiro indica onde estão os leds. Esse endereço deverá ser armazenado em um ponteiro de char para ser usado depois pelas outras duas funções. O segundo endereço representa o controle de entrada e saída de onde estão os leds. Utilize-o para configurar todos os 8 bits como saída (valor zero). Lembre-se de fazer os dois arquivos da biblioteca.

Ex. 9.6 – Crie um programa que leia um valor de distância de um sensor ultrassônico na entrada analógica e apresente a distância no barramento de leds (porta D). Esse sensor consegue identificar distâncias de 0 cm a 80 cm. Quando há um objeto a 0 cm, a saída do sensor apresenta 0 volts (0 no AD). Quando o objeto está à distância de 80 cm, a saída fica saturada em 5 volts (1024 no AD). O sensor possui uma resposta linear. Pode-se utilizar a biblioteca "adc.h". O programa deve deixar todos os leds acesos quando o sensor indicar objeto a zero centímetros e apagar um led a cada 10 cm, de modo que todos os leds fiquem apagados quando o objeto estiver a 80 cm ou mais. Os leds acendem com valor zero (lógica invertida).

```
1 //adc.h
2 //inicializa o conversor
3 void adInit(void);
4 //devolve o valor lido pelo conversor
5 unsigned int readAD(void);
```

10 Display de 7 segmentos

uqr.to/1cqzh

"A luz do mundo vem, principalmente,
de duas fontes: o sol e
a lâmpada do estudante."
Christian Nestell Bovee

As soluções para exibição de informações em sistemas embarcados são dispositivos capazes de transformar os sinais elétricos que saem do microcontrolador em alguma representação visível ao ser humano.

O sistema mais simples de exibição são os leds. Por meio da corrente gerada pelos terminais do microcontrolador é possível controlar o estado do led, permitindo apresentar ao usuário uma informação do tipo ligado ou desligado.

Procurando desenvolver soluções que conseguissem passar ao usuário um conjunto maior de informações do que simplesmente ligado/desligado, foram desenvolvidos os displays de 7 segmentos.

Os displays de 7 segmentos, mostrados na Figura 10.1, são os componentes optoeletrônicos mais simples que podem ser utilizados para apresentar informações numéricas ao usuário.

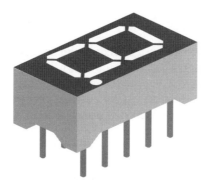

Figura 10.1. Display de 7 segmentos.
Fonte: Imagem produzida com Fritzing/Inkscape

Esses displays foram concebidos com o intuito de gerar os dez algarismos arábicos: **0, 1, 2, 3, 4, 5, 6, 7, 8, 9** a partir de sete comandos digitais. Cada comando digital é responsável por ligar ou desligar um dos segmentos. Esses segmentos são iluminados por leds, trazendo a vantagem de um baixo consumo de energia.

Além dos algarismos, é possível representar apenas algumas letras: as maiúsculas **A, C, E, F, H, J, L, I, O, P, S, U, Z** e as minúsculas **b, c, d, h, i, n, o, r, t, u**. Deve-se, no entanto, tomar cuidado, pois algumas letras podem ser confundidas com os números, como a letra maiúscula **O** e número **0**.

Alguns displays também possuem um oitavo segmento: o ponto decimal. Esse led pode ser utilizado para indicar onde fica o separador da parte inteira do número com a parte fracionária. Os displays utilizam por padrão o ponto como separador em vez da vírgula, seguindo o padrão americano de escrita.

Os displays podem ser encontrados nos mais diferentes modelos, cores e tamanhos. Em relação à estrutura de funcionamento, eles podem ser divididos em dois tipos: cátodo comum ou ânodo comum. Essa diferença está relacionada ao modo de ligação dos leds. O led é um elemento polarizado, de forma que ele precisa que a corrente circule em um determinado sentido. Para facilitar o projeto, dentro dos displays, um dos lados de todos os leds são conectados em um único ponto, como apresentado na Figura 10.2. Para os dispositivos cátodo comum, esse ponto comum deve ser ligado no terra e os leds são ligados com tensão positiva. Para os dispositivos ânodo comum, o terminal comum deve ser ligado na tensão positiva e os leds são ligados colocando-se o valor zero.

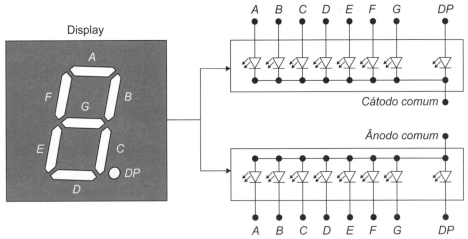

Figura 10.2. Diagrama elétrico de um display de 7 segmentos, ânodo e cátodo comum.

Os segmentos são nomeados utilizando as letras **a, b, c, d, e, f, g** e **dp**. Eles são nomeados em sentido horário a partir do segmento mais alto.

Para desenhar o número **2** no display é necessário acender os segmentos **a, b, g, e** e **d**, e desligar os demais segmentos. Se for utilizado um display com cátodo comum, é preciso colocar um nível alto para ligar o led, ou seja, o led liga com valor **1** (um) e desliga com valor **0** (zero).

Na placa de controle, os leds são acionados por meio do conversor série-paralelo 74HC595. Por esse motivo, é necessário incluir a biblioteca **so.h**, para enviar os valores de acionamento para cada led do display de 7 segmentos.

A Tabela 10.1 apresenta os valores para cada dígito hexadecimal a ser exibido. Dentre as letras disponíveis, estão apresentadas apenas os caracteres **A, b, C, d, E, F**.

Elas foram escolhidas por serem utilizadas para apresentar valores em hexadecimal nos displays.

Tabela 10.1. Conversão binário - hexadecimal para displays de 7 segmentos

Dígito	e	d	0	c	g	a	f	b	Hex (ed0cgafb)
0	1	1	0	1	0	1	1	1	D7
1	0	0	0	1	0	0	0	1	11
2	1	1	0	0	1	1	0	1	CD
3	0	1	0	1	1	1	0	1	5D
4	0	0	0	1	1	0	1	1	1B
5	0	1	0	1	1	1	1	0	5E
6	1	1	0	1	1	1	1	0	DE
7	0	0	0	1	0	1	0	1	15
8	1	1	0	1	1	1	1	1	DF
9	0	1	0	1	1	1	1	1	5F
A	1	0	0	1	1	1	1	1	9F
b	1	1	0	1	1	0	1	0	DA
C	1	1	0	0	0	1	1	0	C6
d	1	1	0	1	1	0	0	1	D9
E	1	1	0	0	1	1	1	0	CE
F	1	0	0	0	1	1	1	0	8E

É importante notar que os valores apresentados na Tabela 10.1, só têm validade se a ligação entre os leds e o barramento forem idênticos aos utilizados na placa de desenvolvimento. Outros modelos de placas podem possuir ligações diferentes, sendo necessário readequar as posições das colunas para gerar os valores hexadecimais.

Para simplificar a utilização deste tipo de display, pode-se criar um vetor, de modo que na posição **i** seja salvo o valor hexadecimal responsável por desenhar o caractere **i** no display de 7 segmentos. O trecho do Código 10.1 apresenta essa solução.

Código 10.1: Exibição de caracteres no display de 7 segmentos

```
1  #include "so.h"
2  #include "io.h
3
4  void main(void){
5      //vetor para armazenar a conversão do display: ed0cgafb
6      static const char conv[] = {0xD7, 0x11, 0xCD, 0x5D,   //0-3
7                                  0x1B, 0x5E, 0xDE, 0x15,   //4-7
8                                  0xDF, 0x5F, 0x9F, 0xDA,   //8-B
9                                  0xC6, 0xD9, 0xCE, 0x8E};  //C-F
10     unsigned int var;
11     float time;
12
13     initSystem();
14     soInit();
15     pinMode(DISP1_PIN,OUTPUT);
16     digitalWrite(DISP1_PIN,HIGH);
17
18     for(;;){
```

```
19          for(var=0; var<16; var++){
20              //coloca os caracteres em sequência na saída
21              soWrite(conv[var]);
22              //apenas para contar tempo entre os dígitos
23              for (time = 0; time < 10000; time++);
24          }//end for
25      }//end for
26  }//end main
```

10.1 | Multiplexação de displays

Cada display exige pelo menos 7 terminais configurados como saída pelo microcontrolador. Para o desenvolvimento de um relógio que exibe as horas e os minutos, seria necessário utilizar 4 displays, exigindo 28 terminais de saída. Essa quantidade de terminais pode fazer com que o custo do produto aumente, inviabilizando projetos mais simples. Os microcontroladores que possuem mais terminais têm um custo maior, mesmo possuindo as mesmas características de memória e periféricos disponíveis.

Uma técnica que pode ser utilizada para reduzir essa necessidade é a multiplexação dos displays. Essa técnica leva em conta um efeito biológico conhecido como percepção retiniana. As imagens mais claras ficam gravadas na retina durante um determinado tempo. É por esse motivo que quando se olha para uma lâmpada, ou qualquer objeto que emita uma quantidade grande de luz, e os olhos são fechados, continua-se "vendo" o objeto. Isso acontece devido ao tempo necessário para sensibilizar e dessensibilizar as células oculares. Esse fato faz com que o olho humano seja incapaz de perceber mudanças superiores a 16 imagens por segundo.

Esse efeito permite que um display seja ligado por um determinado tempo de modo que a imagem se fixe na retina do observador. Ao desligar esse display, o cérebro continuará percebendo a imagem durante um tempo. Se durante esse tempo o próximo display for ligado, enquanto o efeito de percepção retiniana estiver ativo, para o cérebro, ambos os displays estarão ligados simultaneamente.

Fazendo com que esse processo seja cíclico e suficientemente rápido, pode-se fazer com que o usuário tenha a percepção de que todos os displays estão constantemente ligados.

Essa é uma abordagem bastante comum, tanto que existem displays que são desenvolvidos para serem utilizados desse modo. O display da Figura 10.3, utilizado na placa de desenvolvimento, apresenta 4 dígitos de 7 segmentos conjugados em um único dispositivo, exibindo a mensagem "**diSP**".

Figura 10.3. Display de 7 segmentos quádruplo.
Fonte: Imagem produzida com Fritzing/Inkscape

Essa abordagem permite a redução da quantidade de cabos e terminais utilizados, além de simplificar o projeto da placa. Utilizando 4 displays separados e com acionamentos distintos, são necessários 32 terminais. Com os displays reunidos, ou utilizando uma arquitetura com o barramento compartilhado, a quantidade de terminais necessários pode ser reduzida para 12, uma economia de 20 terminais.

As desvantagens dessa solução são o aumento da complexidade do código de acionamento do display e o maior consumo de processamento para executar todas as atividades.

A Figura 10.4 apresenta o circuito utilizado na placa de desenvolvimento. É possível notar que os terminais responsáveis pelos segmentos (a, b, c, d, e, f, g, dp) estão conectados aos pinos D0 a D7, saída do conversor serial-paralelo. Já os terminais de acionamento dos displays estão ligados a um circuito transistorizado, que é acionado pelos terminais Disp1 a Disp4.

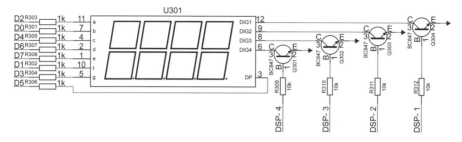

Figura 10.4. Ligação do display quádruplo na placa de desenvolvimento.

Os transistores são componentes eletrônicos que funcionam como chaves, ligando ou desligando cada um dos displays de modo independente. Esse componente permite que o microcontrolador acione dispositivos que não conseguiria acionar diretamente, em razão da limitação de corrente de suas portas.

Para que o display funcione, não basta enviar o valor correto para os leds por meio do conversor serial-paralelo. Se isso for feito, todos os displays vão apresentar o mesmo número. Para conseguir exibir números diferentes em cada um dos displays, é necessário utilizar um algoritmo mais complexo, que considera o efeito da percepção retiniana para causar o efeito de que eles estão exibindo números diferentes. O algoritmo pode ser descrito como:

1. Colocar no barramento de dados o valor a ser mostrado no display **X**.
2. Ligar o display **X** através da linha de comando.
3. Esperar um tempo adequado para evitar flicker.
4. Desligar o display **X**.
5. Escolher o próximo display **X = X+1**.

No trecho do Código 10.2 é apresentada a implementação deste algoritmo. Como cada display possui um bit de acionamento diferente, criou-se um **case** para simplificar os acionamentos.

Código 10.2: Exibição de caracteres no display de 7 segmentos

```
1  #include "so.h"
2  int n1, n2, n3, n4;  //números a serem exibidos
3      //vetor para armazenar a conversão do display: edOcgafb
4  static const char conv[] = {0xD7, 0x11, 0xCD, 0x5D,   //0-3
5                              0x1B, 0x5E, 0xDE, 0x15,   //4-7
```

```c
6                            0xDF, 0x5F, 0x9F, 0xDA,   //8-B
7                            0xC6, 0xD9, 0xCE, 0x8E}; //C-F
8  int display;
9  void ssdUpdate(){
10     float t;
11     switch(display){
12         case 1:                              //1º display
13             soWrite(conv[n1]);
14             digitalWrite(DISP1_PIN,HIGH);
15             for(t=0; t<10; t++);
16             digitalWrite(DISP1_PIN,LOW);
17             break;
18         case 2:                              //2º display
19             soWrite(conv[n1]);
20             digitalWrite(DISP2_PIN,HIGH);
21             for(t=0; t<10; t++);
22             digitalWrite(DISP2_PIN,LOW);
23             break;
24         case 3:                              //3º display
25             soWrite(conv[n1]);
26             digitalWrite(DISP3_PIN,HIGH);
27             for(t=0; t<10; t++);
28             digitalWrite(DISP3_PIN,LOW);
29             break;
30         case 4:                              //4º display
31             soWrite(conv[n1]);
32             digitalWrite(DISP4_PIN,HIGH);
33             for(t=0; t<10; t++);
34             digitalWrite(DISP4_PIN,LOW);
35             break;
36         default:
37             display = 1;
38             break;
39     }//end switch
40     display++; //prepara para o próximo
41 }//end ssdUpdate
42
43 void main(void){
44     soInit();
45     //configura os valores iniciais a serem exibidos
46     n1 = 1; n2 = 2; n3 = 3; n4 = 4;
47
48     for(;;){
49         ssdUpdate();
50         //restante do código.
51     }//end for
52 }//end main
```

Esse trecho de código, apesar de funcionar corretamente, apresenta um problema grave para sua utilização com outras bibliotecas. Gasta-se muito tempo com os loops para exibição dos números dentro da função **ssdUpdate()**. Esse tempo é necessário para que o cérebro humano consiga enxergar todos os dígitos acesos. No entanto, se outras funcionalidades forem adicionadas ao **main**, o sistema pode passar a gastar muito tempo entre os acionamentos, o que fará com que os displays permaneçam mais tempo desligados, atrapalhando a visualização de todos os dígitos.

Para evitar esse problema, é possível modificar o algoritmo, modificando o início da sequência, de modo que o tempo de espera possa ser deslocado para fora da função. Como o algoritmo é cíclico, essa alteração não impactará no funcionamento do algoritmo. Ele pode ser reescrito como:

1. Desligar o display **X**.
2. Escolher o próximo display **X = X+1**.
3. Colocar no barramento de dados o valor a ser mostrado no display **X**.
4. Ligar o display **X** por meio da linha de comando.
5. Esperar um tempo adequado para evitar flicker.

Desse modo, o novo algoritmo começa no antigo passo de número 4 e a etapa de esperar um tempo com o display ligado passa a ser o último elemento da lista. Os quatro primeiros passos são então implementados na função e o último é deixado para que o programador o realize fora da função. O Código 10.3 apresenta como isto pode ser feito.

Código 10.3: Exibição de caracteres no display de 7 segmentos com o tempo fora da função **ssdUpdate( )**

```
 1  void ssdUpdate(void){
 2      //desliga todos os displays
 3      digitalWrite(DISP1_PIN,LOW);
 4      digitalWrite(DISP2_PIN,LOW);
 5      digitalWrite(DISP3_PIN,LOW);
 6      digitalWrite(DISP4_PIN,LOW);
 7
 8      switch(display){ //liga apenas o display da vez
 9          case 0:
10              soWrite(valor[v0]);
11              digitalWrite(DISP1_PIN,HIGH);
12              display = 1;
13              break;
14          case 1:
15              soWrite(valor[v1]);
16              digitalWrite(DISP2_PIN,HIGH);
17              display = 2;
18              break;
19          case 2:
20              soWrite(valor[v2]);
21              digitalWrite(DISP3_PIN,HIGH);
22              display = 3;
23              break;
24          case 3:
25              soWrite(valor[v3]);
26              digitalWrite(DISP4_PIN,HIGH);
27              display = 0;
28              break;
29          default:
30              display = 0;
31              break;
```

```
32      }//end switch
33 }//end ssdUpdate
34
35 void main(void){
36      float t;
37      soInit();
38      //config terminais de controle dos displays
39      n1 = 1; n2 = 2; n3 = 3; n4 = 4;
40      for(;;){
41          ssdUpdate();
42          for(t=0; t<10; t++);
43          //restante do código
44      }//end for
45 }//end main
```

Como pode ser visto, agora a responsabilidade de criar um tempo para que o display fique ligado é do programa principal. A responsabilidade da função **ssdUpdate( )** é desligar o display atual, atualizar o número e ligar o próximo.

A adição de mais código ao programa principal não causará tantos problemas, o número exibido apenas ficará mais tempo visível. Isso pode levar o sistema a apresentar o problema do flicker. Nesse caso, basta diminuir o tempo de espera no loop principal. Em um sistema real, é comum não precisar gastar tempo desnecessário apenas para manter o funcionamento. Nesses casos, o tempo de processamento pode ser utilizado para realizar atividades úteis para o funcionamento da placa, conforme Código 10.4.

Código 10.4: Rotina principal sem necessidade de delay

```
1 void main(void){
2      //inicialização dos periféricos utilizados
3      ssdInit();
4
5      for(;;){
6          //a atualização deve se manter executando
7          //enquanto o dipositivo estiver ligado
8          //notar que esta versão da função ssdUpdate()
9          //não gasta tempo dentro da função
10         ssdUpdate();
11
12         //o processamento gasta tempo suficiente
13         //para que o número seja visto pelo usuário
14         processamentoUtil();
15     }//end for
16 }//end main
```

10.1.1 | Criação da biblioteca

O trecho do Código 10.6 apresenta um exemplo de código para criar uma biblioteca para os displays de 7 segmentos utilizando o conversor serial-paralelo como barramento de dados. O trecho do Código 10.5 apresenta o header desta biblioteca. É interessante notar as variáveis **v0** a **v3**, que armazenam o valor a ser exibido de modo que o programador não tenha que ficar atualizando essa informação a cada execução da atualização do display.

Código 10.5: ssd.h

```
1  #ifndef DISP7SEG_H
2  #define DISP7SEG_H{\tiny }
3      void ssdDigit(char position, char value);
4      void ssdUpdate(void);
5      void ssdInit(void);
6  #endif
```

A utilização da biblioteca é bastante simples. A função **ssdInit()** inicializa todos os recursos de hardware necessários para o funcionamento do display. A função **ssdDigit()** é a responsável por modificar o dígito que será exibido em cada posição do display. Por fim, a função **ssdUpdate()** realiza o procedimento de multiplexação, trocando o display ativo de acordo com as informações armazenadas pela função **ssdDigit()**.

Código 10.6: ssd.c

```
1  #include "ssd.h"
2  #include "so.h"
3  #include "io.h"
4
5  //vetor para armazenar a conversão do display :edOcgafb
6  static const char valor[] = {0xD7, 0x11, 0xCD, 0x5D, 0x1B, 0x5E, ↵
       0xDE, 0x15, 0xDF, 0x5F, 0x9F, 0xDA, 0xC6, 0xD9, 0xCE, 0x8E};
7  static char display;              //armazena qual é o display ↵
       disponivel
8  static char v0=0, v1=0, v2=0, v3=0; //armazena os valores a serem ↵
       exibidos
9
10 void ssdDigit(char position, char value){
11     if (position == 0){ v0 = value; }
12     if (position == 1){ v1 = value; }
13     if (position == 2){ v2 = value; }
14     if (position == 3){ v3 = value; }
15 }
16
17 void ssdUpdate(void){
18     //desliga todos os displays
19     digitalWrite(DISP1_PIN,LOW);
20     digitalWrite(DISP2_PIN,LOW);
21     digitalWrite(DISP3_PIN,LOW);
22     digitalWrite(DISP4_PIN,LOW);
23     switch(display){ //liga apenas o display da vez
24     case 0:
25         soWrite(valor[v0]); digitalWrite(DISP1_PIN,HIGH); display = ↵
           1; break;
26     case 1:
27         soWrite(valor[v1]); digitalWrite(DISP2_PIN,HIGH); display = ↵
           2; break;
28     case 2:
29         soWrite(valor[v2]); digitalWrite(DISP3_PIN,HIGH); display = ↵
           3; break;
```

```
30      case 3:
31          soWrite(valor[v3]); digitalWrite(DISP4_PIN,HIGH); display = ↵
                0; break;
32      default:
33          display = 0; break;
34      }
35 }
36
37 void ssdInit(void){
38      soInit();
39      //configuração dos pinos de controle
40      pinMode(DISP1_PIN,OUTPUT);
41      pinMode(DISP2_PIN,OUTPUT);
42      pinMode(DISP3_PIN,OUTPUT);
43      pinMode(DISP4_PIN,OUTPUT);
44 }
```

De acordo com a solução adotada, a responsabilidade de inserir um tempo para que o display permaneça ligado é da função principal. O trecho do Código 10.7 apresenta um exemplo de uso levando em conta este tempo.

Código 10.7: Utilizando a biblioteca ssd

```
1 #include "ssd.h"
2 void main(void){
3      unsigned int time, count;
4
5      ssdInit();
6
7      for(;;){
8          count++;
9
10         //separa cada algarismo da variável count
11         ssdDigit(0, (count      ) %10);
12         ssdDigit(1, (count/10   ) %10);
13         ssdDigit(2, (count/100  ) %10);
14         ssdDigit(3, (count/1000) %10);
15         ssdUpdate();
16
17         //gasta um tempo para evitar o efeito flicker
18         for(time=0; time<1000; time++);
19     }//end for
20 }//end main
```

10.2 | Projeto: Relógio

Os displays de 7 segmentos funcionam muito bem para exibição de informações numéricas. Um exemplo que pode ser realizado com a placa de desenvolvimento é um relógio digital com horas e minutos.

Primeiramente, é necessário termos uma base de tempo confiável. Em geral, utilizamos timers dedicados do processador para isso. Como os timers só serão vistos nos próximos capítulos, será utilizada uma base aproximada. Essa base fará com que cada iteração do loop consuma 10 milissegundos.

De posse deste loop temporizado, podemos criar um contador que será incrementado a cada loop. Quando esse contador atingir 1 segundo, podemos reiniciá-lo e incrementar a variável de segundos. Quando a variável de segundos chegar a 60, devemos reiniciá-la e incrementar uma variável que armazenará os minutos. O procedimento é o mesmo para incrementar as horas. Esta aplicação é apresentada no Código 10.8.

Código 10.8: Projeto do relógio com display de 7 segmentos

```
#include "io.h"
#include "ssd.h"

void main(void){
    int cont=0, seg=0, min=0, hora=0;
    initSystem();
    ssdInit();
    for(;;){
//o loop demora cerca de 7ms. 7ms*142 ~ 1s
        if(cont >= 142){
            seg++;
            cont = 0;
        }
        if(seg>=60){
            min++;
            seg = 0;
        }
        if(min >= 60){
            hora++;
            min = 0;
        }
        if(hora >= 24){
            hora = 0;
        }
        ssdDigit(3, (hora/10)%10);
        ssdDigit(2, hora%10);
        ssdDigit(1, (min/10)%10);
        ssdDigit(0, min%10);
        cont++;
        ssdUpdate();
    }
}
```

0.3 | Exercícios

Ex. 10.1 — Desenhe o esquema elétrico de um display de 7 segmentos e conecte-o a uma porta com 8 bits do microcontrolador.

Ex. 10.2 — Desenvolva o fluxograma do processo de multiplexação de 2 displays de 7 segmentos.

Ex. 10.3 — Modifique a biblioteca apresentada no livro e crie a função **ssdDotOn**. Essa função será responsável por permitir a ligação do ponto decimal. A função recebe como parâmetro o display que deve ter seu ponto decimal ligado. Lembre-se de que a função **ssdUpdate** é a responsável por ligar/desligar efetivamente os leds. A função **ssdDotOn** deve apenas armazenar em variáveis internas a necessidade, ou não, de se ligar cada um dos pontos decimais. A função **ssdUpdate**, em seu processamento, irá realizar o teste dessas variáveis e atuar de modo coerente. Crie também a função **ssdDotOff**.

Ex. 10.4 — Crie um calendário com o display de 7 segmentos da placa de controle utilizando a biblioteca "ssd.h". Esse calendário deve exibir o dia e o mês com dois dígitos cada. Configure o programa para contabilizar os meses com 28, 30 e 31 dias corretamente. Não se preocupe com os anos bissextos.

Ex. 10.5 — Crie um programa que apresente a sequência apresentada na figura a seguir nos 4 displays de 7 segmentos. Não use a biblioteca "ssd.h". Os displays 1, 2, 3 e 4 são habilitados por meio dos terminais 2, 5, 3 e 1 da porta E. Os segmentos (leds) são ligados com "1" e são acionados pelos bits da porta C, seguindo a sequência **gfedcba**. Para a contagem de tempo, utilize um loop **for** entre os acionamentos.

11 Entradas digitais

uqr.to/1cqzj

"Supostamente deveria ser automático, mas, na verdade, você tem que apertar este botão."
John Brunner

Os periféricos que se utilizam de entradas digitais são aqueles que geram uma informação binária: verdadeira ou falsa; pressionado ou solto; presente ou ausente.

Entre esses periféricos, há chaves, botões, sensores de presença, *reed switches*, *encoders*, entre outros.

O funcionamento da maioria desses sensores se dá pela geração de um sinal de tensão que varia entre dois estados. O sinal baixo, ausente ou falso é normalmente representado por 0 v (zero volts) e o sinal alto, presente ou verdadeiro é dado pela tensão de alimentação do circuito de 3,3 ou 5 volts, dependendo do tipo da placa de controle.

Os periféricos que transformam efeitos mecânicos em elétricos se utilizam de uma chave que pode estar aberta ou fechada. É o princípio de funcionamento das microswitches, os pequenos botões comumente utilizados em placas eletrônicas, pode ser visto na Figura 11.1.

Figura 11.1. Chave do tipo microswitch.
Fonte: Imagem produzida com Fritzing/Inkscape

A transformação da posição da chave (aberta ou fechada) para um sinal elétrico é feita por meio de um arranjo da própria chave, um resistor e uma fonte de alimentação.

Existem dois arranjos possíveis: a chave conectada na alimentação e o resistor no terra (*pull-down*); a chave conectada ao terra com o resistor na tensão de alimentação (*pull-up*), conforme os circuitos apresentados na Figura 11.2.

O circuito com um resistor de *pull-down* apresenta o funcionamento da chave diretamente similar ao estado encontrado na entrada digital. Isto é, com a chave pressionada,

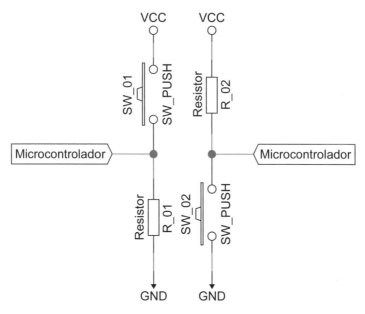

Figura 11.2. Circuito de leitura de chave com resistor de *pull-down* e *pull-up*.

o sinal apresenta nível lógico alto igual à tensão de alimentação. Com a chave solta, o sinal é igual ao nível lógico baixo, ou zero volts. Esse comportamento é obtido pela posição da chave ligada à alimentação e do resistor ao terra; quando a chave está solta o resistor força a tensão de entrada do microcontrolador a zero volts.

No circuito de *pull-up*, o funcionamento é o inverso do anterior: a chave pressionada gera um sinal de zero volts, a chave livre faz o resistor elevar a saída para a tensão de alimentação. Isso acontece, pois, não existe corrente circulando. Desse modo, a queda de tensão no resistor é zero, e a tensão consegue chegar no microcontrolador. Quando a chave é pressionada, o terminal do microcontrolador passa a ficar aterrado e dessa maneira, a tensão do terminal cai para zero, caracterizando o nível lógico baixo no terminal.

O procedimento de leitura desse tipo de sinal é muito simples quando conectado a uma entrada digital: inicializa-se o terminal como entrada e realiza a leitura do bit correspondente, como no trecho do Código 11.1.

Código 11.1: Fazendo a leitura de um terminal de entrada diretamente dos registros

```
1  void main(void){
2      //inicialização como entrada
3      BitClr(TRISD,0);
4      for(;;){
5          //teste do bit
6          if(BitTst(PORTD,0)){
7              //a chave está pressionada
8          }else{
9              //a chave está solta
10         }//end else
11     }//end for
12 }//end main
```

11.1 | Debounce

O funcionamento de circuitos de leitura de chaves eletromecânicas, apesar de simples, apresenta um problema. As chaves mais simples e baratas podem apresentar um efeito de oscilação no sinal quando a tecla é pressionada. Esse ruído é conhecido como *bouncing*. A Figura 11.3 apresenta a leitura do sinal de uma chave com *pull-up* ao longo do tempo, evidenciando o problema da oscilação.

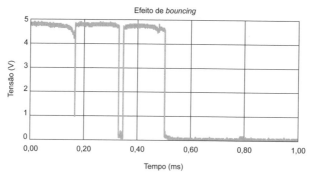

Figura 11.3. Oscilação do sinal no momento do chaveamento.

Quando a chave é pressionada, a tensão cai para zero volts. No entanto, a chave é um elemento mecânico que pode vibrar no momento do choque, do mesmo modo que uma bola, que, quando cai no chão, quica algumas vezes antes de parar.

Essas oscilações podem ser interpretadas pelo microcontrolador como vários pressionamentos da chave. Para evitar este problema, é necessário utilizar técnicas de *debounce*, por hardware ou software.

11.1.1 | *Debounce* por hardware

A opção de *debounce* por hardware consiste em adicionar elementos eletrônicos que consigam amortecer ou zerar as oscilações.

O circuito de *debounce* mais simples consiste na adição de um capacitor em paralelo com o terminal do microcontrolador, como mostra a Figura 11.4.

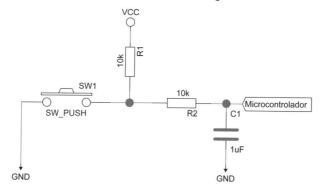

Figura 11.4. Circuito de *debounce*.

O capacitor levará um tempo para ser carregado ou descarregado. Isso fará com que mudanças rápidas no sinal sejam amortecidas ou até mesmo eliminadas. A capacidade de amortecer as mudanças depende da capacitância do capacitor. Capacitores maiores serão capazes de aumentar o amortecimento. Na Figura 11.5, é utilizado um capacitor de 1uF.

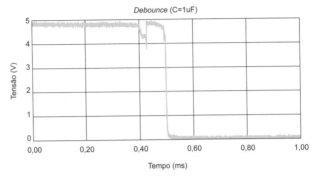

Figura 11.5. Utilização de filtro RC para *debounce* do sinal.

É possível notar que o nível do sinal filtrado ainda sofre algumas alterações, mas não chega a zerar instantaneamente.

O maior problema dessa abordagem é o custo de produção das placas. Mesmo possuindo um custo relativamente baixo, os capacitores de *debounce* ainda podem impactar no custo total da placa, principalmente se for levada em conta a produção em escala. Essa solução pode ser inadequada nestas situações.

Outro problema da adição do capacitor é que ele atrasa a detecção do sinal. Após o pressionamento da chave, é preciso esperar que o sinal abaixe de um certo nível para que o sistema detecte a entrada como valor zero. A Figura 11.6 apresenta o efeito de um capacitor com maior capacitância, bem como o atraso gerado no tempo de descarga.

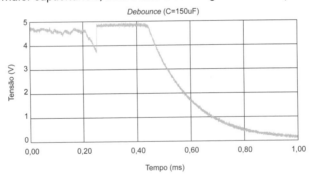

Figura 11.6. Utilização de filtro RC para *debounce* do sinal.

Quando se trata de sistemas sem necessidades muito restritivas para a detecção do acionamento, uma opção é realizar o *debounce* por software.

11.1.2 | *Debounce* por software

O *debounce* por software tenta copiar o efeito do *debounce* por hardware sem trazer os custos associados à adição de componentes.

A lógica por trás do *debounce* é aguardar uma mudança no valor da porta. Se esse valor se mantiver constante durante um determinado tempo, é confiável que o sinal se estabilizou. No entanto, se o sinal mudar novamente antes do tempo de estabilização, a contagem deve ser reiniciada. O trecho do Código 11.2 apresenta o algoritmo de *debounce* para uma única chave.

Código 11.2: Exemplo de *debounce* de um sinal digital

```
1  void main(void){
2      int oldValue;
3      int t;
4      //inicialização como entrada
5      pinMode(13, INPUT);
6      //realiza a leitura do valor "antigo"
7      oldValue = digitalRead(13);
8      for(;;){
9          //verifica se houve mudança
10         if(oldValue != digitalRead(13)){
11             //atualiza o sinal;
12             oldValue == digitalRead(13);
13             //se passar por 100 testes o sinal está estável
14             for(t=0; t<100; t++){
15                 //se o valor mudar, reinicia a contagem
16                 if(oldValue != digitalRead(13)){
17                     t = 0;
18                 }//end if
19             }//end for
20         }//end if
21         //aqui, o valor da chave é estável
22     }//end for
23 }//end main
```

A grande desvantagem da utilização de uma abordagem de *debounce* por software é que ela insere um atraso na detecção do sinal, visto que é preciso aguardar a estabilização do mesmo.

Um requisito para realizar o *debounce* por software é conhecer quanto tempo o sinal gerado pela chave leva para se estabilizar. Este tempo varia para cada modelo de chave.

Uma das maneiras de se obter esse tempo é por meio de um teste com osciloscópio, como na Figura 11.3, apresentada anteriormente. Ela mostra o sinal de uma chave sem filtro de *bouncing*. Com este sinal, pode-se inferir o tempo que o software precisa esperar para garantir que a chave estabilizou, realizando corretamente a rotina de *debounce*.

11.1.3 | *Debounce* para mais de uma entrada

Em vez de criar uma rotina de *debounce* para cada uma das entradas pode-se fazer o *debounce* de um conjunto de entradas de uma única vez.

A vantagem é que podemos reduzir a necessidade de processamento fazendo o *debounce* de uma única vez. A maior desvantagem é que, para sistemas cujas entradas se modificam rapidamente, esse processo pode atrasar os sinais ainda mais que o *debounce* regular.

Para simplificar o processo, uma solução interessante é adicionar todos os sinais em uma única variável e então verificar a estabilidade da variável. Se a variável permanecer com o mesmo valor durante o período mínimo do *debounce*, pode-se considerar que todos os sinais estão estáveis.

Código 11.3: *Debounce* para múltiplas entradas

```
1  int readKeys(void){ //função para agregar as teclas numa única ↩
       variável
2      int newValue = 0; //desliga todos os bits
3      if(digitalRead(5)){ BitSet(newValue,0); }
4      if(digitalRead(9)){ BitSet(newValue,1); }
5      if(digitalRead(3)){ BitSet(newValue,2); }
6      return newValue; //as teclas pressionadas têm seu bit igual à 1
7  }//end readKeys
8
9  void main(void){//rotina principal
10     int oldValue, tempo;
11     pinMode(INPUT,3);
12     pinMode(INPUT,5);
13     pinMode(INPUT,9);
14     for(;;){
15         //verifica se houve mudança
16         if(oldValue != readKeys()){
17             //atualiza o sinal;
18             oldValue == readKeys();
19             //se passar por 100 testes, o sinal está estável
20             for(tempo=0; tempo<100; tempo++){
21                 //se o valor mudar, reinicia a contagem
22                 if(oldValue != readKeys()){ tempo = 0; }
23             }//end for
24         }//end if
25         //!!! aqui, o valor das chaves está estável
26     }//end for
27 }//end main
```

O processo de *debounce* até aqui descrito, apresenta o mesmo problema do display de sete segmentos, ou seja, o programa deve ficar aguardando um determinado tempo a estabilização do sinal. Isso pode fazer com que as outras atividades deixem de ser cumpridas.

O procedimento para permitir que a função de *debounce* não gaste tempo demais em uma só execução, é fazer com que a função só execute um teste de cada vez. O programa principal será responsável por chamar a função várias vezes. Como o processo de *debounce* será realizado em várias chamadas, é necessário criar uma variável que indique quantas vezes a função já foi chamada, mantendo uma contagem do tempo decorrido. Também será utilizada uma variável temporária para armazenar o novo valor e verificar sua estabilidade.

Código 11.4: *Debounce* otimizado

```
1  int debouncedKeys;
2  int tempKey;
3  int debounceCount;
4
```

```c
 5 int readKeys(void){
 6     //função para agregar os sinais em uma única variável
 7     return debouncedKeys;
 8 }//end readKeys
 9
10 void debounce(void){
11     //verifica se houve mudança
12     if(tempKey != readKey()){
13         debounceCount = 10;
14         tempKey = readKey();
15     }//end if
16     //se o valor é igual, decrementa o contador
17     if(tempKey == readKey()){
18         if(debounceCount>0){
19             debounceCount--;
20         }//end if
21     }//end if
22     //se o contador chegou a zero, pode atualizar, pois o sinal ↵
           está estável
23     if(debounceCount == 0){
24         debouncedKeys = tempKey;
25     }//end if
26 }//end debounce
27
28 void main(void){
29     //inicialização como saída
30     for(;;){
31         //realiza o processo de debounce, se houver mudança, o ↵
               valor é atualizado depois de 10 loops
32         debounce();
33     }//end for
34 }//end main
```

11.2 | Arranjo matricial

Em cada tecla ou botão inserido no projeto, é necessário um terminal de entrada digital do microcontrolador. Para um teclado maior, é possível que o microcontrolador não possua terminais disponíveis em quantidade suficiente, ou que o modelo de microcontrolador seja caro demais para o projeto.

Do mesmo modo que nos displays de sete segmentos, é possível multiplexar as entradas de modo que a quantidade de chaves a serem lidas seja maior que a quantidade de terminais disponíveis. Novamente, este ganho no hardware aumenta a complexidade para o software e o tempo de processamento.

Uma das técnicas mais eficientes para a leitura de um teclado é o arranjo em formato matricial. Com essa configuração, com *N* terminais, é possível ler até $(N/2)^2$ chaves. Existem até mesmo teclados prontos fabricados em formato matricial.

Nesse formato, as chaves são arranjadas em linhas e colunas. Existe apenas uma chave que consegue conectar uma determinada coluna a uma determinada linha.

Um dos problemas com essa estrutura é que pode gerar falsos positivos. Isso faz com que, mesmo que algumas chaves não estejam pressionadas, o valor de saída das linhas seja positivo. Esse problema pode ser evitado ao utilizar um diodo em cada chave para evitar o retorno da corrente e gerar esses falsos positivos. A Figura 11.7 apresenta o circuito utilizado na placa de desenvolvimento.

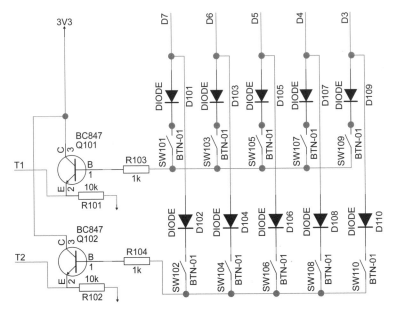

Figura 11.7. Esquemático do teclado matricial.

Na saída das linhas existe um circuito transistorizado. Esse circuito é um conversor de níveis de tensão. Quando o valor na base (B) do transistor é zero volts, a saída no emissor (E) se mantém em zero volts. No entanto, se a entrada for uma tensão entre 1 e 5 volts, a saída é dada exclusivamente pela tensão de alimentação do transistor, no caso do circuito apresentado, esse valor é de 3,3 volts.

Esse circuito permite que as placas de controle utilizadas sejam tanto de 5 ou 3,3 volts, sem perigo de queimar alguma entrada dos microcontroladores.

O procedimento para realizar a leitura deste tipo de teclado é conhecido como varredura. O circuito matricial é composto de entradas e saídas. No caso da placa-base, as cinco colunas são operadas como terminais de saída e apenas as duas linhas são configuradas como terminais de entrada.

O processo pode ser descrito como:
1. Desligar todas as colunas.
2. Ligar apenas a coluna **X**.
3. Aguardar um tempo para estabilização dos sinais.
4. Realizar leitura nos terminais de entrada.
5. Passar para a próxima coluna **X = X + 1**.

O acionamento das colunas é feito por meio do barramento do conversor serial-paralelo. Esse barramento é compartilhado com outros periféricos, devendo-se tomar cuidado com seu uso. O trecho do Código 11.5 apresenta o procedimento de leitura por varredura.

Código 11.5: Leitura do teclado matricial por varredura

```c
#include "so.h"

void main(void){
    unsigned char coluna;
    unsigned char chave[5][2];
    soInit();
    pinMode(INPUT,12);
    pinMode(INPUT,13);
    for(;;){
        for(coluna=0; coluna<5; coluna++){
            //ligar apenas a coluna indicada
            soWrite(1<<coluna);
            //teste da 1ª linha
            if(digitalRead(12)){
                chave[coluna][0] = 1;
            }else{
                chave[coluna][0] = 0;
            }//end else
            //teste da 2ª linha
            if(digitalRead(13)){
                chave[coluna][1] = 1;
            }else{
                chave[coluna][1] = 0;
            }//end else
        }//end for
    }//end for
}//end main
```

O trecho do Código 11.5 trata cada tecla como uma posição da matriz **chave**. Como existem apenas 10 chaves, uma solução mais interessante é utilizar apenas uma variável do tipo **int**, reduzindo o gasto de memória.

É importante notar que o trecho do Código 11.5 não apresenta *debounce* em software para as teclas.

11.3 | Criação da biblioteca

O trecho do Código 11.7 apresenta um exemplo de código para criar uma biblioteca para um teclado de 10 teclas com leitura matricial. O header pode ser visto no trecho do Código 11.6.

Código 11.6: keypad.h

```c
#ifndef TECLADO_H
#define TECLADO_H
    unsigned int kpRead(void);
    void kpDebounce(void);
    void kpInit(void);
#endif
```

Código 11.7: keypad.c

```c
#include "keypad.h"
#include "so.h"
#include "io.h"

static unsigned int keys;

//vetor com o "nome" dos botões
//U -> up, L -> left, D -> down, R -> right
//S -> start, s -> select
//a ordem é referente à posição dos botões
static const char charKey[] = ↵
    {'U','L','D','R','S','s','Y','B','A','X'};

unsigned int kpRead(void) {
    return keys;
}
char kpReadKey(void){
    int i;
    for(i=0;i<10;i++){
        if (bitTst(keys,0)){
            return charKey[i];
        }
    }
    //nenhuma tecla pressionada
    return 0;
}
void kpDebounce(void) {
    int i;
    static unsigned char tempo;
    static unsigned int newRead;
    static unsigned int oldRead;
    newRead = 0;
    for(i = 0; i<5; i++){
      soWrite(1<<(i+3));
      if(digitalRead(13)){
        bitSet(newRead,i);
      }
      if(digitalRead(12)){
        bitSet(newRead,(i+5));
      }
    }
    if (oldRead == newRead) {
        tempo--;
    } else {
        tempo = 4;
        oldRead = newRead;
    }
    if (tempo == 0) {
        keys = oldRead;
    }
}
```

```
51 void kpInit(void) {
52     soInit();
53     pinMode(12, INPUT);
54     pinMode(13, INPUT);
55 }
```

11.4 | Detecção de eventos

É muito comum utilizar os teclados ou qualquer tipo de entrada digital como sinalizadores de eventos. Em geral, quando se deseja fazer um código que responda a esses eventos, por exemplo: "quando X for pressionado, realizar a tarefa Y". O trecho do Código 11.8 faz uso da biblioteca do teclado para aumentar um contador quando o botão **0** for pressionado.

Código 11.8: Leitura do teclado matricial por varredura

```
1  #include "keypad.h"
2
3  void main(void){
4      int cont=0;
5      kpInit();
6      for(;;){
7          kpDebounce();
8          if(bitTst(kpRead(),0)){
9              //executa a atividade
10             cont++;
11         }//end if
12     }//end for
13 }//end main
```

Esse trecho de código funciona do seguinte modo: quando o usuário pressionar o botão zero e o *debounce* estiver terminado, a função **kpRead()** retornará um valor cujo bit **0** está ligado. Assim, pode-se identificar se o botão foi pressionado.

O problema com esse código é que deve-se considerar a velocidade de execução do processador e o tempo dos eventos reais. Um pressionamento de botão, mesmo rápido, pode levar algumas centenas de milissegundos, tempo em que o loop principal terá sido executado várias vezes. Para o exemplo, isso significa que a cada pressionamento, a variável **cont** será incrementada diversas vezes, quando a ideia original era que fosse incrementada apenas uma vez a cada pressionamento.

O que se deseja fazer nesse caso é somente entrar no **if** quando houver mudança na variável. Esse evento é conhecido em eletrônica como borda de subida: é o momento onde o sinal, que estava desligado, passa ao estado ligado.

Para detectar esse evento, é preciso saber o estado atual da chave, bem como o estado anterior. Como o loop principal é cíclico, é necessário armazenar a informação do estado da chave para futuras comparações.

Quando o loop reiniciar, o valor armazenado na rodada anterior é comparado com o valor atual. Se eles estiverem diferentes, quer dizer que entre a execução anterior e a atual o valor se alterou. Nesse momento, pode-se verificar qual foi essa alteração e executar as ações programadas. O trecho do Código 11.9 apresenta essa função com o uso da biblioteca do teclado.

Código 11.9: Leitura do teclado matricial por varredura

```
#include "keypad.h"
#include "io.h"
#include "ssd.h"

void main(void){
    int cont=0;
    int lastValue=0;
    int actualValue=0;
    int time;
    kpInit();
    ssdInit();
    for(;;){
        kpDebounce();
        actualValue = kpRead();
        //houve algum evento?
        if(actualValue != lastValue){
            //processa os eventos
            if(bitTst(actualValue,0)){
                //executa atividade
                cont++;
                if(cont>0xf){
                    cont = 0;
                }//end if
                ssdDigit(0,cont);
            }//end if
            //armazena a mudança para a próxima rodada
            lastValue = actualValue;
        }//end if
        ssdUpdate();
        //tempo pra evitar flicker
        for(t=0;t<100;t++);
    }//end for
}//end main
```

11.5 | Aplicações

Além dos botões, existem diversos sensores que usam entradas digitais dos microcontroladores para enviar sinais e informações.

11.5.1 | Reed switch

As *reed switches*, apresentadas na Figura 11.8, são chaves que podem ser "pressionadas" por um campo magnético. São bastante utilizadas como sensores de presença, sem necessidade de contato físico.

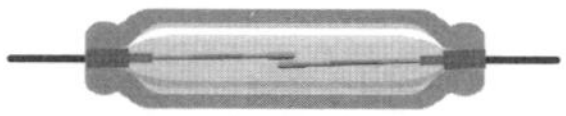

Figura 11.8. Reed switch.
Fonte: Imagem produzida com Fritzing/Inkscape

O seu funcionamento é exatamente igual ao de um botão, necessitando de um circuito de *pull-up* ou *pull-down*, bem como um sistema de *debounce*.

Para gerar o campo magnético, é comum utilizar de pequenos imãs de neodímio. Uma aplicação bastante comum para este sistema é o monitoramento de rotação.

O maior problema em monitorar a rotação de qualquer sistema mecânico é que não é simples inserir dispositivos eletrônicos na parte física que se movimenta, principalmente para enviar energia ou receber os sinais. Com as chaves do tipo *reed*, pode-se simplesmente fixar um imã permanente no elemento móvel e monitorar com a chave *reed*, que estará colocada em alguma parte fixa próxima à trajetória do imã. Esse sistema é bastante utilizado para medir velocidade/rotação em bicicletas.

A medição de velocidade é feita verificando-se quanto tempo se passou entre duas ativações consecutivas da chave.

11.5.2 | Encoder

Os *encoders*, mostrados na Figura 11.9, são componentes que possuem um elemento rotativo, denominado cursor, que pode ser movimentado em ambas as direções. Por meio de circuitos internos dedicados, é possível identificar a posição ou o sentido de rotação do eixo.

Figura 11.9. Encoder.
Fonte: Imagem produzida com Fritzing/Inkscape

A capacidade de identificar posição ou sentido depende do tipo de *encoder*: absoluto ou relativo. Os *encoders* absolutos possuem um sistema interno de contatos em um disco que permite saber em que posição o *encoder* se encontra. Esse disco pode estar codificado em binário ou em código Gray.

Cada faixa do disco é lida por um sistema de contato e apresentada no terminal do *encoder*. No exemplo dado, com três faixas, é possível dividir o *encoder* em 8 posições diferentes, cada uma representada por uma sequência binária distinta com 3 bits cada.

Por exemplo, se nos terminais do *encoder* constar o valor **010**, pode-se afirmar que o cursor está apontado para o número **2**. Existem *encoders* com diversos níveis de precisão, alguns sendo capazes de monitorar variações de centésimos de grau.

Os *encoders* relativos possuem apenas duas trilhas, não permitindo que se possa identificar a posição real do cursor. No entanto, essas duas trilhas são capazes de indicar o sentido de rotação, bem como o ângulo que o cursor andou. Isso é possível por causa do formato do disco, como mostrado na Figura 11.10.

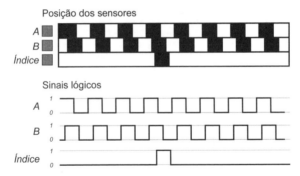

Figura 11.10. Disco de leitura de um *encoder* relativo.

Os quadrados escuros estão deslocados nas duas faixas. Ao se mover ao longo da faixa superior, da esquerda para a direita, é possível perceber que toda vez que acontece uma transição do quadrado escuro para o claro na faixa de cima, na faixa de baixo o cursor está em cima de um quadrado escuro.

No sentido contrário, da direita para a esquerda, toda vez que há uma transição de um quadrado escuro para um quadrado claro na faixa de cima, na faixa de baixo o cursor está em cima de um quadrado claro.

A faixa de cima pode ser usada para indicar quantas transições aconteceram, e a faixa de baixo para fornecer a informação se a transição foi em sentido horário ou anti-horário.

11.6 | Exercícios

Ex. 11.1 — Crie um programa que leia e realize o *debounce* dos valores lidos na porta B e apresente estes valores na porta D. Não use nenhuma biblioteca pronta. Os bits de 0 (zero) a 3 possuem problema com bounce na ordem de 5 ms e os bits de 4 a 7 possuem *bouncing* na ordem de 10 ms. Não é permitido usar o tempo de 10 ms de *debounce* para todos os bits.

Ex. 11.2 — Utilizando as bibliotecas "ssd.h" e "keypad.h", crie um programa que faça a leitura das teclas e apresente qual está pressionada utilizando o *display* de 7 segmentos.

Ex. 11.3 — Altere a biblioteca "keypad.h" apresentada no livro para que ela possa ler 64 teclas. Essas teclas estão em formato matricial 8 × 8. Os 8 terminais de entrada se encontram nos terminais digitais **D0** à **D7**. Os 8 terminais de saída são acionados pelo conversor serial-paralelo por meio da biblioteca "so.h". Altere também a função **kpRead( )** para que ela receba um parâmetro. Esse parâmetro indica qual tecla se deseja verificar e a função retorna 0 (zero) se a tecla estiver desligada, e 1 (um) se estiver pressionada.

Ex. 11.4 — Um sistema embarcado possui as 9 chaves ligadas conforme a figura a seguir (adotar a porta C como saída e porta B como entrada). As chaves não apresentam problemas de oscilação (*bouncing*). Implemente duas funções: 1) "void varreduraChaves(void)": a função fará a varredura das chaves e salvará o estado de cada chave em uma variável "unsigned int Teclas" dentro da biblioteca; 2) "unsigned char leTecla(void)": a função deve retornar o número da chave pressionada ou **0** (zero) se nenhuma estiver apertada. Use como referência a variável "Teclas".

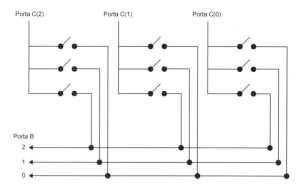

Figura 11.11. Teclado matricial 3x3.

Ex. 11.5 — Na porta D estão ligadas 8 teclas, uma em cada terminal do microcontrolador. Quando soltas, o valor lido é **0×00**. Quando todas são pressionadas, o valor da porta D é **0×FF**. Faça uma função que realiza o *debounce* das teclas e retorna qual tecla está pressionada: 1 para a tecla no terminal 0 (zero), 2 para a tecla no terminal 1, e assim até a última tecla. A rotina de *debounce* deve testar 10 vezes se a saída está estável antes de retornar a chave pressionada.

Ex. 11.6 — Crie um programa cíclico que realiza a leitura de 3 chaves nos terminais **D0**, **D1** e **D2**. Em seguida, esse programa deverá acender uma quantidade de leds correspondente ao somatório dos números das chaves. Por exemplo: se as chaves 1 e 3 estiverem pressionadas, 4 leds serão acesos. Se as chaves 1, 2 e 3 estiverem pressionadas, 6 leds serão acesos. Se nenhuma das chaves estiver pressionada, todos os leds devem ser apagados. As chaves podem ser lidas por meio da função **digitalRead()** e os leds se encontram ligados no conversor serial-paralelo. Utilize a biblioteca "so.h" para acionar os leds.

12 Display de LCD

uqr.to/1cqzl

"O que me deixou orgulhoso foi que usei poucas peças para construir um computador que poderia realmente exibir palavras em uma tela e digitar palavras em um teclado e rodar uma linguagem de programação que poderia executar jogos. E eu fiz tudo isso sozinho."
Steve Wozniak

O display de LCD é um dispositivo de saída que usa cristais líquidos que conseguem polarizar a luz. Esses cristais permitem ou impedem a passagem da luz, dependendo da excitação elétrica a que são submetidos. Os displays podem ser fabricados em vários formatos diferentes. O mais comum é criar um conjunto de pixels em formato matricial, que facilita a construção de várias formas.

Sistemas mais simples optam por formatar o cristal de modo similar aos displays de 7 segmentos, reduzindo a complexidade para sua utilização. Outros modelos criam símbolos/desenhos para simplificar ainda mais a transmissão da mensagem, como pequenos ícones descritivos. Devido à variedade, ao custo e à versatilidade, esses dispositivos são bastante utilizados em sistemas embarcados.

Os modelos mais comuns são os displays alfanuméricos, em que os caracteres são divididos em linhas e colunas. Quase todos os displays que se enquadram nessa definição possuem controladores internos compatíveis com o HD44780. A Figura 12.1 apresenta um modelo deste display que possui 16 colunas e duas linhas, isto é, 16x2.

Existem versões compatíveis com o controlador HD44780 que possuem de 1 a 4 linhas e 8 a 40 colunas. Para cada formato de display, pode haver algumas mudanças nos protocolos de comunicação, principalmente em relação às posições de memória para armazenamento dos caracteres enviados.

Os displays compatíveis com o HD44780 codificam os caracteres no padrão ASCII. Nesse padrão, os valores de 32 a 127 representam os caracteres do alfabeto latino, alguns sinais gráficos de pontuação e os algarismos arábicos. O padrão ASCII reserva os valores de 0 a 32 para caracteres de controle, que não são processados pelo LCD. Já o espaço de valores entre 128 e 255 podem armazenar diversos símbolos diferentes, mas depende do fabricante e da versão do display.

O padrão HD44780 reserva as posições de memória iniciais, de 0 a 8, para armazenar caracteres ou símbolos que podem ser customizados e definidos pelo programador.

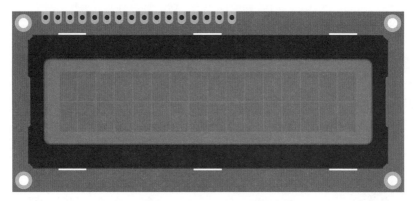

Figura 12.1. Display alfanumérico LCD 2x16.
Fonte: Imagem produzida com Fritzing/Inkscape

A Figura 12.2 apresenta em uma tabela os caracteres disponíveis nos displays de LCD HD44780 com memória ROM do tipo A00. Como pode ser visto na figura, todos os caracteres ASCII estão presentes. No lugar dos caracteres acentuados são disponibilizados um conjunto de caracteres japoneses (Katakana) e alguns caracteres gregos.

Figura 12.2. Caracteres disponíveis para ROM A00.

12.1 | Circuito de conexão

Os displays compatíveis com o HD44780 apresentam obrigatoriamente 14 pinos, 2 de alimentação, 1 de controle de contraste, 3 de comando e 8 de dados. Alguns possuem iluminação própria, nesses casos dois pinos extras são disponibilizados. Os terminais são numerados e podem ser identificados como:

1. Terra
2. VCC (+5V)
3. Ajuste de contraste
4. Seleção de registro (RS)
5. Read/Write (RW)
6. Clock, Enable (EN)
7. Bit **0**
8. Bit **1**
9. Bit **2**
10. Bit **3**
11. Bit **4**
12. Bit **5**
13. Bit **6**
14. Bit **7**
15. VCC, Backlight (opcional)
16. GND, Backlight (opcional)

Os displays podem operar com 8 ou 4 bits de dados. No modo de operação de 8 bits, é possível enviar um caractere por vez. No modo de 4 bits, é necessário enviar o caractere em duas partes.

O modo de 4 bits, apesar de mais lento, permite reduzir a quantidade de terminais utilizados, reduzindo o custo e simplificando o projeto da placa. O conjunto de terminais utilizado para enviar os bits de dados é comumente chamado de barramento de dados.

O terminal RW (read or write) indica ao display se está sendo enviado ou lendo alguma informação. Na maioria dos projetos não é necessário realizar nenhum tipo de leitura no LCD, fazendo com que os projetistas liguem esse terminal diretamente no terra. Nessa situação, é preciso apenas garantir que os tempos para o envio dos dados será respeitado.

O terminal RS (Register Select) é utilizado para indicar ao display se a informação inserida no barramento contém um comando a ser executado com o valor **0**, ou uma informação para ser exibida com o valor **1**.

Por fim, o terminal EN (Enable) é responsável por sincronizar o envio da informação, indicando quando o display pode fazer a leitura dos dados ou a execução da informação que está no barramento.

Na placa de desenvolvimento, os terminais de dados estão ligados no barramento de dados disponibilizado pelo conversor 74HC595, partilhados também com o display de 7 segmentos e o teclado. Para que ambos funcionem juntos, é necessário multiplexá-los no tempo, tomando cuidado para que as rotinas das bibliotecas não interfiram nos outros dispositivos. Os terminais de controle RS e EN estão ligados aos terminais digitais 7 e 6, conforme o esquemático da Figura 12.3.

12.2 | Comunicação com o display

O processo de comunicação do microcontrolador com o display é controlado pelo pino EN. Quando esse terminal passa do valor **1** para o valor **0**, os dados que estiverem no barramento são lidos pelo display.

Como a comunicação será feita utilizando apenas 4 bits, é necessário enviar primeiro os 4 bits mais significativos e depois os 4 bits menos significativos.

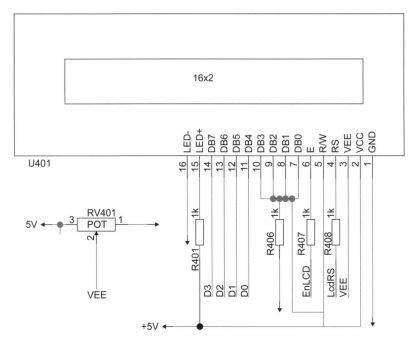

Figura 12.3. Conexões com o display de LCD alfanumérico.

O display pode interpretar os 8 bits recebidos de duas formas: como um caractere que deve ser impresso ou como um comando. Para diferenciar entre os dois modos, é utilizado o pino RS (register select). Se **RS=1**, o LCD interpreta os dados como um comando. Se **RS=0**, os dados são interpretados como um caractere codificado em ASCII. Como, por padrão, a linguagem C codifica os caracteres em ASCII, não é necessário realizar nenhuma conversão.

Tanto no envio dos comandos quanto no envio dos caracteres, o display precisa de um tempo para processar o comando atual antes de receber o próximo. É possível perguntar para o display se ele já está pronto para receber o próximo comando. Para isso, é preciso colocar o display em modo de leitura **RW=1**.

No circuito apresentado na Figura 12.3, o pino **RW** permanece todo o tempo em **0**. Por isso, é importante respeitar os tempos do display para garantir que não serão enviados comandos ou caracteres com uma velocidade maior do que o display consegue processar.

O tempo entre dois comandos ou dois caracteres exigido pelo display pode variar de fabricante para fabricante. Para a maioria dos modelos, o tempo de 40 μs é suficiente. O comando de limpar o display exige um tempo maior, em torno de 2 ms. É possível implementar essas rotinas de tempo com loops, conforme o trecho do Código 12.1.

Código 12.1: Rotina de delay para o LCD

```
1 void delayMicro(int a){
2     //utilizar volatile pra evitar otimizações do compilador
3     volatile int i;
4     //1uS é aproximadamente dois ciclos na Freedom
5     for(i=0; i<(a*2); i++);
6 }//end delayMicro
7
8 void delayMili(int a){
```

```
 9      volatile int i;
10      for(i=0; i<a; i++){
11          delayMicro(1000);
12      }//end for
13 }//end delayMili
```

O processo de envio de um caractere é apresentado no trecho do Código 12.2. Utiliza-se o conversor serial-paralelo para enviar as informações para o barramento de dados. Note que a rotina de tempo só é chamada quando os 8 bits já foram enviados.

Código 12.2: Rotina para envio de caractere

```
 1 void lcdChar(char valor){
 2      char hi_nibble;
 3      char low_nibble;
 4
 5      //separa os 4 bits (nibble) mais altos (bits 7-4)
 6      hi_nibble = (valor>>4) & 0x0F;
 7
 8      //separa os 4 bits (nibble) mais baixos (bits 3-0)
 9      low_nibble = (valor) & 0x0F;
10
11      //configura como envio de caractere
12      digitalWrite(LCD_RS_PIN,HIGH);
13
14      //envia parte alta (mais significativa)
15      soWrite(hi_nibble);
16      pulseEnableBit(); //envia um clock de acionamento
17
18      //envia parte baixa (menos signficativa)
19      soWrite(low_nibble);
20      pulseEnableBit(); //envia um clock de acionamento
21
22      delayMicro(40);
23 }//end lcdChar
```

Para os comandos, a rotina é praticamente a mesma. As duas diferenças estão no valor terminal **RS** que agora recebe valor **1**, e na rotina de delay que deve aguardar 2 ms caso sejam recebidos os comandos para zerar o display. Para os demais comandos, se mantém os 40 microssegundos.

2.2.1 | Comandos

O display de LCD possui a capacidade de executar algumas funções, que podem ser acessadas via comandos específicos. Esses comandos permitem que o programador altere o comportamento do LCD, bem como modifique o processo de escrita da informação. A formação dos comandos obedece ao protocolo do HD44780.

Os comandos reconhecidos pelo display são apresentados na Tabela 12.1.

Para a leitura da tabela: os números, sejam eles zeros ou uns, devem ser obedecidos na geração do comando. Os traços indicam bits que não interferem no comando, e o programador pode escolher qualquer valor, zero ou um. Por fim, as letras indicam opções de escolha das configurações, como ligar/desligar o cursor, modo de deslocamento, nova posição do cursor, entre outras. Modificar os valores nessas posições permite modificar o comportamento do LCD.

Tabela 12.1. Lista de comandos aceitos pelo LCD

Instrução	Barramento de dados (bit)							
	7	6	5	4	3	2	1	0
1) Limpa o display	0	0	0	0	0	0	0	1
2) Reinicia variáveis internas	0	0	0	0	0	0	1	-
3) Configura modo de entrada	0	0	0	0	0	1	Id	S
4) Configura exibição do display	0	0	0	0	1	D	C	B
5) Configura modo de escrita	0	0	0	1	Sc	Rl	-	-
6) Configura funcionamento	0	0	1	Dl	N	F	-	-
7) Configura caracteres especiais	0	1	Endereço						
8) Deslocamento do cursor	1	L	0	0	Coluna			

Em que:

Id	Configura deslocamento 1 – Incrementa, 0 – Decrementa
S	Configura deslocamento 1 – O display acompanha o deslocamento
D	Estado do display: 1 – ligado, 0 – desligado
C	Estado do cursor: 1 – visível, 0 – invisível
B	O cursor fica piscando: 1 – sim, 0 – não
Sc	Quando recebe uma letra, desloca: 1 – o display, 0 – o cursor
Rl	A próxima letra será escrita: 1 – à direita, 0 – à esquerda
Dl	Quantidade de bits na comunicação: 1 – 8, 0 – 4
N	Quantidade de linhas do display: 1 – 2, 0 – 1
F	Tamanho dos caracteres: 1 – 5x10, 0 – 5x8
L	Nova linha do cursor: 1 – segunda linha, 0 – primeira linha
Coluna	Nibble indicando a posição da nova coluna do cursor
Endereço	Posição do caractere customizado a ser gravados

O display exige um processo de inicialização bem definido para ser utilizado. É necessário aguardar um tempo específico para que o display possa inicializar suas rotinas internas e, em seguida, deve ser configurado seu modo de operação.

Como a comunicação será feita em 4 bits, é necessário inicialmente configurar o LCD por meio de uma rotina de envio de comandos. Esse procedimento é apresentado no trecho do Código 12.3.

Código 12.3: Rotina de inicialização do LCD

```
1  void lcdInit(){
2      pinMode(lcdEnPin,OUTPUT);
3      pinMode(lcdRSPin,OUTPUT);
4      soInit();
5      delayMili(15);          //não se sabe o estado da comunicação do LCD
6      pushNibble(0x03,LOW);
7      delayMili(5);
8      pushNibble(0x03,LOW);
9      delayMicro(160);
10     pushNibble(0x03,LOW);
11     delayMicro(160);        //aqui o LCD está, com certeza, em 8 bits
12     pushNibble(0x02,LOW);   //mudando comunicação para 4 bits
13     delayMicro(100);
14     //configurando o display
15     lcdCommand(0x28);       //8 bits, 2 linhas, 5x8
16     lcdCommand(0x06);       //modo incremental
17     lcdCommand(0x0C);       //display e cursor on, com blink
18     lcdCommand(0x03);       //reiniciar variáveis internas
19     lcdCommand(0x01);       //limpar display e vai para posição inicial
20 }//end lcdInit
```

É necessário configurar o LCD primeiro para 8 bits, pois, a princípio, não se sabe em que estado de comunicação o LCD se encontra. Internamente, três estados são possíveis:
1. Comunicação em 8 bits
2. Comunicação em 4 bits, aguardando primeiro nibble do comando
3. Comunicação em 4 bits, aguardando segundo nibble do comando

Independentemente do modo em que se encontrar, o envio do comando 0×3 de 4 bits, três vezes, consegue garantir que o display passará, ao fim dos três comandos, para a comunicação em 8 bits. Assim, conhecendo o estado, pode-se mudar com segurança para 4 bits. A seguir explicamos como isso funciona.

Se o LCD estiver no primeiro estado, ao receber o comando 0×3, ele permanece no primeiro estado, já que os outros 4 bits do comando serão lidos dos terminais D0 a D3. Independentemente do valor desses terminais, o comando será entendido como "mudar para comunicação em 8 bits". Nessa situação, os outros comandos 0×3 não afetarão o LCD e ele permanecerá em 8 bits.

Se o LCD estiver no segundo estado, ele receberá o valor 0×3, sendo esse valor interpretado como a primeira parte do comando. O segundo valor 0×3 será justaposto ao primeiro, formando 0×33, que será entendido como "mudar para comunicação em 8 bits". Nesse ponto, o terceiro comando 0×3 não surtirá efeito, pois que o LCD já se encontra na comunicação em 8 bits.

Se o LCD estiver no terceiro estado, o primeiro valor 0×3 será composto com o nibble já armazenado no LCD, que não se sabe de antemão qual é o valor. Portanto, esse primeiro comando será executado mas não sabemos o que acontecerá. A partir desse momento, o LCD passa para o estado 2. Nesse ponto, os próximos dois comandos 0×3 farão com que o LCD mude a comunicação para 8 bits.

Ao final dos três comandos 0×3, tem-se a certeza que o LCD está na comunicação de 8 bits. A partir desse momento, pode enviar o comando 0×2 para que o LCD mude para a comunicação em 4 bits.

Depois da comunicação em 4 bits se estabelecer, se dá início na configuração das propriedades do LCD, conforme o modelo do LCD e com o projeto do sistema.

12.2.2 | Posicionando os caracteres no LCD

Cada vez que um caractere é enviado para o LCD, o cursor se desloca para a próxima posição. No entanto, é possível informar a posição do cursor desejada, antes de escrever o caractere. Isso permite reescrever apenas uma determinada região da tela, mantendo o restante inalterado.

Esse comando pode variar dependendo do fabricante. Para o display de 16 colunas e 2 linhas é utilizado o formato **0b1×00yyyy**, em que **x** representa a linha de escrita (**0** = primeira linha, **1** = segunda linha) e **yyyy** é um número entre zero e 15, representando a coluna de escrita. Desse modo, a função do trecho do Código 12.4 permite a escolha da linha e da coluna para a escrita.

Código 12.4: Escolha da linha e coluna para escrita

```
1 void lcdPosition(char line, char col){
2     if(line == 0){
3         sendCommand(0x80+col);
4     }//end if
5     if(line == 1){
6         sendCommand(0xC0+col);
7     }//end if
8 }//end lcdPosition
```

12.3 | Criação da biblioteca

Para facilitar o controle do display, as funções apresentadas foram reunidas em uma biblioteca.

O header dessa biblioteca é apresentada no trecho do Código 12.5. É possível notar que as funções de delay não foram colocadas no header. Essa funções são utilizadas apenas nas rotinas internas, não devendo ser disponibilizadas para outras bibliotecas, principalmente por não serem rotinas de tempo precisas.

Código 12.5: lcd.h

```
1 #ifndef LCD
2 #define LCD
3     void lcdCommand(char value);
4     void lcdChar(char value);
5     void lcdString(char msg[]);
6     void lcdNumber(int value);
7     void lcdPosition(int line, int col);
8     void lcdInit(void);
9 #endif
```

As funções para enviar um caractere e para enviar um comando são muito similares. A única diferença entre elas é o estado do bit **RS**: **0** para comando e **1** para caractere.

Além dessas funções, um conjunto de rotinas foi desenvolvido para simplificar o uso da biblioteca de LCD.

O envio de um texto por meio de uma string é feito pela **lcdString()**. Essa função imprime todos os caracteres do vetor até encontrar o fim da string, indicado pelo caractere '\0'.

A impressão de números obedece uma estrutura similar, com a diferença que os algarismos têm que ser separados. Para isso, é utilizada a operação resto de divisão por dez: **%10**. O nome dessa função é **lcdNumber()**.

Por fim, para facilitar o posicionamento do cursor no LCD, foi criada a função **lcdPosition()**, que, baseada na linha e na coluna requisitadas, envia o comando correto para o LCD.

Código 12.6: lcd.c

```
1  #include "so.h"
2  #include "io.h"
3  #include "lcd.h"
4
5  //rotinas de tempo
6  //devem ser modificadas e adequadas para cada processador
7  void delayMicro(int a) {
8      volatile int i;
9      for (i = 0; i < (a * 2); i++);
10 }
11 void delayMili(int a) {
12     volatile int i;
13     for (i = 0; i < a; i++) {
14         delayMicro(1000);
15     }
16 }
17 //Gera um clock no enable
18 void pulseEnablePin() {
19     digitalWrite(LCD_EN_PIN, HIGH);
20     delayMicro(5);
21     digitalWrite(LCD_EN_PIN, LOW);
22     delayMicro(5);
23 }
24 //Envia 4 bits e gera um clock no enable
25 void pushNibble(char value, int rs) {
26     soWrite(value);
27     digitalWrite(LCD_RS_PIN, rs);
28     pulseEnablePin();
29 }
30 //Envia 8 bits em dois pacotes de 4
31 void pushByte(char value, int rs) {
32     soWrite(value >> 4);
33     digitalWrite(LCD_RS_PIN, rs);
34     pulseEnablePin();
35
36     soWrite(value & 0x0F);
37     digitalWrite(LCD_RS_PIN, rs);
38     pulseEnablePin();
39 }
```

```
40 void lcdCommand(char value) {
41     pushByte(value, LOW);
42     delayMili(2);
43 }
44 void lcdPosition(int line, int col) {
45     if (line == 0) {
46         lcdCommand(0x80 + (col % 16));
47     }
48     if (line == 1) {
49         lcdCommand(0xC0 + (col % 16));
50     }
51 }
52 void lcdChar(char value) {
53     pushByte(value, HIGH);
54     delayMicro(80);
55 }
56 //Imprime um texto (vetor de char)
57 void lcdString(char msg[]) {
58     int i = 0;
59     while (msg[i] != 0) {
60         lcdChar(msg[i]);
61         i++;
62     }
63 }
64 void lcdNumber(int value) {
65     int i = 10000; //Máximo 99.999
66     while (i > 0) {
67         lcdChar((value / i) % 10 + 48);
68         i /= 10;
69     }
70 }
71 // Rotina de incialização
72 void lcdInit() {
73     pinMode(LCD_EN_PIN, OUTPUT);
74     pinMode(LCD_RS_PIN, OUTPUT);
75     soInit();
76     delayMili(15);
77     // Comunicação começa em estado incerto
78     pushNibble(0x03, LOW);
79     delayMili(5);
80     pushNibble(0x03, LOW);
81     delayMicro(160);
82     pushNibble(0x03, LOW);
83     delayMicro(160);
84     // mudando comunicação para 4 bits
85     pushNibble(0x02, LOW);
86     delayMili(10);
87     // configura o display
88     lcdCommand(0x28);          //8 bits, 2 linhas, fonte: 5x8
89     lcdCommand(0x08 + 0x04);   //display on
90     lcdCommand(0x01);          //limpar display, voltar p/ posição 0
91 }
```

2.4 | Desenhar símbolos personalizados

A maioria dos LCDs permite a criação de caracteres personalizados. Para os displays compatíveis com a controladora HD44780 é possível armazenar 8 caracteres customizados diferentes, a partir do endereço 0x40, conforme a Figura 12.4.

Cada caractere personalizado é formado pela matriz binária de 8 linhas e 5 colunas (8×5), como exemplificado na Figura 12.5.

Figura 12.4. Posição dos símbolos personalizados.

O uso desse recurso de criação de caracteres próprios é extremamente simples. No trecho do Código 12.7 é demonstrada a montagem de um novo caractere por meio do uso da matriz binária de oito elementos, com 5 bits cada.

Código 12.7: Criando um caractere customizado

```
1 //cada linha é representada por um caracter
2 char sino[8] = {0x04, 0x0E, 0x0E, 0x0E, 0x0E, 0x1F, 0x00, 0x04};
3 //configura para a primeira posição de memória
4 lcdCommand(0x40);
5 //envia cada uma das linhas em ordem
6 for(i=0; i<8; i++){
7     lcdChar(sino[i]);
8 }//end for
```

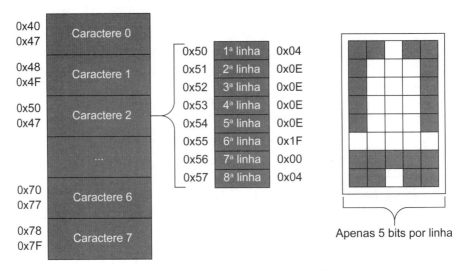

Figura 12.5. Criação de um símbolo personalizado.

É possível criar um desenho/imagem de até 20×16 pixels (4×2 caracteres). A imagem será binária, composta apenas por pixels brancos e pretos. Existe uma separação física do LCD entre os caracteres, que pode prejudicar de certa maneira a imagem em questão. Os passos para geração de uma imagem e exibição no LCD são:

1. Criar uma imagem binária com o desenho desejado, Figura 12.6a.
2. Segmentar a imagem em retângulos de 8x5, Figura 12.6b.
3. Transcrever cada linha em binário/hexadecimal, Figura 12.7.
4. Gerar o código fonte, trecho do Código 12.8.

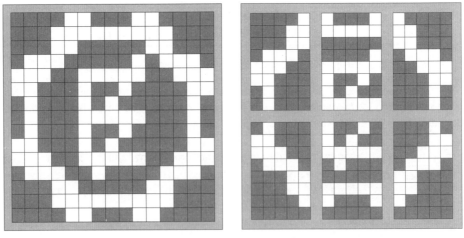

(a) Imagem binária.   (b) Imagem segmentada.

Figura 12.6. Criar uma imagem binária com o desenho desejado.

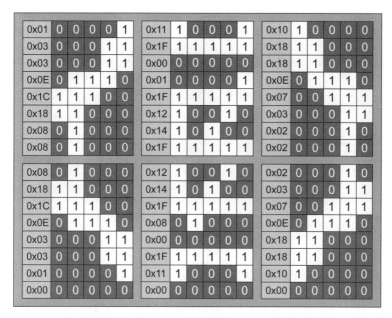

Figura 12.7. Transcrição de cada linha da imagem em binário/hexadecimal.

Código 12.8: Código fonte da imagem

```
1  //cada linha é representada por um caractere
2  char logo[48]={
3      0x01, 0x03, 0x03, 0x0E, 0x1C, 0x18, 0x08, 0x08, //0,0
4      0x11, 0x1F, 0x00, 0x01, 0x1F, 0x12, 0x14, 0x1F, //0,1
5      0x10, 0x18, 0x18, 0x0E, 0x07, 0x03, 0x02, 0x02, //0,2
6      0x08, 0x18, 0x1C, 0x0E, 0x03, 0x03, 0x01, 0x00, //1,0
7      0x12, 0x14, 0x1F, 0x08, 0x00, 0x1F, 0x11, 0x00, //1,1
8      0x02, 0x03, 0x07, 0x0E, 0x18, 0x18, 0x10, 0x00  //1,2
9  };
10
11 //configura para armazenar na primeira posição de memória disponível
12 lcdCommand(0x40);
13
14 //envia cada um dos bytes dos caracteres em ordem
15 for(i=0; i<48; i++){
16     lcdChar(logo[i]);
17 }//end for
```

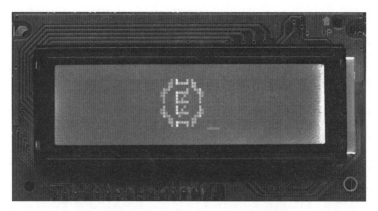

Figura 12.8. Resultado da imagem gerada.

12.5 | Criando um console com displays de LCD

Para fazer com que um display de LCD funcione de modo similar a um console é importante armazenar internamente os dados enviados para o LCD de modo a recuperá-los quando preciso, visto que não é possível perguntar ao LCD o que está escrito nele.

Criando uma matriz com uma quantidade de linhas maior do que a suportada pelo LCD, é possível recuperar as linhas escritas, montando um histórico dos textos exibidos pelo LCD. Essa matriz funcionará como um buffer, permitindo que a biblioteca controle qual posição será exibida. A Figura 12.9 mostra a formação desse buffer e sua relação com o que é exibido. Na figura, o buffer possui 4 linhas enquanto o LCD consegue exibir 2 ao mesmo tempo.

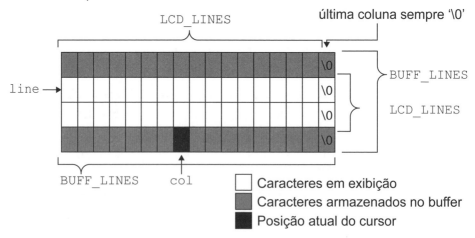

Figura 12.9. Buffer de caracteres e variáveis de controle.

Essa estrutura foi implementada na biblioteca console. No header, apresentado no trecho do Código 12.9, são exibidas as quatro funções básicas do console.

Código 12.9: console.h

```
1  #ifndef CONSOLE_H
2  #define CONSOLE_H
3      void consoleInit();
4      void consolePrint(char* vet);
5      void consoleUpdate(void);
6      void consoleMoveLine(int relativeMove);
7  #endif
```

A função central do código é a **consolePrint()**, que, recebendo um vetor de caracteres, os formata para serem inseridos no buffer. Essa função apenas insere os caracteres no buffer; ela não faz nenhuma impressão.

A função **consoleUpdate()** é responsável por fazer a exibição da seção do buffer indicada pela variável **line**. Modificando essa variável é possível exibir diferentes linhas do histórico.

Para modificar quais linhas são exibidas, usa-se a função **consoleMoveLine()**, que recebe um inteiro indicando se a tela deve ser movimentada para cima (valor positivo) ou para baixo (valor negativo).

Por fim, a função **consoleInit()** inicializa o LCD e todas as variáveis internas.

O trecho do Código 12.10 apresenta a implementação completa das funções, bem como do buffer de caracteres. Na biblioteca, existe uma função que não é disponibilizada no header, chamada **newLine()**. Essa função serve para movimentar o histórico uma linha para cima, do mesmo modo quando a tecla "enter" é pressionada em um editor de texto. Para isso, cada caractere deve ser levado para a linha de cima, na mesma posição, e a última linha deve ser limpa.

Código 12.10: console.c

```
1  #include "lcd.h"
2  #define LCD_COLS 16
3  #define LCD_LINES 2
4  #define BUFF_LINES 4
5  //um a mais que LCD_COLS pra guardar o '\0'
6  #define BUFF_COLS (LCD_COLS+1)
7  char buffer[BUFF_LINES][BUFF_COLS];
8  int line;
9  int col;
10 void consoleInit() {
11     int i, j;
12     lcdInit();
13     for (i = 0; i < BUFF_LINES; i++) {
14         for (j = 0; j < BUFF_COLS; j++) {
15             buffer[i][j] = '\0';
16         }
17     }
18     line = (BUFF_LINES - LCD_LINES);
19     col = 0;
20 }
21 void newLine(void) {
22     int l, c;
23     for (l = 1; l < BUFF_LINES; l++) { //sobe cada linha uma posição
```

```c
24      for (c = 0; c < BUFF_COLS; c++) {
25          buffer[l - 1][c] = buffer[l][c];
26      }
27  }
28  for (l = 0; l < BUFF_COLS; l++) { //limpa a última linha
29      buffer[BUFF_LINES - 1][l] = '\0';
30  }
31 }
32 void consoleUpdate(void) {
33     int i, j;
34     lcdCommand(0x01);
35     for (i = 0; i < LCD_LINES; i++) {
36         lcdPosition(i,0);
37         for (j = 0; j < BUFF_COLS; j++) {
38             if ((buffer[line + i][j] == '\0')) {
39                 break;
40             } else {
41                 lcdChar(buffer[line + i][j]);
42             }
43         }
44     }
45 }
46 void consolePrint(char* vet) {
47     char i, j;
48     int currentPos = 0;
49     //enquanto a string não terminar, continua processando
50     while (vet[currentPos] != '\0') {
51         //se chegou uma nova linha, termina a atual e passa para a
               próxima
52         if (vet[currentPos] == '\n') {
53             buffer[BUFF_LINES - 1][col] = '\0';
54             col = 0;
55             newLine();
56         } else {
57             //se chegou uma letra normal armazena no buffer
58             buffer[BUFF_LINES - 1][col] = vet[currentPos];
59             col++;
60             //se encheu a linha, passa para próxima
61             if (col >= (BUFF_COLS - 1)) {
62                 buffer[BUFF_LINES - 1][BUFF_COLS - 1] = '\0';
63                 col = 0;
64                 newLine();
65             }
66         }
67         currentPos++;
68     }
69     buffer[BUFF_LINES - 1][col] = '\0';
70 }
71 //muda a posição da linha que deve ser exibida
72 void consoleMoveLine(int relativeMove) {
73     if (relativeMove < 0) {
74         if (line > 0) {
75             line--;
```

```
76          }
77      }
78      if (relativeMove > 0) {
79          if (line < BUFF_LINES - LCD_LINES) {
80              line++;
81          }
82      }
83 }
```

Há ainda algumas melhorias que se pode realizar nesse console, principalmente ligar o cursor para indicar onde está acontecendo a inserção dos dados e aceitar os comandos de *delete* e *backspace*.

12.6 | Exercícios

Ex. 12.1 — Faça um programa que realize a leitura do teclado e apresente a tecla correspondente no LCD. Lembre-se de efetuar a conversão para código ASCII antes de enviar os dados ao LCD.

Ex. 12.2 — Crie uma biblioteca "lcd8bits" que implemente as mesmas funcionalidades que a biblioteca LCD, mas usando 8 bits de dados, em vez de 4, na comunicação.

Ex. 12.3 — Crie uma rotina para desenhar os símbolos de seta para esquerda, direita, cima e baixo no display de LCD e armazenar na posição referente aos primeiros quatro caracteres.

Ex. 12.4 — Crie um programa que controla o cursor no LCD. Ele deve fazer a leitura das teclas por meio da função **kpReadKey( )**. As teclas de movimentação devem reposicionar o cursor do LCD por meio da função **lcdPosition( )**. As teclas **A**, **B**, **X** e **Y** inserem os caracteres 'A', 'B', 'C' e 'D' no display na posição atual. As teclas **S** e **s** limpam o display e retornam o cursor para a posição inicial.

Ex. 12.5 — Construa um relógio/calendário que mostra a hora na primeira linha do LCD e a data na segunda. A rotina de tempo pode ser feita com um loop **for**. Leve em conta o ano bissexto. Para saber se o ano atual é bissexto, use o seguinte algoritmo:

```
1 if((year % 400) == 0){
2     //ano bissexto
3 }else if((year % 100) == 0){
4     //não é bissexto
5 }else if((year % 4) == 0){
6     //ano bissexto
7 }else{
8     //não é bissexto
9 }//end else
```

13 Comunicação serial

uqr.to/1cqzm

"Empresas gastam milhões em firewalls, criptografia e dispositivos de segurança e é dinheiro desperdiçado, porque nada disso resolve o elo mais fraco na cadeia de segurança: as pessoas que usam, administram, operam e cuidam dos sistemas que contêm informações protegidas."
Kevin Mitnick

A comunicação entre dois dispositivos eletrônicos normalmente é realizada de modo serial, isto é, as informações são passadas bit a bit do transmissor para o receptor. Esse tipo de comunicação possui algumas vantagens em relação à comunicação paralela, na qual vários bits, em geral 8 ou 16, são enviados de uma vez.

A primeira vantagem é a simplificação do hardware. Como os dados são enviados um a um, a quantidade de fios envolvidos na transmissão é menor.

A segunda vantagem é a maior taxa de transmissão, o que, à primeira vista, pode parecer inconsistente, já que a comunicação paralela envia mais de um bit simultaneamente. Mas, para frequências muito altas, nem sempre o envio das informações são sincronizadas em todos os fios. Existe também o problema do crosstalking, em que o campo elétrico ou magnético gerado por um cabo induz uma tensão no cabo adjacente, atrapalhando a comunicação. Esses problemas aumentam com a frequência, limitando assim, a máxima transferência possível pelo barramento paralelo. Foi esse o motivo que levou os projetistas de hardware a desenvolverem o protocolo serial SATA, em detrimento do IDE, paralelo, para comunicação entre o HD e a placa-mãe.

Existem diversas alternativas de protocolo para comunicação serial em sistemas embarcados, em que é comum a utilização de protocolos mais simples, principalmente por questões de custo de implementação, conseguindo atender grande parte das demandas de segurança e taxas de transmissão dos componentes eletrônicos envolvidos.

O funcionamento básico de qualquer protocolo de comunicação serial consiste em um sistema que consiga enviar os bits de modo sequencial através de um pino do microcontrolador e sua velocidade pode ser configurada. O sinal de velocidade, comumente chamado de clock, pode não ser obrigatoriamente enviado junto com os dados. Em geral, existe um registro de memória específico para serializar um byte, que faz a transmissão dos dados, e outro para armazenar os bits que chegam. Essas relações são mostradas na Figura 13.1.

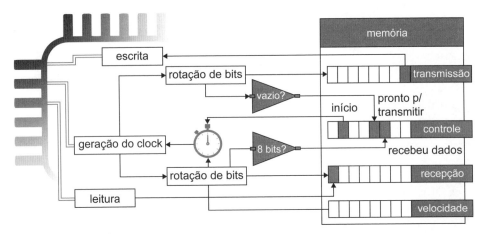

Figura 13.1. Relação entre os terminais da comunicação serial e os registros de memória.

13.1 | I²C

O protocolo I²C foi desenvolvido pela Philips Semicondutores na década de 1980 para permitir que componentes eletrônicos de uma mesma placa pudessem se comunicar de modo simples e eficiente. O protocolo foi definido para suportar uma taxa de comunicação de 100 kbps (100.000 bits por segundo). A partir da versão 4.0, de 2012, é permitido que os componentes atinjam taxas de até 5 Mbps.

- 1982 - Protocolo I²C criado pela Phillips (100 kHz)
- 1992 - Versão 1.0: Adicionada a frequência de 400 kHz (Fast mode) e endereçamento de 10 bits (1024 endereços para dispositivos)
- 1998 - 2.0: Frequência de 3.4 MHz (High-speed mode)
- 2007 - 3.0: Frequência de 1.0 MHz (Fast mode plus)
- 2012 - 4.0: Frequência de 5.0 MHz (Ultra fast mode plus) e criada tabela com identificadores de fabricantes
- 2012 - 5.0: Correções
- 2014 - 6.0: Correções
- 2021 - 7.0: Troca dos termos "master/slave" para "controller/target"

Esse é um protocolo serial síncrono, isto é, o sinal de clock é enviado com os dados, permitindo ao receptor ler os sinais do barramento no momento certo.

Caso um dispositivo possua em sua descrição compatibilidade com I²C versão 3.0, isso indica que ele pode se comunicar com velocidades de até 1.0 MHz de clock. No entanto, isso não impede trabalhar com velocidades mais baixas.

A especificação do padrão I²C define que é um protocolo do tipo controlador/alvo, permitindo mais de um dispositivo alvo no barramento. Como existem diversos dispositivos, cada componente recebe um identificador para evitar erros no envio das informações. O controlador pode enviar as mensagens para o dispositivo correto, bem como saber qual é o elemento que está devolvendo a resposta.

Como todos os dispositivos são conectados fisicamente ao mesmo barramento I²C, o desenvolvimento do hardware se torna simplificado, reduzindo inclusive a necessidade de um microcontrolador com muitos terminais. A Figura 13.2 mostra um exemplo de um barramento I²C com um controlador e três alvos.

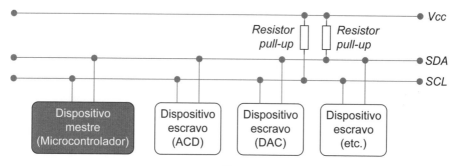

Figura 13.2. Barramento I²C com vários dispositivos.

Um ponto importante para garantir que esse barramento funcione de maneira adequada é a sua estrutura eletrônica escolhida para as conexões: o coletor aberto, como mostra a Figura 13.3.

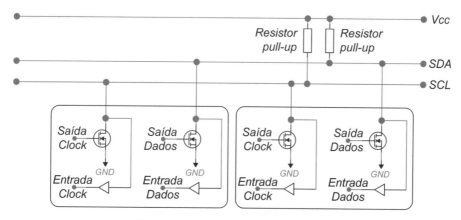

Figura 13.3. Conexão com coletor aberto.

A estrutura de coletor aberto permite que mais de um dispositivo se conecte ao barramento, sem perigo de curtos-circuitos em transmissão simultânea. Se um componente estiver enviando um sinal alto de 3,3 volts oriundo do resistor de pull-up, e o outro está enviando um sinal baixo de zero volts, a estrutura evita que aconteça um curto-circuito elétrico entre os sinais.

O envio e a recepção de dados são sempre iniciados pelo controlador, sempre em grupos de 8 bits. Há também alguns bits especiais, que marcam o início e o fim da transmissão. Existe ainda uma estrutura de confirmação para permitir que o dispositivo indique que a mensagem chegou corretamente.

O bit de início de transmissão ocorre quando o controlador altera o valor do terminal de dados de alto para baixo sem alterar o valor do terminal de clock.

Após o início, o controlador envia o primeiro byte. Esse byte é responsável por indicar se o controlador deseja realizar uma leitura ou escrita, bem como identificar qual é o dispositivo que irá responder ao comando. O primeiro bit enviado é o que indica a leitura ou escrita, e os sete restantes apresentam a identificação.

Após o envio do primeiro byte, o controlador fica aguardando o sinal de recebimento.

Se a operação for de escrita, o segundo byte é enviado pelo controlador. Se a operação for de leitura, o byte é enviado pelo alvo e lido pelo controlador.

O envio das informações é bastante parecido com o envio de dados para os displays de LCD. A diferença é que, nesse caso, apenas um bit é enviado por vez. O processo pode ser descrito como:

1. SDA e SCL começam em nível alto;
2. SDA é levado para nível baixo como sinal de início;
3. SCL é levado para nível baixo;
4. o primeiro bit (menos significativo) é colocado em SDA;
5. SCL é levado para nível alto, aguarda-se o tempo do sistema e abaixa-se novamente SCL;
6. repete-se o processo do item 3 até o fim da transmissão;
7. SDA é levado para nível alto indicando fim de transmissão.

Essa sequência de atividades, bem como os níveis dos sinais SDA e SCL estão apresentados na Figura 13.4.

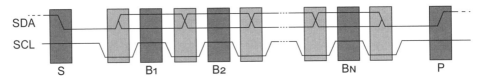

Figura 13.4. Estado dos terminais SDA e SCL no envio de um dado.

Todas essas operações são sincronizadas pelo clock do controlador mesmo quando o byte é enviado pelo alvo. Segundo a norma do protocolo, o valor na linha de dados deve ser sempre válido quando a linha de clock estiver alta.

Diversos microcontroladores possuem esse protocolo implementado em hardware, permitindo que todos os detalhes da comunicação sejam tratados pelo periférico de I^{2}C e o programa fica responsável apenas por definir a operação.

Uma solução muito utilizada é implementar o protocolo inteiramente em software, basta ter acesso a dois terminais digitais livres do microcontrolador.

13.1.1 | Soft I^{2}C

A implementação de uma biblioteca I^{2}C por software pode ser feita utilizando apenas dois terminais digitais, sendo que um dos terminais é capaz de ser alternado entre entrada e saída durante a comunicação.

Como esse barramento opera com uma saída de coletor aberto, é possível forçar o nível baixo na saída, no entanto, o nível alto só pode ser obtido por meio dos resistores de pull-up. Por isso, enviar um sinal zero (**0**) corresponde a colocar o terminal como saída e colocar o valor zero no bit da porta correspondente. Para enviar um sinal um (**1**), o terminal deve ser configurado como uma entrada, fazendo com que os resistores consigam levar o valor para um. Deve-se tomar cuidado para não colocar o terminal como saída e fornecer uma tensão alta (3,3 v ou 5,0 v), pois isso, além de prejudicar a comunicação, pode trazer problemas físicos aos componentes envolvidos.

Para simplificar esse processo, pode-se criar um conjunto de macros para manipular os terminais de dados, **SDA**, e de clock, **SCL**.

```
1 //macros para controlar os terminais
2 #define SDA_OFF()    digitalWrite(SDA_PIN,LOW)
3 #define SDA()        digitalRead(SDA_PIN)
4 #define SDA_IN()     pinMode(SDA_PIN,INPUT)
5 #define SDA_OUT()    pinMode(SDA_PIN,OUTPUT)
6
7 #define SCL_OFF()    digitalWrite(SCL_PIN,LOW)
8 #define SCL()        digitalRead(SCL_PIN)
9 #define SCL_IN()     pinMode(SCL_PIN,INPUT)
10 #define SCL_OUT()   pinMode(SCL_PIN,OUTPUT)
```

Por meio dessas macros, podem ser criadas funções para: enviar um valor zero (**clear_SDA( )** e **clear_SCL( )**), enviar um valor um (**set_SDA( )**), bem como retornar o estado dos terminais (**read_SDA( )** e **read_SCL( )**). Essas funções são apresentadas no trecho do Código 13.1.

Código 13.1: Manipulação de bits para o Soft I^{2}C

```
1  //configura SCL como entrada e retorna o valor do canal
2  int read_SCL(void){
3      pinMode(SCL_PIN,INPUT);
4      return digitalRead(SCL_PIN);
5  }
6  //envia um bit zero
7  void clear_SCL(void){
8      pinMode(SCL_PIN,OUTPUT);
9      digitalWrite(SCL_PIN,LOW);
10 }
11 //configura SDA como entrada e retorna o valor do canal
12 int read_SDA(void){
13     pinMode(SDA_PIN,INPUT);
14     return digitalRead(SDA_PIN);
15 }
16 //envia um bit um
17 void set_SDA(void){
18     //o bit um é feito colocando o terminal como entrada e ↵
            permitindo que o pull-up leve o terminal para 1
19     pinMode(SDA_PIN,INPUT);
20 }
21 //abaixa o nível do canal de clock
22 void clear_SDA(void){
23     pinMode(SDA_PIN,OUTPUT);
24     digitalWrite(SDA_PIN,LOW);
25 }
```

Em algumas situações, o dispositivo alvo pode não ter terminado de processar algum evento, mesmo com o intervalo de tempo proporcionado pelo controlador. Para contornar isso, o protocolo prevê que o alvo pode "segurar" o sinal de clock em nível baixo durante o tempo que for necessário. Isso é conhecido como alongamento do clock ou *clock stretching*.

O início e o fim são marcados pelas transições especiais nos pinos de dados e clock.

Na transmissão de um bit, o valor do canal de dados (SDA) só pode variar enquanto o sinal de clock (SCL) estiver com valor baixo. Desse modo, antes de trocar o valor do SDA, todos os dispositivos alvos devem verificar se SCL está baixo; caso contrário, ninguém deveria alterar o valor de SDA.

Para indicar o início de uma mensagem, o controlador muda o valor do SDA de alto para baixo com o valor de SCL alto. Para indicar o fim de uma mensagem, o valor de SDA é levado de um nível baixo para um alto, com SCL ainda alto.

Existe também um bit conhecido como *repeated start*, que acontece quando um bit de início é enviado antes do bit de fim correspondente. Esses sinais são apresentados na Figura 13.5.

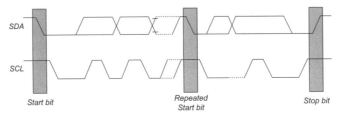

Figura 13.5. Bits de *start*, *repeated start* e *stop*.

Como o bit de *repeated start* é uma variação do início da mensagem, optou-se por utilizar a mesma estrutura. Para diferenciar entre as duas execuções utiliza-se uma variável temporária **started**. Essa variável indica se é a primeira vez, ou não, que o comando de início está sendo enviado. Depois de enviado uma primeira vez, seu valor passa a ser **1**. A variável volta ao estado normal **0**, quando é enviado um sinal de término. As funções que implementam esse procedimento são apresentadas no trecho do Código 13.2.

Código 13.2: Geração dos bits de *start* e *stop*

```
1  int started = 0; // primeira vez
2
3  void i2c_start(void){
4      //se já estiver iniciado, prepara para reenviar o bit de start
5      if(started){
6          set_SDA();
7          I2C_delay();
8          //aguarda o clock ficar disponível (clock streching)
9          while(read_SCL() == 0);
10         I2C_delay();
11     }//end if
12     //SCL está alto, mudar SDA de 1 para 0
13     clear_SDA();
14     I2C_delay();
15     clear_SCL();
16     started = true;
17 }//end i2c_start
18
19 void i2c_stop(void){
20     //muda SDA para 0
21     clear_SDA();
22     I2C_delay();
```

```
23      //aguarda o clock ficar disponível (clock streching)
24      while(read_SCL() == 0);
25      I2C_delay();
26      //SCL está alto, mudar SDA de 0 para 1
27      set_SDA();
28      I2C_delay();
29      started = false;
30  }//end i2c_stop
```

O trecho do Código 13.3 apresenta a implementação da escrita e da leitura em duas funções, ambas para um único bit. Deve-se lembrar que para cada bit enviado deve-se verificar se o alvo liberou o barramento, por meio do sinal de clock.

Código 13.3: Envio dos bits via comunicação I²C

```
1   void i2c_write_bit(unsigned char bit){
2       if(bit){
3           read_SDA();
4       }else{
5           clear_SDA();
6       }
7       I2C_delay();
8       //clock stretching
9       while(read_SCL() == 0);
10
11      if(bit && read_SDA() == 0){
12          arbitration_lost();
13      }//end if
14      I2C_delay();
15      clear_SCL();
16      I2C_delay();
17  }//end i2c_write_bit
18  unsigned char i2c_read_bit(void){
19      unsigned char bit;
20      read_SDA();
21      I2C_delay();
22
23      //clock stretching
24      while(read_SCL() == 0);
25
26      bit = read_SDA();
27      I2C_delay();
28      clear_SCL();
29      I2C_delay();
30      return bit;
31  }//end i2c_read_bit
```

O protocolo para a transmissão de um byte completo é bastante simples, sua principal atividade é a serialização dos dados com o envio de um bit de início e/ou término de cada mensagem. Esse processo pode ser implementado com os seguintes passos:

1. Colocar o valor do bit a ser enviado na linha de DADOS (SDA).
2. Gerar um pulso de clock na linha de CLOCK (SCL).

3. Havendo mais bits para enviar, voltar ao passo 1.

Para auxiliar a utilização do protocolo em software, a função **i2cWriteByte( )** apresentada no trecho do Código 13.4 recebe como parâmetros, além do próprio byte a ser enviado, dois valores: **send_stop** e **send_start**, tendo a finalidade de indicar para a função se os bits especiais de início e término devem ou não ser enviados.

A função de ler um byte **i2cReadByte( )** também recebe como parâmetros dois valores: **nack** e **send_stop**. O nack indica se, ao fim da leitura, o controlador deve enviar um sinal de *not acknowledge* ou não. Em geral, esse sinal indica se o controlador vai requisitar mais dados do alvo ou não. As duas funções podem ser encontradas no trecho do Código 13.4.

Código 13.4: Envio e recepção de bytes via comunicação I²C

```
1  unsigned char i2cWriteByte(unsigned char send_start, unsigned char ↵
       send_stop, unsigned char byte){
2      unsigned char bit, nack;
3      if(send_start){
4          i2c_start();
5      }//end if
6      for(bit=0; bit<8; bit++){
7          i2c_write_bit((byte & 0x80) != 0);
8          byte <<= 1;
9      }//end for
10     nack = i2c_read_bit();
11     if(send_stop){
12         i2c_stop();
13     }//end if
14     return nack;
15 }//end i2cWriteByte
16 unsigned char i2cReadByte(unsigned char nack, unsigned char ↵
       send_stop){
17     unsigned char byte = 0;
18     unsigned bit;
19     for(bit=0; bit<8; bit++){
20         byte = (byte << 1) | i2c_read_bit();
21     }//end for
22     i2c_write_bit(nack);
23     if(send_stop){
24         i2c_stop();
25     }//end if
26     return byte;
27 }//end i2cReadByte
```

Por fim, a última função necessária para o funcionamento do Soft I²C é a de inicialização do sistema. Como a biblioteca não faz nenhuma comunicação em si, ela apenas presta serviço para o desenvolvedor, não existe a necessidade de inicializar nenhum protocolo, apenas os dois terminais de comunicação. Esses terminais começam, de praxe, como entradas.

```
1 void i2cInit(void){
2    SDA_IN();
3    SCL_IN();
4 }//end i2cInit
```

Assim, a maioria das funções foram implementadas anteriormente para simplificar o processo de programação. O programador final precisa apenas de três funções: a de inicialização, a de escrita de bytes e de leitura de bytes. Isso pode ser visto no trecho do Código 13.1.1 do arquivo de cabeçalho da biblioteca Soft I^{2}C:

```
1 #ifndef I2C_H
2 #define I2C_H
3    void i2cInit(void);
4    unsigned char i2cWriteByte(unsigned char send_start, unsigned ↵
       char send_stop, unsigned char byte);
5    unsigned char i2cReadByte(unsigned char nack, unsigned char ↵
       send_stop);
6 #endif
```

13.1.2 | Relógio de tempo real

Um relógio de tempo real, com a sigla RTC (*Real Time Clock*), é um dispositivo especializado em manter a contagem de tempo correta para longos períodos de tempo. O dispositivo DS1307 (Fig. 13.6) é um RTC com um protocolo de comunicação I^{2}C.

Figura 13.6. Relógio de tempo real DS1307.
Fonte: Imagem produzida com Fritzing/Inkscape

Portanto, o DS1307 é um dispositivo externo que necessita de uma conexão de comunicação por meio de 2 caminhos (SCL e SDA) com resistores de pull-up, e exige um cristal próprio para que possa realizar a contagem de tempo de modo independente do microcontrolador. Por fim, para continuar a contagem de tempo mesmo quando a placa for desligada, pode ser adicionada uma bateria ao seu circuito. O esquemático da ligação ao micro é mostrado na Figura 13.7.

A comunicação do dispositivo segue o padrão I^{2}C, onde o primeiro byte identifica o endereço do dispositivo, com 7 bits, e o último bit explicita se o comando é de leitura ou de escrita.

Na escrita, o segundo byte identifica o endereço do registro interno do RTC que será sobrescrito, o terceiro byte indica o valor que será escrito no endereço enviado.

Se o procedimento for de leitura, o segundo byte será enviado pelo alvo para o controlador, seu conteúdo depende do endereço que estava ativo no RTC. A Figura 13.8 apresenta esse processo.

Para ler o valor de um determinado endereço do RTC, é necessário primeiro enviar um comando com o endereço, seguido de um comando de leitura do valor, conforme a Figura 13.9.

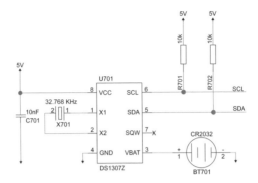

Figura 13.7. Conexões do DS1307.

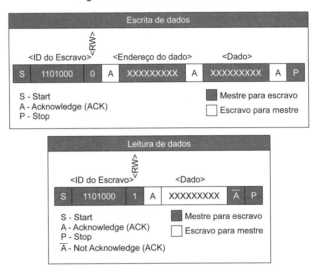

Figura 13.8. Escrita/leitura de dados para o DS1307.

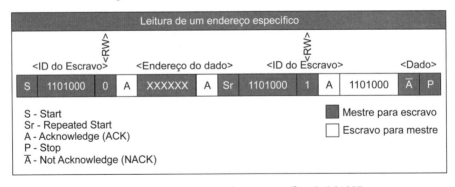

Figura 13.9. Leitura de um endereço específico do DS1307.

O RTC possui 8 registros internos, com endereços de **0×00** a **0×07**, que fazem a contagem dos segundos, minutos, horas, dias, meses, anos e dia da semana. Os valores desses endereços estão em codificação binária decimal (BCD) compactada para facilitar a passagem dos valores. Existe ainda um registro de configuração e uma região de 56 bytes de RAM, que estão disponíveis do endereço **0×08** a **0×3F**. Esses registros são apresentados na Figura 13.10.

Endereço	BIT7	BIT6	BIT5	BIT4	BIT3	BIT2	BIT1	BIT0	Função	Faixa
00h	CH	Dezena de segundos			Segundos				Seconds	00-59
01h	0	Dezena de minutos			Minutos				Minutes	00-59
02h	0	12(1) ou 24(0)	10 Horas PM/AM	10 Horas	Horas				Horas	1 - 12 +AM / PM 00 - 23
03h	0	0	0	0	0	Dia/Semana			Dia/Semana	01-07
04h	0	0	Dezenas de Dias		Dia/Semana				Dias	01-31
05h	0	0	0	10 Meses	Meses				Meses	01-12
06h	Dezenas de Anos				Anos				Anos	00-99
07h	OUT	0	0	0	0	0	RS1	RS0	Controle	–
08h-3Fh	Byte de dados (RAM)									RAM 56x8	00h-FFh

0 = Sempre é lido como zero
CH = Clock Halt (habilita contagem)
SQWE = Habilita saída do clock
RS = Configura velocidade do clock de saída

Figura 13.10. Registros internos do DS1307.

O trecho do Código 13.5 apresenta a implementação das funções da biblioteca de acesso ao DS1307. Essa biblioteca utiliza as funções da biblioteca I^{2}C apresentadas anteriormente para fornecer a comunicação completa com o dispositivo.

Código 13.5: Código da biblioteca DS1307

```
1  #include "i2c.h"
2  #include "ds1307.h"
3
4  //endereço do dispositivo, deslocado por causa do bit de RW
5  #define DS1307_CTRL_ID (0x68<<1)
6  #define I2C_WRITE 0
7  #define I2C_READ  1
8
9  int dec2bcd(int value) {
10     return ((value / 10 * 16) + (value % 10));
11 }
12 int bcd2dec(int value) {
13     return ((value / 16 * 10) + (value % 16));
14 }
15 void dsInit(void) {
16     i2cInit();
17 }
18 void dsStartClock(void) {
19     int seconds;
20     seconds = dsReadData(SEC);
21     dsWriteData(0x7f & seconds,SEC);
22     return;
23 }
24 void dsWriteData(unsigned char value, int address) {
25     i2cWriteByte(1,0, DS1307_CTRL_ID|I2C_WRITE);
```

```
26      i2cWriteByte(0,0,address);
27      i2cWriteByte(0,1,value);
28 }
29 int dsReadData(int address) {
30      int result;
31      i2cWriteByte(1,0,DS1307_CTRL_ID | I2C_WRITE);
32      i2cWriteByte(0,0,address);
33      i2cWriteByte(1,0, DS1307_CTRL_ID | I2C_READ);
34      result = i2cReadByte(1,1 );
35      return result;
36 }
```

Pelo código, podem ser vistas as funções auxiliares **dec2bcd( )** e **bcd2dec( )**. Elas realizam a conversão de números codificados em decimal para números codificados em BCD, e vice-versa.

O trecho do Código 13.6 apresenta o header com os protótipos das funções bem como três conjuntos de macros: o primeiro define os endereços de cada um dos registros dos dados do DS1307; o segundo e o terceiro grupos utilizam macros para criar funções de acesso aos registros de modo mais simples.

Código 13.6: Header da biblioteca DS1307

```
 1 #ifndef DS1307RTC_h
 2 #define DS1307RTC_h
 3
 4 //definição dos endereços
 5 #define SEC     0
 6 #define MIN     1
 7 #define HOUR    2
 8 #define WEEKDAY 3
 9 #define DAY     4
10 #define MONTH   5
11 #define YEAR    6
12
13     //funções do DS1307
14     void dsInit(void);
15     void dsStartClock(void);
16     void dsStopClock(void);
17     int dec2bcd(int value);
18     int bcd2dec(int value);
19     void dsWriteData(unsigned char value, int address);
20     int dsReadData(int address);
21
22 //funções de leitura/escrita simplificadas
23 #define getSeconds()  (bcd2dec(dsReadData(SEC)& 0x7f))
24 #define getMinutes()  (bcd2dec(dsReadData(MIN)& 0x7f))
25 #define getHours()    (bcd2dec(dsReadData(HOUR)& 0x5f))
26 #define getWeekDay()  (bcd2dec(dsReadData(WEEKDAY)& 0x07))
27 #define getDays()     (bcd2dec(dsReadData(DAY)& 0x5f))
28 #define getMonths()   (bcd2dec(dsReadData(MONTH)& 0x3f))
29 #define getYears()    (bcd2dec(dsReadData(YEAR)& 0xff))
30
```

```
31 #define setSeconds(v) (dsWriteData(dec2bcd(v,SEC)))
32 #define setMinutes(v) (dsWriteData(dec2bcd(v,MIN)))
33 #define setHours(v)   (dsWriteData(dec2bcd(v,HOUR)))
34 #define setWeekDay(v) (dsWriteData(dec2bcd(v,WEEKDAY)))
35 #define setDays(v)    (dsWriteData(dec2bcd(v,DAY)))
36 #define setMonths(v)  (dsWriteData(dec2bcd(v,MONTH)))
37 #define setYears(v)   (dsWriteData(dec2bcd(v,YEAR)))
38
39 #endif
```

13.2 | SPI

O barramento de interface serial para periférico, em inglês *Serial Peripheral Interface* (SPI), foi desenvolvido pela Motorola no ano 2000 e transformou-se em um padrão para dispositivos embarcados. Esse barramento é uma interface de comunicação serial síncrona de curta distância, normalmente utilizada em sensores, unidades de armazenamento, interfaces de entrada e saída para usuário etc. Sua principal vantagem em relação ao I²C é a maior velocidade de transmissão e o volume de dados flexível, não limitado em apenas palavras de 8 bits. O modo de ligação é apresentado na Figura 13.11.

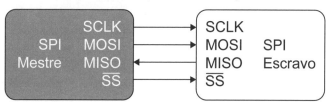

Figura 13.11. Barramento SPI em comunicação ponto a ponto, controlador e alvo.

A versão original do protocolo SPI é bidirecional (*full duplex*) e utiliza a arquitetura controlador/alvo similar ao I²C, com apenas um controlador por barramento e vários alvos independentes. Com comunicação síncrona graças a uma via de clock no barramento, chamada SCK (*Serial Clock*), garante ao chip receptor a sequência correta de bits transmitida, sem necessidade de bits de sincronismo ou sinalizadores.

Contudo, as semelhanças do SPI com o I²C acabam aqui. Na versão mais comum, os canais de comunicação deste barramento são separados: a via de transmissão do controlador é chamada de MOSI (*Master Output, Slave Input*) e a via de recepção do controlador é chamada MISO (*Master Input, Slave Output*). Além dos canais de comunicação, existe um canal que habilita o funcionamento do alvo, chamado SS (*Slave Select*).

Cada alvo possui, em geral, uma via SS independente ligada ao controlador. Isso causa uma certa desvantagem nessa comunicação, pois a cada novo alvo independente é necessário inserir uma nova via SS ao controlador e barramento, necessitando um uso bem maior de terminais no dispositivo controlador que o I²C, como mostrado na Figura 13.12.

Existe uma outra versão de SPI presente em alguns chips, chamada comunicação em anel (*Daisy Chain*), em que não é necessário uma via de seleção (SS) para cada alvo do barramento. Os alvos funcionam em modo cooperativo, em que a informação do controlador trafega por cada alvo até chegar ao destino. Forma-se um anel de comunicação com um funcionamento similar a um registrador de deslocamento (*shift register*) entre os alvos, como pode ser observado na Figura 13.13. Isso simplifica o barramento, pois não existirá mais que quatro vias de comunicação entre os chips, barateando o custo do projeto, mas os alvos deixam de ser independentes nessa versão de SPI e no caso de queima de um deles, todos os demais perderão a comunicação, reduzindo assim a confiabilidade do sistema. Os principais sistemas que utilizam essa versão de SPI são o Serial GPIO (SGPIO) e o JTAG.

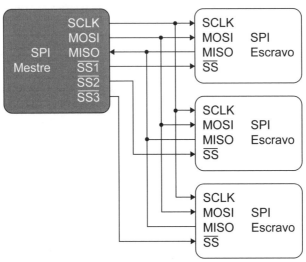

Figura 13.12. Versão original do SPI com três alvos independentes.

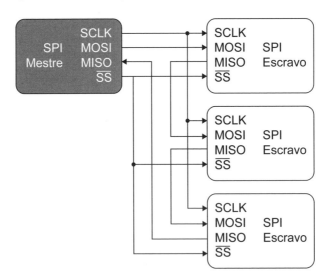

Figura 13.13. Versão em anel do SPI com três alvos cooperativos.

A operação de transmissão de dados no SPI é inicializada pelo dispositivo controlador configurando uma frequência de clock na via SCK suportada pelos demais chips alvos. O controlador seleciona o alvo que será comunicado inserindo o nível lógico baixo na via SS do dispositivo desejado, habilitando a comunicação entre eles. Dependendo do tipo de tarefa do alvo, o controlador aguarda um tempo predeterminado em código, antes de iniciar a troca de dados após a mudança da via SS, para garantir que o alvo tenha realizado suas tarefas antes da comunicação. Assim, o controlador envia seu comando pela via MOSI para o alvo, sincronizada pela SCK. Ao receber o comando, o alvo aguarda a sequência de pulsos de clock fornecida pelo controlador para retornar seus dados.

Todo esse processo é apresentado na Figura 13.14. É importante salientar que o controlador sabe o tamanho da palavra de resposta do alvo para gerar corretamente o número de ciclos corretos com o tamanho da informação de resposta, pois em software é definida a estrutura de comandos e respostas dos alvos com o controlador, própria para cada tipo de chip utilizado.

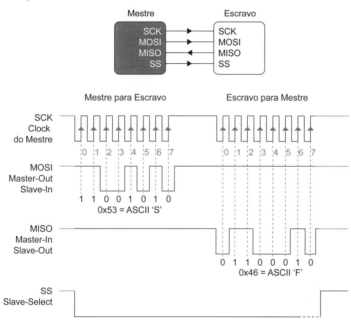

Figura 13.14. Comunicação SPI entre controlador e alvo.

O SPI suporta a comunicação bidirecional (*full duplex*) porque suas vias de transmissão (MOSI) e recepção (MISO) são independentes. Dessa forma, em algumas situações é possível transmitir e receber do alvo simultaneamente. Assim, um sensor pode enviar a resposta do comando ao controlador e recebendo um novo comando no mesmo instante, mas é necessário verificar no manual do componente se é possível utilizar essa situação.

13.3 | CAN

O protocolo CAN (*Controller Area Network*) é um protocolo de comunicação serial com suporte eficiente para controle distribuído em tempo real e alto nível de segurança. Seu desenvolvimento iniciou-se em 1983 pela Robert Bosch GmbH para uso em barramentos automotivos, em que não é necessária uma unidade central de gerenciamento. Sendo um protocolo baseado em mensagens, obteve seu primeiro uso em 1988, em um veículo BMW onde realizava a multiplexação das informações dos múltiplos sensores presentes no automóvel. A Figura 13.15 mostra um exemplo da ligação elétrica da camada física do CAN.

Durante os anos, várias versões do protocolo CAN foram lançadas e padronizadas. Em 1991, foi apresentado pela Bosch o CAN 2.0 de até 1,0 Mbps com duas partes de especificação: a padrão, com um identificador de 11-bits (CAN 2.0A), e a estendida, com um

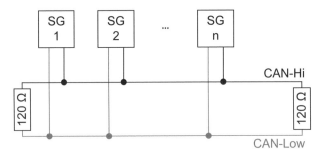

Figura 13.15. Ligação elétrica da camada física do CAN, com os terminadores resistivos.

identificador de 29-bits (CAN 2.0B). No ano de 1993, foi entregue o padrão CAN chamado ISO 11898, que foi reestruturado em duas partes novamente: o ISO 11898-1, para a camada de comunicação para a troca de dados, e o ISO 11898-2, para a camada física, isto é, o sistema elétrico que garante a comunicação em alta velocidade. Posteriormente, foi mostrado o padrão ISO 11898-3 para a camada física de comunicação em baixa velocidade e tolerante a falhas. Os padrões ISO 11898-2 e 3 não fazem parte das especificações do antigo padrão CAN 2.0 da Bosch. Ainda foram padronizados protocolos derivados, como o CANopen e DeviceNet, para aplicações de automação e aeronáuticas.

A Figura 13.16 apresenta um exemplo de uma rede de alta velocidade CAN no padrão ISO 11898-2.

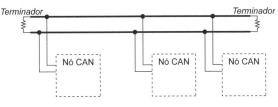

Figura 13.16. Exemplo de rede de alta velocidade CAN no padrão ISO 11898-2.

A rede CAN é classificada como um barramento serial de múltiplos controladores para a conexão de inúmeras unidades de controle eletrônico (ECUs), chamadas nós (*nodes*). Assim, dois ou mais nós podem ser designados para a comunicação simultaneamente, ligando nós simples como dispositivos de entrada/saída a microcontroladores ou a uma interface CAN, além da presença de conversores que transferem as informações circulantes do CAN para redes Ethernet ou USB para computadores normais.

Cada nó (node) presente no CAN possui: uma unidade de processamento para identificação de mensagens a serem lidas e transmitidas; um controlador padrão ISO 11898-1 como parte dessa unidade de processamento, responsável pelos buffers seriais de transmissão e recepção, identificando quando o barramento está livre para transmissão; um transceptor padrão ISO 11989-2/3 para interpretar os níveis de tensão do barramento e convertendo para os valores de tensão do controlador, além de desempenhar o papel de circuito de proteção contra surtos no barramento. A Figura 13.17 mostra um nó CAN ligado ao barramento.

Diferente do I²C e do SPI, o barramento CAN não possui uma via de sincronismo, sua comunicação é sincronizada em cada nova amostra de bit enviada no barramento. Isso é chamado de sincronismo de CAN, mas não é um termo preciso, pois os dados são transmitidos sem um sinal de clock em um formato assíncrono. Os bits que formam as

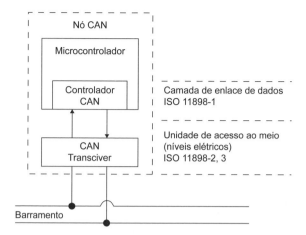

Figura 13.17. Partes integrantes de um nó CAN ligado ao barramento.

palavras de transmissão são organizados em mensagens inicialmente definidas por um identificador que representa sua prioridade. Um valor de CRC (*Cyclic Redundancy Check*) também faz parte da mensagem para garantir a integridade dos bits.

O CAN é caracterizado como uma rede ponto a ponto (peer-to-peer), ele não possui um gerenciamento central entre os nós para acesso de escrita/leitura no barramento. Quando um nó está pronto para transmitir dados, é verificado se o barramento está ocupado, então transmite-se a mensagem. A mensagem transmitida não possui um endereço ou um nó de destino, em vez disso, um identificador de informação é vinculado (pressão, combustível, torque, temperatura), os demais nós do barramento decidem se irão ou não aceitar a mensagem. Um exemplo disso é o sensor do motor enviar a mensagem de temperatura no barramento CAN e tanto o nó da injeção eletrônica quanto o nó do painel do veículo se interessarem em capturar essa mensagem para utilizarem em suas finalidades.

No caso de múltiplos envios simultâneos na transmissão de mensagens, o nó com maior prioridade (o valor mais baixo) ganha automaticamente o acesso ao barramento. Nós de baixa prioridade precisam aguardar até que o barramento esteja disponível novamente antes de retransmitir. Logo, sensores mais importantes como temperatura e nível do óleo têm o uso prioritário do barramento CAN em relação a sensores gerais, como o sensor lambda de mistura de gases ou o sensor de nível de combustível. O controle de prioridade no barramento CAN é mostrado na Figura 13.18.

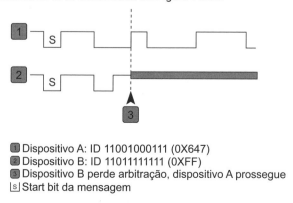

Figura 13.18. Controle de prioridades no barramento CAN.

13.4 | RS232

O protocolo de comunicação RS232 (*Recommended Standard 232*) é muito utilizado para comunicação entre dispositivos que transmitem ou recebem pouca quantidade de informação. É um dos protocolos mais antigos ainda em uso, tendo seu primeiro uso em 1962 em máquinas eletromecânicas de escrever. O padrão RS232 revisão C é datado de 1969. Em 1986, apareceu a revisão D pela EIA (Electronic Industries Alliance). A versão atual do protocolo é datada de 1997 pela TIA (Telecommunications Industry Association), sendo chamada TIA-232-F.

Esse é um protocolo ponto a ponto assíncrono, ou seja, que apenas dois dispositivos podem conversar usando o mesmo caminho de comunicação. O assincronismo vem do fato de que não existe um clock para sincronizar o envio dos bits. Assim, é preciso que ambos os dispositivos que vão conversar operem na mesma frequência de comunicação. Essa frequência define quanto tempo cada um dos bits deve estar disponível no barramento. Para facilitar a comunicação foi criado um bit que indica o início da transmissão.

Por exemplo, com uma frequência de 1 Hz, cada bit deve estar disponível durante exatamente 1 segundo. Assim que o dispositivo percebe que o bit de início foi enviado, ele espera 1 segundo e realiza a primeira medição, mais 1 segundo e o microcontrolador faz a leitura do segundo bit. Esse procedimento se repete até que todos os bits tenham sido lidos. Se ambos os lados forem configurados corretamente, as leituras e escritas serão realizadas de maneira alinhada, permitindo que a mensagem seja recebida corretamente.

13.4.1 | RS232 ou UART?

Em diversos microcontroladores, a porta de comunicação padrão é denominada UART (*Universal Asynchronous Receiver/Transmitter*). Ela é uma versão generalizada dos protocolos EIA, RS-232, RS-422 e RS-485 e visa fornecer um periférico customizável que possa ser utilizado em qualquer um desses protocolos.

Para conseguir realizar a comunicação entre dois microcontroladores utilizando UART, é necessário que o sinal do terminal de transmissão do primeiro esteja conectado no terminal de recepção do segundo e a transmissão do segundo na recepção do primeiro. Ainda é necessário garantir que ambos os microcontroladores utilizam a mesma referência e terminal negativo, como mostrado na Figura 13.19.

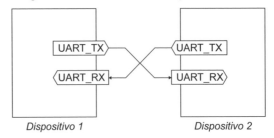

Figura 13.19. Comunicação UART.

Uma das grandes diferenças entre a UART e os RS232 e RS485 está nos níveis de tensão utilizados. Enquanto os protocolos utilizam tensões positivas e negativas, com uma faixa ampla de valores aceitos, as tensões no protocolo UART são compatíveis com os níveis de tensão utilizados pelo microcontrolador: seja 3,3 ou 5 volts.

Para fazer a conversão dos sinais, chips dedicados podem ser usados, como os apresentados nas Figuras 13.20a e 13.20b.

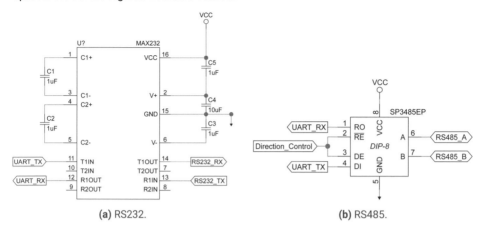

(a) RS232. (b) RS485.

Figura 13.20. Chips de conversão de nível utilizando UART.

O procedimento de envio de um valor pela serial por meio do padrão RS232 se baseia em uma operação de bit-shift. No protocolo RS232, a transmissão começa pelo bit menos significativo; esse bit permanece durante um determinado tempo, baseado na velocidade de transmissão. Depois desse tempo, realiza-se um shift para a direita e o "novo" bit menos significativo é "reenviado". Esta operação é repetida oito vezes, uma para cada bit. Por fim, é enviado um último bit indicando o fim da transmissão.

Para o protocolo RS232, o nível alto ou **1** é aquele com tensões positivas entre -3 e -15 volts. O nível lógico baixo ou **0** é interpretado entre +3 e +15 volts.

A Figura 13.21 apresenta o sinal elétrico enviado ao longo do tempo para a letra "**K**" maiúscula. A região em branco, que se estende entre +3 e -3, indica a região de tensão cujo valor de bit não está definido. Caso a tensão lida esteja entre estes limiares (seja devido a ruídos ou outros problemas), o sistema de recepção não entenderá a mensagem e os dados podem ser perdidos ou corrompidos. Em ASCII, a letra **K** é codificada como 76_{10} = 11010010_2. Antes de iniciar a transmissão dos bits, é enviado um bit que marca o início da transmissão, chamado start bit. O start bit não é contado como informação útil.

Para que o protocolo funcione corretamente, todos os valores devem estar configurados corretamente em ambos os dispositivos que forem conversar. Isso significa definir a codificação utilizada (ASCII, UTF-8 etc.), especificar o fluxo de caracteres (quantidade de bits por caractere, tamanho do stop bit, uso ou não de paridade), bem como a taxa de transmissão desejada.

Do mesmo modo que no protocolo I^2C, os fabricantes de microcontroladores desenvolveram periféricos dedicados a tratar dos detalhes. Isso permite que o programador fique focado no desenvolvimento da aplicação, não se preocupando com os processos de serialização dos dados ou de temporização dos sinais.

O trecho do Código 13.7 apresenta o processo de configuração do periférico UART para a plataforma Freedom.

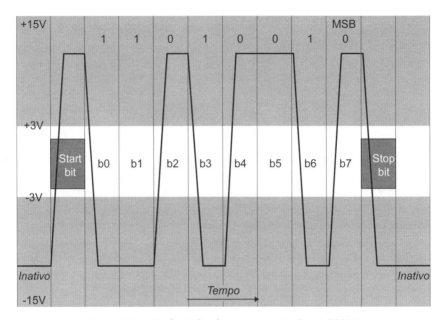

Figura 13.21. Sinal serializado para transmissão em RS232.
Fonte: Adaptado de Samuel Tardieu, disponível em:
https://commons.wikimedia.org/wiki/File:Rs232_oscilloscope_trace.svg.

Código 13.7: Configuração do periférico de UART

```
1  void serialInit(void){
2      unsigned int sbr_val;
3
4      //1 - Desliga a UART antes de configurá-la
5      UART0_C2 &= ~(UART0_C2_TE_MASK | UART0_C2_RE_MASK);
6
7      //2 - Configuração dos terminais
8      //configura o pino D0 como transmissor serial
9      PORTB_PCR1 = PORT_PCR_MUX(0x2);
10     //configura o pino D1 como receptor serial
11     PORTB_PCR2 = PORT_PCR_MUX(0x2);
12
13     //3 - Configuração do oscilador da serial
14     //seleciona o clock da serial a partir do clock principal da CPU
15     SIM_SOPT2 |= SIM_SOPT2_UART0SRC(1);
16     //habilita o clock para o periférico da UART
17     SIM_SCGC4 |= SIM_SCGC4_UART0_MASK;
18     //a velocidade de transmissão é dada por: baudrate = ↵
           sys_clock/(OSR x sbr)
19     //configurando OSR para 10x
20     UART0_C4 = 0x09;
21
22     //4 - Configurando o valor do baudrate
23     //sbr_val = (sys_clock) / (115200 * 10));
24     sbr_val = (unsigned int) (24000000 / (115200 * 4));
25     //o valor de sbr tem que ser armazenado em dois registros ↵
           diferentes
```

```
26      //os 5 bits mais altos vão para o UART0_BDH
27      UART0_BDH = ((sbr_val & 0x1F00) >> 8);
28      //os 8 mais baixos vão para UART0_BDL
29      UART0_BDL = sbr_val & 0x00FF;
30
31      //5 - Liga o transmissor e o receptor
32      UART0_C2 |= (UART0_C2_TE_MASK | UART0_C2_RE_MASK);
33 }//end serialInit
```

Cada plataforma possui sua própria configuração serial, bem como cada microcontrolador apresenta registros e configurações distintas. Para saber como configurar a UART para uma outra arquitetura, o primeiro passo é entender a partir do datasheet, quais registros estão relacionados ao periférico. Em geral, os datasheets apresentam as configurações padrões para o funcionamento do periférico. Como exemplo:

1. Desligamento da UART antes de configurá-la.
2. Configuração dos terminais físicos: tipo de periférico, RX como entrada e TX como saída.
3. Configuração da velocidade de funcionamento do periférico: de onde vem o sinal de clock, qual oscilador utilizar e os divisores de frequência.
4. Configuração do valor de velocidade de transmissão (baudrate): a velocidade de transmissão/recepção de dados deve ser a mesma do periférico que será conectado ao microcontrolador. Em geral, existe um registro que faz a configuração do tempo baseado no clock do periférico (configurado no passo anterior).
5. Ligação do transmissor e do receptor.

As placas Arduino e Chipkit, quando usam o framework Wiring, algumas dessas atividades são realizadas pelo bootloader. As demais podem ser facilmente executadas por meio da função **Serial.begin()** passando o valor de baudrate desejado.

Além da configuração do periférico em sua inicialização, existem duas outras funções que devem ser implementadas: **serialRead()** e **serialSend()**.

Existem registros que permitem acessar facilmente os dados que foram recebidos pela serial, bastando a leitura do registro correto seja realizada. Antes de ler o valor, no entanto, deve ser verificado se o periférico recebeu realmente alguma informação; caso contrário, o valor lido será apenas lixo da memória.

Para enviar os dados, o processo é parecido. Para transmitir os bits basta escrever o byte num registro adequado. Como os bits são enviados um a um, é possível que o periférico ainda não tenha terminado de mandar os 8 primeiros bits quando o programa quiser enviar o segundo byte. Para evitar de corromper a transmissão, deve ser checado se o barramento está disponível.

O arquivo de header da biblioteca de comunicação serial é apresentado no trecho do Código 13.8. O trecho do Código 13.9, por sua vez, apresenta as funções implementadas para a placa Freedom.

Código 13.8: serial.h

```
1 #ifndef SERIAL_H
2 #define SERIAL_H
3     void serialSend(char c);
4     char serialRead(void);
5     void serialInit(void);
6 #endif
```

Código 13.9: serial.c

```c
1  #include "serial.h"
2  #include "io.h"
3  #include "derivative.h"
4
5  void serialSend(char c) {
6      while (!(UART0_S1_REG(UART0_BASE_PTR) & UART0_S1_TDRE_MASK));
7      UART0_D_REG(UART0_BASE_PTR) = c;
8  }
9  char serialRead(void) {
10     //Verificar se há algo disponível
11     if ((UART0_S1_REG(UART0_BASE_PTR) & UART0_S1_RDRF_MASK)) {
12         //Lê o registro da serial
13         return UART0_D_REG(UART0_BASE_PTR) ;
14     } else {
15         //Código para "não há caracter disponível"
16         return 0x0;
17     }
18 }
19
20 void serialInit(void) {
21     unsigned int sbr_val;
22     //Configura os terminais D0 e D1
23     PORTB_PCR1 = PORT_PCR_MUX(0x2);
24     PORTB_PCR2 = PORT_PCR_MUX(0x2);
25     //Seleciona o clock a partir do clock principal da CPU
26     SIM_SOPT2 |= SIM_SOPT2_UART0SRC(1);
27     //Habilita o clock para o periférico da UART
28     SIM_SCGC4 |= SIM_SCGC4_UART0_MASK;
29     // Desliga a UART antes de configurá-lo
30     UART0_C2 &= ~(UART0_C2_TE_MASK | UART0_C2_RE_MASK);
31     //A velocidade é dada por: baudrate = sys_clock/(OSR * sbr)
32     // Configurando OSR para 10x
33     UART0_C4 = (10-1);//sempre 1 unidade a menos
34     //escolhendo o valor de sbr para um baudrate de 115200
35     //sbr_val = (sys_clock) / (baudrate * OSR));
36     sbr_val = (unsigned int) (24000000 / (115200 * 10));
37     //o valor de sbr é armazenado em dois registros diferentes
38     //os 5 bits mais altos vão para o UART0_BDH
39     UART0_BDH = ((sbr_val & 0x1F00) >> 8);
40     //os 8 mais baixos vão para UART0_BDL
41     UART0_BDL = sbr_val & 0x00FF;
42     //Liga o transmissor e o receptor
43     UART0_C2 |= (UART0_C2_TE_MASK | UART0_C2_RE_MASK);
44 }
```

O Código 13.10 apresenta a implementação do arquivo de código para o PIC18F4520. A uma primeira vista, os códigos podem parecer muito diferentes, mas eles obedecem basicamente o mesmo modo de funcionamento.

A função **serialSend()** em ambos os códigos possui a mesma estrutura. Primeiro ela aguarda o registro de envio estar disponível, monitorando a flag correta. Assim que o registro for liberado, o valor é armazenado e a função retorna.

A função **serialRead()** também apresentas similaridades. Ambas verificam se existe algum valor disponível. Se sim ele é retornado, se não retorna-se um valor padrão indicando que não existe bytes aguardando. Nesse exemplo foi escolhido o valor **0×00**.

Por fim, a função de inicialização. Ambos os códigos precisam fazer a configuração dos terminais como entrada (RX) e saída (TX). Também tem que definir a velocidade da comunicação serial e outras definições específicas para cada processador.

Código 13.10: serial.c

```c
#include "serial.h"
#include <pic18f4520.h>
#include "io.h"
#include "bits.h"

void serialSend(unsigned char c) {
    while (!bitTst(PIR1, 4)); //aguarda o registro ficar disponível
    TXREG = c; //coloca o valor para ser enviado
}

unsigned char serialRead(void) {
    char resp = 0x0;
    if (bitTst(RCSTA, 1)){ //Erro de overrun?
        bitClr(RCSTA, 4);
        bitSet(RCSTA, 4);
    }
    if (bitTst(PIR1, 5)){ //Valor disponível?
        resp = RCREG; //retorna o valor
    }
    return resp; //retorna zero
}

void serialInit(void) {
    TXSTA = 0b00101100; //configura a transmissão de dados
    RCSTA = 0b10010000; //configura a recepção de dados
    BAUDCON = 0b00001000; //configura sistema de velocidade
    SPBRGH = 0; //configura para 56k
    SPBRG = 34; //configura para 56k
    bitSet(TRISC, 6); //pino de recepção de dados
    bitSet(TRISC, 7); //pino de envio de dados
}
```

13.5 | USB

O padrão USB, ou Universal Serial Bus, foi desenvolvido inicialmente em 1994 por sete empresas: Compaq, DEC, IBM, Intel, Microsoft, NEC e Nortel. O padrão visa estabelecer modelos de cabos, conectores, protocolos de comunicação e sistemas de alimentação para comunicação entre dispositivos.

Esse padrão simplificou a comunicação e integração de dispositivos, principalmente entre periféricos e computadores, substituindo uma grande quantidade de modelos de conectores por apenas dois modelos: tipo A e tipo B. Com a criação de novas versões do padrão, outros modelos foram criados, principalmente pela necessidade de miniaturizar os plugs e receptáculos.

No entanto, uma das maiores vantagens do padrão foi a padronização do protocolo de comunicação, que gerou um sistema de identificação bastante complexo capaz de abrigar quase todos os tipos de periféricos. Desse modo, praticamente qualquer tipo de equipamento pode ser interconectado utilizando o padrão USB. Na Tabela 13.1 são apresentadas algumas das classes de dispositivos reconhecidos pelo padrão.

Tabela 13.1. Dispositivos reconhecidos pelo padrão USB

Classe	Descrição	Exemplo
01h	Áudio	Auto-falantes, microfones, porta MIDI
02h	Comunicação	Modem, adaptador de ethernet, Wi-Fi, RS232
03h	Dispositivo de interface humana (HID)	Teclado, mouse, joystic
05h	Dispositivo de interface físico (PID)	Joystic com forcefeedback
06h	Imagem	Webcam, scanner
07h	Impressora	Impressoras laser/tinta, máquinas de CNC
08h	Armazenamento em massa	Pen drives, leitores de cartões de memória, drivers externos
0Dh	Sistemas de segurança	Leitores de impressão digital
0Eh	Vídeo	Webcam
0Fh	Dispositivos de saúde pessoal	Monitores cardíacos
FEh	Específico para aplicação	Ponte de comunicação infravermelha, Porta de atualização de dispositivo
FFh	Definido pelo fabricante	Indica que precisa de drivers específicos

Com a padronização dos tipos de periféricos, não é mais necessário possuir um driver para cada dispositivo diferente. Por exemplo, todos os mouses USB (com ou sem fio) são reconhecidos pelo sistema operacional do mesmo modo, não sendo necessário instalar um drive diferente para cada tipo de mouse conectado.

O padrão 1.0 permite atingir uma velocidade de transmissão de até 12 Mbit por segundo no modo "Full speed". Os padrões seguintes tiveram um impacto muito grande na taxa de transmissão. A velocidade atingiu o patamar de 480 Mbit por segundo na USB 2.0 e até 5 Gbit por segundo no 3.0.

A comunicação USB utiliza um modelo de transmissão físico chamado diferencial. Nesse modelo, a informação é enviada através de dois fios, em vez de um. O sinal nesses dois fios é transmitido de modo invertido, ou diferencial. Esse tipo de transmissão traz uma grande vantagem: aumento da imunidade a ruídos.

Isso acontece por causa do processo de decodificação do sinal. Quando o sinal chega ao receptor, a primeira providência é subtrair os dois sinais para obter o sinal original. Se, durante a transmissão, algum sinal eletromagnético gerar um ruído nos dados transmitidos, esse ruído será sentido igualmente nos dois terminais, pois eles estão juntos no cabo. Quando o receptor fizer a subtração o ruído será eliminado. A Figura 13.22 apresenta o modelo de transmissão de um pacote no padrão 1.0.

Os dados são transmitidos utilizando a codificação NRZI, ou Non-return-to-zero inverted. Nessa codificação, a transmissão de um bit **0** se dá invertendo o sinal anterior. A transmissão de um bit **1** acontece mantendo o sinal anterior. O padrão 3.0 possui outras opções de codificação.

Um pacote USB começa com um byte de sincronização com o valor **0×01**. Como pode ser visto na Figura 13.22, os sete primeiros bits são zero, havendo mudança nos

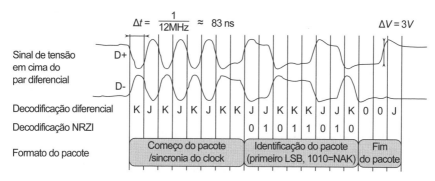

Figura 13.22. Sinal serializado da comunicação USB.

sinais, e o último bit vale um, por isso o sinal não se altera. Os protocolos 2 e 3 apresentam outros modelos possíveis de sincronização/início de transmissão.

Para implementar um protocolo USB em um dispositivo embarcado é necessário que o microcontrolador utilizado possua suporte embutido no chip. Não é viável implementar todo o protocolo USB apenas em software.

Caso o dispositivo não possua uma comunicação USB nativa, existem algumas alternativas. Uma das mais utilizadas são os conversores UART/USB, ou RS232/USB. São esses os conversores que permitem a comunicação entre a maioria das placas compatíveis com Arduino e os computadores.

13.5.1 | Serial sobre USB

Um dos modos mais simples de conectar um microcontrolador a um computador é fazer uso de um conversor USB/Serial. Um dos modelos mais comuns é o FT232. O esquemático para ligação é apresentado na Figura 13.23.

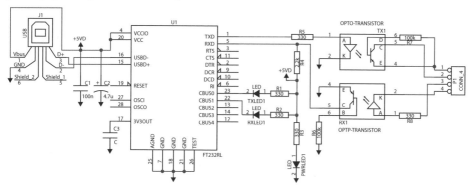

Figura 13.23. Circuito de comunicação USB/Serial.

A vantagem de se utilizar esse tipo de conversor é que os sistemas operacionais já estão preparados para trabalhar com esse dispositivo. Isso reduz o trabalho necessário para se desenvolver um aplicativo para o computador que consiga ler os sinais do microcontrolador.

Para melhorar a comunicação entre o computador e o microcontrolador, é interessante criar algum protocolo de comunicação, em que os valores são passados obedecendo um padrão. Um exemplo de comunicação é apresentado na seção de leitura de protocolos.

13.6 | Serial sem fios

O conceito Wireless (sem fio) tornou-se comum para a maioria das aplicações embarcadas, de tal forma que existe uma certa desvalorização dos dispositivos domésticos processados que necessitam de uma comunicação via cabos, como TVs inteligentes (SmartTVs), equipamentos de som, impressoras, headfones etc.

A forma mais simples e barata de transmitir uma informação digital pelo ar é utilizar o conceito de comunicação serial sem fios, sendo regida pelo padrão IEEE 802 para a transmissão de dados em redes locais e áreas metropolitanas. Esse padrão define vários protocolos conhecidos, como o ZigBee no IEEE 802.15.4, o Bluetooth com o IEEE 802.15.1 ou a rede WiFi no padrão IEEE 802.11.

Os protocolos de transmissão ZigBee e Bluetooth são utilizados em aplicações de baixo custo e baixa potência. O módulo Zigbee é utilizado em sistemas de controle sem fio e aplicações de monitoramento de rede em malha (mesh), seus transceptores possuem microcontroladores que realizam tarefas simples de entrada e saída, além de uma porta serial para transmissão a outros módulos. No caso do Bluetooth, seu uso é comum em sistemas de baixo alcance (de 1 a 100 metros) em dispositivos de uso doméstico, como equipamentos de som, celular, som automotivo ou entre computadores, em que a baixa velocidade de comunicação não é um problema.

Todos os protocolos citados nesta seção (ZigBee, Bluetooth e WiFi) trabalham na faixa de 2,4 GHz, mas raramente ocorrem problemas de interferência entre eles, pois trabalham com um número razoável de canais que são alterados de forma automática para faixas livres de ruídos, como nas versões mais recentes do protocolo ZigBee. As interferências podem surgir quando a faixa de frequências é próxima a 2,4 GHz, que já está saturada por um uso não otimizado de equipamentos sem fio em um mesmo local.

Do mesmo modo que a comunicação USB, é possível criar dispositivos que utilizem esses protocolos de modo nativo ou façam uso de conversores. A utilização de conversores simplifica o projeto e acelera o desenvolvimento do produto, mas aumenta o custo final. Por outro lado, projetar diretamente com esses protocolos é um processo um pouco mais demorado, mas traz o benefício de um projeto com menos componentes, consequentemente mais barato e, até certo ponto, mais otimizado para a aplicação. No entanto, esses pontos estão além do escopo deste livro.

13.7 | Leitura e processamento de protocolos

Na maioria dos casos de comunicação entre dois dispositivos, é necessário enviar um conjunto de dados de modo organizado para conseguir transmitir uma mensagem. As mensagens, por sua vez, são geralmente compostas de vários bytes, onde cada um deles pode representar uma informação distinta: início/fim de mensagem, ID do transmissor/receptor, tipo de mensagem, valores de variáveis, códigos de checagem etc. Um conjunto de bytes formando uma mensagem é comumente chamado de pacote.

Para conseguir realizar o processamento dos protocolos, é muito importante armazenar todos os bytes do pacote primeiro. Se algum dos bytes for perdido, toda a mensagem pode ser comprometida.

Outro problema com a comunicação é que não se pode esperar que a mensagem chegue corretamente, nem que o dispositivo que está enviando a mensagem funcione corretamente. Por esse motivo, é necessário criar uma rotina de leitura que contemple estes possíveis problemas e possa se recuperar no caso de uma falha na recepção dos dados.

Uma boa estrutura é criar um buffer que armazenará todos os bytes recebidos na mesma ordem em que chegarem. A cada novo byte, o buffer será processado para saber se existe um pacote completo no buffer. Em caso afirmativo, o pacote é processado e as providências podem ser tomadas. Se não, o sistema simplesmente aguarda o próximo byte.

Em geral, os pacotes possuem tamanhos predefinidos e/ou bytes de início e fim. Essas informações são úteis para averiguar possíveis erros. Se um byte de início chegou antes de completar o pacote anterior, provavelmente algum byte do pacote anterior foi perdido e, portanto, a mensagem anterior não tem validade. Se a quantidade de bytes recebidos for maior do que o tamanho predefinido do pacote, é provável que um byte de início ou fim foi perdido e dois pacotes diferentes se misturaram, invalidando ambos. Em todos esses casos, o buffer pode ser reiniciado.

A verificação da existência de um pacote completo pode ser baseada também em dois fatores: a quantidade de bytes recebidos ou o byte de fim de mensagem, dependendo de como o protocolo é implementado. O trecho do Código 13.11 apresenta um exemplo de rotina que realiza o armazenamento dos bytes, detecta a recepção de um pacote, processa o pacote de acordo com o protocolo e identifica possíveis erros.

Código 13.11: Modelo para leitura e processamento de protocolo

```
1  unsigned char pos=0;    //posição atual do buffer
2  char buffer[100];       //buffer de armazenamento dos dados
3
4  //supondo uma mensagem com 50 bytes
5  #define MSG_SIZE    50
6  #define START_BYTE  '*'
7  #define END_BYTE    '\n'
8
9  void main(void){
10     for(;;){
11         //recebimento dos dados
12         data = serialRead();
13
14         //teste de início de mensagem (por starbyte)
15         if(data == START_BYTE){
16             //se chegou start byte pode ignorar os dados anteriores
17             pos=0;
18         }
19
20         //se chegou algum byte armazena no buffer
21         if(data != 0xff){
22             buffer[pos] = data;
23             pos++;
24         }
25
26         //se ultrapassou o tamanho máximo, aconteceu erro, reseta o
                buffer
27         if(pos >= 100){
28             pos = 0;
29         }
30
31         //teste de fim de mensagem: por tamanho de bytes
```

```
32          if(pos == MSG_SIZE){
33              //verifica validade da mensagem e processa o comando
34          }
35          //teste de fim de mensagem: por recepção do endByte
36          if(data == END_BYTE){
37              //verifica validade da mensagem e processa o comando
38          }
39
40          //teste de fim de mensagem: por tamanho e endByte, mais seguro
41          if((pos == MSG_SIZE) && (data == END_BYTE)){
42              //verifica validade da mensagem e processa o comando
43          }
44      }//end for
45 }//end main
```

Na próxima seção será analisado um caso em particular, exemplificando o processo de leitura de dados via comunicação serial.

13.7.1 | O protocolo NMEA de GPS

O protocolo NMEA é um formato de comunicação de dispositivos de navegação marinha, incluindo sonares e receptores de sinal GPS. A maioria dos dispositivos utilizados no NMEA 0183 utilizam como protocolo serial o padrão EIA-422, sendo que alguns equipamentos possuem saídas RS232.

Nesse protocolo, os dados são codificados em ASCII. Isso faz com que seja necessário convertê-los em números para efetuar qualquer tipo de processamento ou análise de valores. Para a simples exibição de dados, os bytes podem ser enviados diretamente para o display de LCD.

Dentro do protocolo NMEA existem várias mensagens. Cinco estão relacionadas com dados de GPS:
- GPGSA - Precisão e quantidade de satélites ativos.
- GPGCA - Dados fixados (lat/long/alt/diferencial).
- GPRMC - Dados mínimos (lat/long/alt).
- GPVTG - Velocidade e deslocamento.
- GPGSV - Dados dos satélites visíveis.

Cada mensagem possui um tamanho distinto, com diferentes informações. Em todas elas os campos são divididos pelo caractere de vírgula. A mensagem do tipo GPRMC, por exemplo, é formada por 14 campos:
1. ID da mensagem.
2. Tempo (UTC).
3. Rastreando (R) ou Aceitável (A).
4. Latitude.
5. Norte/Sul.
6. Longitude.
7. Leste/Oeste (E/W).
8. Velocidade (magnitude).
9. Velocidade (ângulo).
10. Data (UTC).
11. Variação magnética (ângulo em graus).

12. Variação magnética (direção, E/W).
13. Modo de operação (N não válido, A autônomo, D diferencial, E estimado, M manual, S simulação).
14. Checksum.

Todos os dados são codificados em ASCII, em que cada dígito do número representa um byte. Esse procedimento faz com que a mensagem ocupe mais memória para ser armazenada, no entanto, evita problemas para a definição do valor dos bytes de início e fim, além de simplificar o processo de visualização das mensagens.

A estrutura esperada de um pacote GPRMC é dada por:

`$GPRMC,000000,X,0000.00,X,00000.00,X,000.0,000.0,000000,000.0,????\r\n`

Os zeros indicam posições ocupadas por números, as letras `'X'` por caracteres e as interrogações indicam o valor do CRC.

O CRC é um código que indica se os dados estão corretos ou não. Durante a transmissão dos dados, é possível que algum bit tenha seu valor trocado, fazendo com que a informação seja inválida. Para minimizar as possibilidades de erro, cada byte da mensagem é somado em uma variável temporária e o resultado da soma é enviado ao fim da mensagem. Quando o receptor receber a mensagem, ele refaz a conta e compara com o resultado recebido. Se eles forem iguais, a mensagem provavelmente está íntegra. O CRC utilizado neste protocolo é o CCITT16, que envolve, no lugar da soma dos bytes, uma operação um pouco mais complexa.

Uma mensagem do tipo GPRMC traz basicamente informações de posição e velocidade. A seguir, tem-se um exemplo de uma mensagem real, em que cada posição da mensagem é um byte a ser recebido pela comunicação serial.

`$GPRMC,220516,A,5133.82,N,00042.24,W,173.8,231.8,130694,004.2,W*70\r\n`

Para processar a mensagem corretamente é necessário primeiro receber todos os bytes da mensagem. Quando a mensagem estiver completa no buffer temporário, o pacote pode ser analisado e tomar providências do que fazer.

A mensagem possui o caractere cifrão, `'$'`, como byte de início. Para o byte de fim, o protocolo usa dois caracteres, comumente utilizados como fim de linha: <cr> e <lf>. Na linguagem C, esses caracteres são representados por `'\n'` e `'\r'`, correspondendo aos números 13 e 10 da tabela ASCII.

Quando a mensagem estiver completa, deve-se inicialmente verificar se é o pacote desejado: **GPRMC**. Depois, pode percorrer cada caractere do buffer procurando pelas vírgulas. A cada vírgula encontrada, sabe-se que está em um novo campo de dados. No trecho do Código 13.12, é apresentado todo o processo de recepção e processamento da mensagem. O algoritmo de recepção é um pouco distinto do apresentado anteriormente, pois apenas será testado o fim de mensagem por meio do byte de fim. O processo de ler cada um dos bytes da mensagem e processar seu conteúdo também é conhecido como parser.

Código 13.12: Parser do protocolo NMEA para exibição em LCD

```
1 #include "serial.h"
2 #include "lcd.h"
3 #include "io.h"
4 char buffer[100];    //buffer temporário
5
6 void main(void){
```

```c
7    unsigned char pos=0; //posição atual do buffer
8    char data;
9    systemInit();
10   serialinit();
11   lcdInit();
12   for(;;){
13       //recebimento dos dados
14       data = serialRead();
15       if(data != 0){
16           buffer[pos] = data;
17           pos++;
18       }
19       if(pos >= 100){
20           pos = 0;
21       }
22       //teste de fim de mensagem: pelos dois bytes de fim
23       if((pos > 2) && (buffer[pos-2] == 13) &&  (buffer[pos-1] == ↵
             10)){
24           pos = 0;
25           //verifica se é a mensagem correta para processar os dados
26           if((buffer[0] == '$') && (buffer[1] == 'G') &&
27              (buffer[2] == 'P') && (buffer[3] == 'R') &&
28              (buffer[4] == 'M') && (buffer[5] == 'C')){
29               //parser começa já no 2º campo, depois do ID
30               pos = 7;
31               while(buffer[pos] != ','){      //2 - Hora UTC
32                   //processa bytes da hora
33                   pos++;
34               }
35               pos++;//pula a vírgula
36               while(buffer[pos] != ','){      //3 - Sinal pronto? ↵
                     Sim(A), Não(R)
37                   //processa dados de estabilidade do sinal
38                   pos++;
39               }
40               pos++;//pula a vírgula
41
42               lcdCommand(0x80);
43               lcdString("Lat");
44
45               while(buffer[pos] != ','){      //4 - Latitude
46                   //envia dados de latitude para o LCD
47                   lcdChar(buffer[pos]);
48                   pos++;
49               }
50               pos++;//pula a vírgula
51               while(buffer[pos] != ','){      //5 - Norte(N)/Sul(S)
52                   lcdChar(buffer[pos]);
53                   pos++;
54               }
55               pos++;//pula a vírgula
56               lcdCommand(0xC0);
57               lcdString("Lon");
```

```
58                    while(buffer[pos] != ','){        //6 - Longitude
59                    //envia dados de longitude para o LCD
60                    lcdChar(buffer[pos]);
61                    pos++;
62                    }
63                    pos++;//pula a vírgula
64                    while(buffer[pos] != ','){        //7 - ↵
                      Leste(E)/Oeste(W)
65                    lcdChar(buffer[pos]);
66                    pos++;
67                    }
68                    pos++;//pula a vírgula
69                    //...continua para os demais campos
70              }
71        }
72    }//end for
73 }//end main
```

13.8 | Exercícios

Ex. 13.1 — O que é *clock stretching*?

Ex. 13.2 — Faça um programa usando a linguagem C que receba um caractere via comunicação serial e, se esse valor for uma letra, o exiba no LCD. Caso esse caractere seja um número, ele deve ser exibido no display de 7 segmentos. Utilize as bibliotecas "ssd.h" "lcd.h" e "serial.h".

Ex. 13.3 — Crie um programa usando a linguagem C que controla o led RGB da placa, de acordo com o caractere recebido pela porta serial. Se o caractere 'R' for recebido, o led vermelho deve ser aceso e assim sucessivamente para os caracteres 'G' para verde, 'B' para azul, 'C' para ciano, 'Y' para amarelo, 'P' para roxo e 'W' para branco. Para qualquer outro caractere recebido, o led deve ser desligado.

Ex. 13.4 — Grande parte dos protocolos de comunicação serial se utilizam da checagem de integridade para garantir que a mensagem está correta. Uma delas é realizar a soma de todos os valores da mensagem e enviar esse resultado por último. Para indicar o começo de uma mensagem é comum se utilizar de um valor padrão como, por exemplo, o número 42, e um segundo número padrão é utilizado para marcar o final da mensagem como, por exemplo, 24. Utilizando essas informações, pode ser verificado, por exemplo, que a primeira mensagem abaixo está correta, pois o somatório dos números entre o 42 e o 24, 01+02+03+04+05+06+07, é igual a 28, conforme escrito na posição depois do número 24. Já a segunda mensagem está errada, pois 00+01+02+03+04+05+06=21 e não 22, como representado.
Mensagem 1:
[42 01 02 03 04 05 06 07 24 28]
Mensagem 2:
[42 00 01 02 03 04 05 06 24 22]
Dado que a biblioteca "serial.h" permite ao programador ler qualquer informação que for recebida pela serial, faça um programa usando a linguagem C que realiza, ciclicamente, a

leitura dos valores recebidos pela serial e calcula se a mensagem está correta ou errada. O tamanho da mensagem pode variar. As únicas informações confiáveis são que: a mensagem sempre começa com um número 42 e termina com um número 24 seguido de um número com o somatório dos números intermediários, conforme o exemplo dado.

Ex. 13.5 — Construa um programa usando a linguagem C que realiza a leitura da serial e envia os caracteres recebidos para o LCD por meio da biblioteca "console.h". Caso seja detectado o caractere '**w**', o console deverá subir uma linha na exibição do histórico. Se for recebido o caractere '**s**', ele deve descer uma linha na exibição do histórico.

Ex. 13.6 — Faça um programa usando a linguagem C que receba comandos via serial. Quando chegar a palavra "IDE" pela serial, o programa deve escrever no LCD a versão da placa. Lembre-se: a função `serialRead()` retorna o valor `0×ff` quando não há nada a receber na serial; a palavra "IDE" é composta de três caracteres, que devem ser recebidos em sequência; não é possível ter certeza de quando um caractere será recebido, portanto, o programa deve ficar esperando constantemente. Podem ser utilizadas as funções do lcd.h e serial.h.

14 Conversor analógico digital

uqr.to/1cqzo

"As pessoas estão tão focadas na gravação digital agora que elas esqueceram quão fácil a gravação analógica pode ser."
Dave Grohl

Um conversor analógico digital é um circuito eletrônico capaz de transformar um valor de tensão em uma informação codificada em formato digital. Os conversores são muito utilizados como interfaces de entrada de sensores para o microcontrolador.

Os conversores AD podem ser periféricos separados ou integrados aos microcontroladores. Em geral, os conversores separados possuem uma comunicação serial para enviar ao microcontrolador a informação já no formato digital. Nos integrados ao microcontrolador, o resultado é disponibilizado em um registro na memória.

Os conversores são definidos basicamente por três fatores: excursão máxima do sinal de entrada, quantidade de bits (resolução) e velocidade de conversão.

Para fazer uso correto dos conversores, é importante entender os detalhes do sensor que será utilizado. Grande parte das rotinas e funções são dependentes da dinâmica do sensor, bem como de seu funcionamento interno.

Neste capítulo será apresentada uma breve introdução sobre os elementos sensores, bem como sobre as respostas que eles geram. Em seguida, será apresentado o processo de conversão analógico digital e as rotinas computacionais para trabalhar com esses valores.

14.1 | Elementos sensores

Nos sistemas embarcados, por diversas vezes tem-se a necessidade de realizar a leitura de alguma informação, como aceleração, pressão, temperatura, acidez, luminosidade ou qualquer outra grandeza física. Para isso, pode ser utilizado os elementos sensores.

O sensor é um dispositivo desenvolvido para apresentar uma resposta mensurável a um estímulo físico, químico ou biológico.

Os sensores eletrônicos apresentam, como resposta ao estímulo, a geração de um sinal elétrico, geralmente em tensão, podendo ser também em resistência ou corrente.

Para conseguir processar as medições realizadas é necessário utilizar o conversor AD (analógico para digital), que, em sua maioria, lê apenas sinais de tensão. Assim, é preciso converter o sinal de sensores resistivos ou corrente para tensão.

A conversão dos sensores com saída resistiva é feita utilizando a topologia de divisor resistivo. Nos sensores que enviam a informação através de corrente, o sinal pode ser convertido com o uso de uma resistência em paralelo com a leitura. Já os sensores de tensão podem ser ligados diretamente no conversor, se as tensões forem compatíveis com níveis de sua entrada.

14.1.1 | Divisor resistivo

O divisor resistivo é dado por duas resistências ligadas em série e alimentadas por uma fonte de tensão. Diversos elementos sensores são baseados na variação de um valor de resistência.

Na placa de desenvolvimento apresentada no livro, dois sensores fazem uso dessa estrutura: um sensor de ângulo via potenciômetro e um sensor de luminosidade por LDR.

O potenciômetro mostrado na Figura 14.1 é constituído por uma resistência distribuída ao longo de um círculo. Em cima dessa trilha é adicionado um cursor que pode ser movimentado através de um eixo. A resistência entre o início e o fim da trilha é fixa, podendo ter praticamente qualquer valor de resistência, de poucos ohms até dezenas de milhões.

(a) Foto: Iain Fergusson.   (b) Resistência.

Figura 14.1. Potenciômetro.

O cursor divide a resistência em duas parcelas, cuja soma continua sendo constante. Essas parcelas podem ser interpretadas como duas resistências ligadas em série. O valor de cada uma das resistências pode variar de zero até o máximo. A capacidade de variar os valores das resistências é o que permite transformar essa estrutura em um elemento sensor de ângulo. A Figura 14.2 apresenta a equivalência entre o potenciômetro e as resistências.

Os conversores precisam de uma entrada em tensão. Para transformar um divisor resistivo em uma variação de tensão, basta utilizar uma fonte de tensão nos extremos dos resistores e realizar a leitura no terminal central. O valor de tensão entre os resistores é dado por:

$$V_{out} = \frac{V_S * R_2}{R_1 + R_2} = V_S * \left(\frac{R_2}{R_{Total}}\right) \qquad (14.1)$$

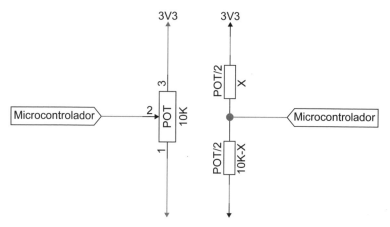

Figura 14.2. Potenciômetro como divisor de tensão.

Se a trilha do potenciômetro for construída de modo que a variação da resistência varie linearmente em relação ao ângulo do cursor, a posição em que ele se encontra pode ser identificada baseando na tensão de saída. A tensão poderá variar de zero até a tensão da fonte utilizada.

Outros elementos também têm sua resistência variável, como o *Light Dependent Resistor* (LDR), resistor dependente de luz ou fotorresistor, como mostra a Figura 14.3.

Figura 14.3. LDR/Fotorresistor - Sensor de luminosidade.
Fonte: Imagem produzida com Fritzing/Inkscape

A princípio, o LDR é uma resistência que tem seu valor alterado dependendo da quantidade de luz que incide sobre ele. Em geral, possui valor de 100 kohms no escuro (cerca de 10 lumens), reduzindo para valores próximos de zero sob a incidência de luminosidade.

Para conseguir transformar essa variação de resistência em uma variação de tensão, é necessário construir uma estrutura de divisor de tensão. Neste caso, o LDR funcionará com um dos dois resistores, sendo que o segundo resistor do divisor será uma resistência fixa. Uma opção é utilizar um segundo resistor com o mesmo valor de resistência que o LDR no claro, em torno de 10 kohms.

Utilizando o LDR na parte inferior do circuito, a tensão de saída irá variar de metade da tensão até o valor zero. Se o LDR for utilizado na parte superior do divisor de tensão, o valor da saída variará da metade da fonte até o máximo. Apesar dessa topologia conseguir transformar a variação da resistência em uma variação de tensão, a saída não consegue passar do valor zero até o valor máximo. Isso pode ser corrigido com o uso de amplificadores. Para algumas aplicações, no entanto, isso pode não ser um problema.

4.1.2 | Sensores ativos

Visando facilitar a utilização dos sensores, como temperatura ou luminosidade, alguns fabricantes produzem chips que já fazem a conversão da grandeza a ser medida e entregam uma saída de tensão.

Essa conversão pode ser acompanhada de circuitos internos de condicionamento de sinal, que permitem que a saída seja linear com a grandeza medida.

Os sensores que possuem circuitos de amplificação e condicionamento do sinal embutidos no mesmo chip que o elemento sensor, são comumente chamados sensores ativos. Normalmente, um sensor ativo possui três terminais: dois para alimentação e um terminal para saída da informação.

Um exemplo de sensor ativo é o LM35, que é um sensor de temperatura. Ele é disponibilizado no formato TO-92, como mostra a Figura 14.4.

Figura 14.4. Circuito integrado LM35.
Fonte: Imagem produzida com Fritzing/Inkscape

Os sensores ativos são mais caros que os elementos sensores simples, no entanto, são mais estáveis e mais simples de serem utilizados.

As características de alimentação e de saída do sensor variam conforme o modelo. Grande parte dos sensores ativos é alimentada de 3 a 5 volts.

A tensão de saída obedece uma fórmula cujo valor é derivado da grandeza que está sendo medida. Em geral, esta fórmula é dada por uma equação linear, cuja saída é proporcional ao valor medido. Desse modo, basta medir a tensão V na saída do sensor e realizar o seguinte cálculo:

$$Valor = V \times k + c \qquad (14.2)$$

Os valores de k e c são dados pelo dispositivo usado. Para o LM35 o valor de k é 100 °C/V e o valor de c é zero. Assim, uma tensão de 1,00 volt representa uma temperatura de 100 °C e uma temperatura de 36,5 °C gerará uma tensão de 0,365 volts.

14.1.3 | Sensores da placa de desenvolvimento

A placa de desenvolvimento possui três sensores conectados às suas entradas analógicas: um potenciômetro, um LDR e um LM35. Os circuitos de acionamento, bem como as portas às quais eles estão conectados, são descritos na Figura 14.5.

Os dois sensores, o potenciômetro e o LDR, baseados em sistemas de divisor de tensão por malha resistiva, estão alimentados com 3,3 volts. Isso foi feito para permitir que esses sensores possam ser lidos pelas placas com 3,3 volts sem danos as suas entradas.

Já o LM35 é alimentado com 5 volts. Esse valor é definido pelo fabricante do sensor. Entretanto, sua saída não atinge valores maiores que 1,5 volt, pois ele não é capaz de medir temperaturas maiores que 150 °C. Para medição de temperaturas ambientes, sua saída não deve ser maior que 500 milivolts, dado que é incomum temperaturas maiores que 50 °C.

Quando esses sensores forem lidos nas placas cuja tensão é 5 volts, haverá uma perda de resolução, visto que o microcontrolador poderia ler tensões de até 5 volts, mas a tensão máxima do sensor é menor que esse valor.

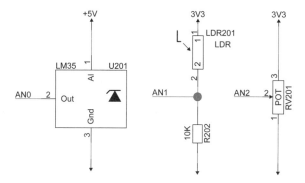

Figura 14.5. Sensores da placa de desenvolvimento.

14.2 | O conversor eletrônico

O modo mais simples para construir um *Analog to Digital Converter* (ADC) é utilizar circuitos comparadores. Os comparadores são circuitos eletrônicos baseados em amplificadores operacionais. Esses componentes realizam a comparação de um sinal com uma tensão de referência, resultando em dois estados de saída. Para a aplicação desejada, esses circuitos podem ser configurados para possuírem saída de zero volts quando a tensão analisada for mais baixa que a referência, e 5 volts quando a tensão analisada for mais alta que a referência. Esse circuito é apresentado na Figura 14.6.

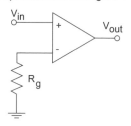

Figura 14.6. Circuito comparador utilizando amplificador operacional.

O circuito dado consegue transformar o sinal de entrada analógico, em um sinal de saída digital utilizando apenas 1 bit de sinal. Se o valor for maior que a referência, a saída vale **1**, se for menor a saída vale **0**.

Usar apenas um bit para a conversão faz com que o sinal perca muita informação. O ideal é utilizar mais bits para garantir que as informações sejam transpostas de maneira adequada do mundo analógico para o mundo digital. A quantidade de bits necessária depende da aplicação. A quantidade de bits define a resolução do ADC.

No processo de conversão é preciso configurar o circuito para que cada conversor seja ligado em um nível de tensão diferente. As tensões de referência são geralmente escolhidas de modo que a tensão máxima seja dividida em intervalos iguais.

Por exemplo, um conversor com quatro comparadores poderá gerar quatro resultados diferentes. Para codificar essa informação em um valor digital podem ser utilizados 2 bits. Se os quatro níveis forem separados igualmente entre os valores de 0 a 5 volts, cada intervalo será de 1,25 volt. A Tabela 14.1 apresenta os valores digitais de saída, a faixa de entrada e o valor médio de tensão para cada faixa.

Tabela 14.1. Faixa de tensão dos comparadores

Representação com 2 bits	Faixa de tensão	Valor médio
00	0,00 - 1,25	0,625
01	1,25 - 2,50	1,875
10	2,50 - 3,75	3,125
11	3,75 - 5,00	4,375

Durante a conversão do sinal existe perda de informação. O sinal é comparado com a faixa em que se encaixa e o sinal digital é gerado. Para o exemplo do conversor de 2 bits, se a entrada possuir uma tensão de 500 ou 1.200 milivolts, ambas serão convertidas para o valor **00**. Esse erro, que é inserido pelo processo de conversão, é chamado de erro de quantização. A Figura 14.7 apresenta de modo gráfico as faixas de valores de tensão e suas saídas correspondentes.

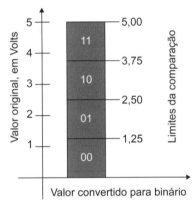

Figura 14.7. Definição de faixa de valores para AD de 2 bits.

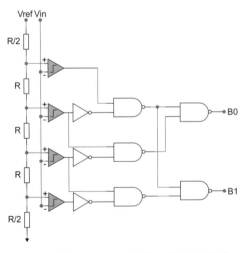

Figura 14.8. Conversor analógico-digital de 2 bits.
Fonte: Jon Guerber (Modificado)

A Figura 14.8 apresenta o circuito completo de um conversor analógico-digital de 2 bits. Ele é conhecido como conversor do tipo flash, onde cada nível de tensão possui seu próprio comparador. Isso faz com que o processo de conversão seja bastante rápido. No entanto, os comparadores são componentes eletrônicos relativamente caros. Para reduzir o custo dos conversores foram desenvolvidas outras abordagens que minimizam o uso de comparadores. Essas abordagens acabam inserindo um atraso no processo de conversão. O tempo de atraso depende do tipo de circuito utilizado e da quantidade de bits a ser convertida. Isso deve ser levado em conta quando for desenvolvida a rotina de programação.

14.2.1 | Canais e multiplexação de entradas analógicas

Os ADCs são periféricos relativamente caros. Para reduzir o custo e ainda assim permitir que o desenvolvedor consiga fazer a leitura de vários sinais analógicos, é comum fazer uso de um multiplexador analógico como mostra a Figura 14.9.

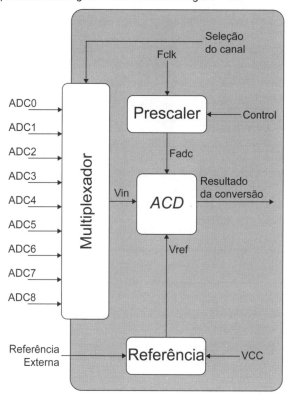

Figura 14.9. Multiplexador para seleção de canal analógico.

O problema com a utilização de um multiplexador é que os sinais de entrada não podem ser convertidos simultaneamente. Isso faz com que o tempo para converter todas as entradas seja maior, fazendo com que a velocidade de leitura dos sinais diminua. Deve-se tomar cuidado para que a velocidade seja suficiente para a aplicação desejada.

Outro problema ocorre quando existe a necessidade de obter dois valores simultaneamente. Por exemplo, para calcular a potência que está sendo consumida por um equipamento, é necessário realizar a leitura tanto da tensão quanto da corrente no mesmo instante. Se essas duas medidas forem tomadas em instantes de tempo distintos, os resultados obtidos não serão coerentes com a realidade.

Sistemas de controle de motores exigem que essas medidas sejam corretas. Nesses casos, os fabricantes desenvolvem chips dedicados para essas aplicações contendo dois, três ou mais conversores.

O multiplexador do ADC seleciona uma das entradas e a conecta ao conversor. A seleção é realizada por meio de um registro específico para cada placa utilizada.

14.3 | Processo de conversão

Para aumentar a flexibilidade dos conversores, os fabricantes disponibilizam diversas características que podem ser configuradas como a quantidade de bits, a velocidade de conversão, o canal de conversão e até mesmo o modo de aproximação do conversor. Portanto, é necessário realizar a inicialização antes de começar a conversão dos sinais. A Figura 14.10 apresenta a relação entre os terminais analógicos e os registros de memória.

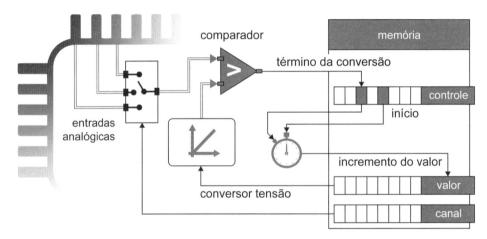

Figura 14.10. Relação entre os terminais de uma comunicação serial e os registros de memória.

Toda conversão leva um determinado tempo que depende da arquitetura que está sendo utilizada, da qualidade do conversor e do valor de tensão que se quer converter. Assim, os microcontroladores disponibilizam algum sistema que permite ao programador verificar quando a conversão terminou corretamente.

O procedimento geral para utilizar um conversor AD pode ser dado por:
1. Configurar o conversor.
2. Iniciar a conversão.
3. Monitorar o final da conversão.
4. Ler o valor no registro indicado.

14.3.1 | Criação da biblioteca

O procedimento de uso do ADC nas quatro plataformas é muito similar. Para facilitar o projeto da biblioteca, serão geradas apenas duas funções: inicializar o conversor; realizar a conversão e leitura do sinal.

Como há mais de uma entrada analógica conectada aos processadores, é necessário fazer a seleção correta do canal. Desse modo, a função de conversão e leitura recebe como parâmetro um valor indicando qual é o canal a ser lido. Assim, a função deverá configurar o multiplexador, inicializar a conversão e aguardar o resultado.

O trecho do Código 14.1 apresenta o cabeçalho da biblioteca, que será o mesmo para as quatro plataformas.

Código 14.1: ad.h

```
1  #ifndef ADC_H
2  #define ADC_H
3      void adInit(void);
4      int adRead(int channel);
5  #endif
```

O trecho do Código 14.2 apresenta o arquivo '.c' da biblioteca para ADC no microcontrolador Freedom. Foi utilizado o mesmo padrão de funções do framework Wiring, acessando os registros que fazem o controle do periférico.

Código 14.2: ad.c

```
1  #include "io.h"
2  #include "ad.h"
3  #include "derivative.h"
4
5  void adInit(void) {
6      // Habilita o clock para o conversor
7      SIM_SCGC6 |= SIM_SCGC6_ADC0_MASK;
8      //configura o sistema de conversão: velocidade e modo de disparo
9      ADC0_CFG1 = ADC_CFG1_ADIV(2) | ADC_CFG1_MODE(1) | ↵
                  ADC_CFG1_ADLSMP_MASK | ADC_CFG1_ADICLK(1);
10     //Configura terminal 8 da porta B como entrada analógica canal 11
11     PORTB_BASE_PTR ->PCR[8] = (PORT_PCR_MUX(0) | PORT_PCR_DSE_MASK);
12     bitSet(PTB_BASE_PTR ->PDDR, 8);
13     //Configura terminal 9 da porta B como entrada analógica canal 10
14     PORTB_BASE_PTR ->PCR[9] = (PORT_PCR_MUX(0) | PORT_PCR_DSE_MASK);
15     bitSet(PTB_BASE_PTR ->PDDR, 9);
16     //Configura terminal 8 da porta A como entrada analógica canal 3
17     PORTA_BASE_PTR ->PCR[8] = (PORT_PCR_MUX(0) | PORT_PCR_DSE_MASK);
18     bitSet(PTA_BASE_PTR ->PDDR, 8);
19 }
20 int adRead(int channel) {
21     //Primeiro configura o canal correto,
22     //isso já inicializa a conversão
23     if (channel == 0) {
24         ADC0_SC1A = 11;
25     }
26     if (channel == 1) {
27         ADC0_SC1A = 10;
28     }
29     if (channel == 2) {
30         ADC0_SC1A = 3;
31     }
```

```c
32      //Aguarda a conversão
33      while ((ADC0_SC1A & ADC_SC1_COCO_MASK) == 0);
34      //Retorna o valor convertido
35      return ADC0_RA;
36  }
```

Do mesmo modo que na comunicação serial, a diferença entre a Freedom (Código 14.2) e o PIC18F4520 (Código 14.3) são pequenas. Em ambos, para realizar a leitura dos valores, é necessário escolher o canal correto, iniciar a conversão e aguardar seu fim. No caso do PIC, ainda é necessário combinar os resultados que estão em dois registros de 8 bits em um registro de 16, para poder retornar todos os 10 bits de resolução. Na Freedom, isso não é necessário, pois seu processador já trabalha com 32 bits.

Código 14.3: ad.c

```c
1  #include "adc.h"
2  #include <pic18f4520.h>
3  #include "io.h"
4  #include "bits.h"
5
6  void adcInit(void) {
7      //AN0-A0, AN1-A1 e AN2-A2 são analógicos e entradas
8      pinMode(PIN_A0, INPUT);
9      pinMode(PIN_A1, INPUT);
10     pinMode(PIN_A2, INPUT);
11     bitSet(ADCON0, 0); //liga ADC
12     //Config an0-2 como analógico
13     ADCON1 = 0b00001100; //AN0, AN1 e AN2 são analógicos, a ↵
                referência é baseada na fonte
14     ADCON2 = 0b10101010; //FOSC /32, 12 TAD, alinhamento à direita ↵
                e tempo de conv = 12 TAD
15  }
16  int adcRead(unsigned int channel) {
17      unsigned int ADvalor;
18      ADCON0 &= 0b11000011; //zera os bits do canal
19      if (channel < 3) {
20          ADCON0 |= channel << 2;
21      }
22      ADCON0 |= 0b00000010; //inicia conversao
23      while (bitTst(ADCON0, 1)); // espera terminar a conversão;
24
25      ADvalor = ADRESH; // lê o resultado
26      ADvalor <<= 8;
27      ADvalor += ADRESL;
28      return ADvalor;
29  }
```

Por fim, o Código 14.4 apresenta como é possível utilizar o ADC por meio da biblioteca 'ad.h' e apresentar o valor lido pelo conversor e exibir no display de 7 segmentos.

Código 14.4: Exemplo de uso da biblioteca de conversores AD

```
1  #include "io.h"
2  #include "ssd.h"
3  #include "ad.h"
4
5  //início do programa
6  void main(void){
7      float time;
8      int value = 0;
9
10     adInit();
11     ssdInit();
12
13     for(;;){
14         //0 - Temperatura
15         //1 - Luminosidade
16         //2 - Potênciometro
17         value = adRead(0);
18
19         ssdDigit((value / 1000) %10,0);
20         ssdDigit((value /  100) %10,1);
21         ssdDigit((value /   10) %10,2);
22         ssdDigit((value       ) %10,3);
23         ssdUpdate();
24
25         for(time=0; time<1000; time++);
26     }//end for
27 }//end main
```

14.4 | Aplicação

O ADC pode ser demonstrado em uma aplicação simples de controle de nível de um reservatório por meio de uma boia ligada a um potenciômetro. A altura da boia dentro do reservatório faz com que o eixo do potenciômetro se desloque mudando sua resistência, respectivamente a tensão de saída ligada à entrada do ADC. Cada terminal da extremidade do potenciômetro seria ligado a cada polo de alimentação, terra e 3,3 volts. Sua saída varia conforme sua posição: reservatório cheio em 3,3 volts e vazio com terra na saída.

Essa aplicação tem como indicativo um led RGB, em que cada cor indicaria uma região no eixo do potenciômetro: vermelho para reservatório vazio, verde para metade do volume do reservatório e azul para cheio.

A conversão utilizada ainda pode sofrer variações conforme a placa utilizada nessa aplicação. A tensão de referência do conversor pode ser 3,3 volts, 5 volts ou seguindo a própria tensão de alimentação do microcontrolador. A resolução pode variar entre 10 bits (0 a 1023) no Atmega328, no PIC18F4520 e no PIC32MX320F128, e 12 bits (0 a 4095) no MKL05Z32VFM4.

O programa dessa aplicação, pode ser verificado no trecho do Código 14.5, que executa uma rotina simples de teste da entrada analógica AN0, onde é coletado o sinal do potenciômetro de 0 a 3,3 volts. Três estruturas de decisão escolhem qual a situação do nível de tensão convertido para digital em que a entrada se encontra: um terço do valor máximo, entre um terço e dois terços, e, finalmente, acima de dois terços do valor máximo. Acendendo o tom vermelho, verde e azul, de acordo com os níveis encontrados: baixo, médio e alto.

Código 14.5: Aplicação de controle de nível exibido em led RGB

```
1  #include "io.h"
2  #include "ad.h"
3  #include "rgb.h"
4
5  //valor máximo do potenciômetro
6  int MaxPot = 675;    //ATMega238 5V
7  //int MaxPot = 1023; //PIC32MX320F128 3.3V
8  //int MaxPot = 4095; //KL05z32VF4 3.3V
9
10 void main(void){
11     int adValue;
12
13     systemInit();
14     rgbInit();
15     adInit();
16
17     for(;;){
18         //leitura do potenciômetro
19         adValue = analogRead(AN0);
20
21         //nível baixo (frio)
22         if(adValue < (MaxPot/3)){
23             rgbColor(BLUE);
24         }
25
26         //nível médio (ok)
27         else if(adValue < ((MaxPot*2)/3)){
28             rgbColor(GREEN);
29         }
30
31         //nível alto (quente)
32         else{
33             rgbColor(RED);
34         }
35     }//end for
36 }//end main
```

14.5 | Exercícios

Ex. 14.1 — Construa um programa usando a linguagem C que envie o valor da tensão capturada na entrada **AN0** para o display de LCD.

Ex. 14.2 — Utilizando a entrada **AN1**, determine a intensidade luminosa no LDR e escreva um valor de 0 a 99 no display de 7 segmentos, que corresponda ao valor mínimo e máximo do LDR.

Ex. 14.3 — Construa um programa usando a linguagem C para comparar o valor das entradas **AN0** e **AN1**. Se **AN0** for menor que **AN1**, o led RGB deve ficar azul. Quando for maior, deve ficar verde. Se forem exatamente iguais, deve ficar vermelho.

Ex. 14.4 — Os sensores analógicos podem apresentar vários problemas com ruídos. Alguns desses problemas podem ser resolvidos com filtros digitais. Um modelo de filtro digital é o filtro de média móvel. Esse filtro é implementado a partir de uma média ponderada entre o valor atual do filtro com seus valores antigos. Crie um programa usando a linguagem C que realiza e armazena as últimas cinco leituras de um sinal analógico. De posse dessas leituras, ele deve aplicar o seguinte filtro e exibir o resultado no display de LCD.

$$V_{filtrado} = (V_0 + V_{-1} + V_{-2} + V_{-3} + V_{-4})/5$$

Em que V_{-n} representa a enésima amostra anterior.

15 Saídas PWM

uqr.to/1cqzo

"Quando uma bobina é operada com correntes de frequência muito elevadas, belos efeitos podem ser produzidos na escova, mesmo que a bobina tenha dimensões relativamente pequenas. O experimentador pode variá-los de muitas maneiras e, mesmo que não fossem nada mais, eles oferecem uma visão agradável."
Nikola Tesla

As saídas do tipo *Pulse Width Modulation* (PWM) são saídas digitais que possuem um sistema de chaveamento acoplado. Essas saídas possuem um nível de tensão que fica alterando entre nível alto (3,3 ou 5 volts) e nível baixo (zero volts) várias vezes por segundo, em um formato conhecido como onda quadrada.

Nesse tipo de saída, é comum que a frequência de trocas de níveis digitais seja fixa de modo que o sinal se repita em intervalos constantes de tempo.

A característica mais marcante das saídas PWM é conseguir alterar o tempo em que o sinal permanece com nível alto, mesmo mantendo a frequência constante. A razão entre o tempo que o sinal permanece no nível alto sobre o tempo de repetição do ciclo é conhecida como ciclo de trabalho ou *Duty Cycle* e, em geral, esse valor é apresentado como uma porcentagem.

A Figura 15.1 apresenta três sinais PWM com a mesma frequência, mas com *Duty Cycles* diferentes.

A grande vantagem de se utilizar uma saída PWM é que ela pode funcionar como uma saída analógica, dependendo da velocidade de resposta do sistema que está sendo controlado.

Supondo uma saída PWM ligada a um resistor, como mostra a Figura 15.2: quando a saída estiver em nível alto, ocorre a passagem de uma corrente elétrica e a resistência libera calor para o ambiente.

A quantidade de calor liberada depende do valor da resistência, da intensidade da corrente e do tempo que o sistema estiver ligado. Como a corrente depende apenas do valor da resistência e da tensão de alimentação, a quantidade de calor pode ser calculada em joules pela seguinte fórmula:

$$Q_{alto} = \frac{V^2}{R} \times t_{alto} \tag{15.1}$$

Em que *V* é a tensão do nível alto da saída PWM, *R* é o valor da resistência e t_{alto} é o tempo em que o sinal ficou no nível alto.

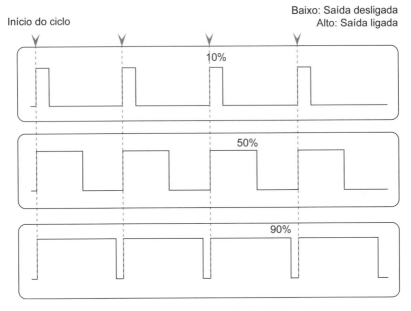

Figura 15.1. Sinais PWM com variação do *Duty Cycle*.

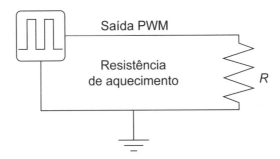

Figura 15.2. Resistência R sendo controlada por saída PWM.

Quando a saída PWM está em nível baixo, não há passagem de corrente, consequentemente não há liberação de calor.

Durante um ciclo completo da saída PWM, a resistência passa um tempo t_{alto} ligada e um tempo t_{baixo} desligada. O tempo total é o próprio tempo de duração do ciclo do PWM t_{pwm}. A quantidade máxima de calor que pode ser liberada durante o ciclo é atingida quando o resistor passa todo o tempo ligado, ou seja, $t_{alto} = t_{pwm}$, fazendo com que t_{baixo} seja igual a zero.

Como a saída PWM permite controlar o tempo que o resistor permanece ligado, pode-se controlar de modo bastante simples a quantidade de calor que será gerada pelo resistor. Assim, por meio de uma única saída digital, é possível modificar uma grandeza física de modo que seu valor seja variável. Essa estrutura permite utilizar a saída PWM como uma saída analógica.

No entanto, para isso ocorrer, o ciclo de trabalho deve ser rápido o suficiente para não ser percebido pelo elemento de controle conectado. Como exemplo, ligar o resistor durante meia hora e o desligar durante meia hora fará com que o ambiente receba apenas metade do calor máximo no período, mas o problema é que durante a primeira meia hora o ambiente será plenamente aquecido, na segunda hora o ambiente resfriará de forma abrupta. Para que a saída consiga controlar satisfatoriamente a temperatura, é interessante ligar o resistor durante alguns segundos e desligá-lo durante outros segundos, repetindo esse procedimento de modo rápido; a impressão para o usuário é que o resistor está configurado para gerar apenas metade da energia que ele consegue.

O algoritmo para gerar um sinal do tipo PWM é bastante simples:
1. Inicialização do terminal de saída.
2. Escolha do tempo de ciclo.
3. Escolha do *Duty Cycle*.
4. Liga-se a saída e inicia-se contagem de tempo.
5. Quando o tempo for maior que o *Duty Cycle*, desliga-se a saída.
6. Quando o tempo acabar, retorna ao passo 4.

A Figura 15.3 apresenta um modelo de como as informações de tempo de um relógio interno podem ser utilizadas para gerar o sinal de PWM.

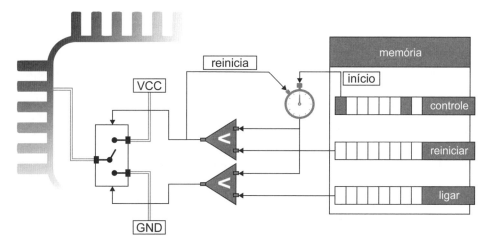

Figura 15.3. Relação entre os terminais de uma saída PWM e os registros de memória.

No modelo existem dois registros, o primeiro configura o tempo máximo de contagem, após o qual o relógio é reiniciado ou resetado. A frequência do PWM é definida por esse registro. O segundo registro deve possuir um valor de, no mínimo, zero e de, no máximo, igual ao primeiro registro. Esse valor é que será utilizado para definir quanto tempo o sinal permanecerá ligado e quanto tempo permanecerá desligado.

15.1 | Conversor digital-analógico usando um PWM

Para transformar a saída PWM em uma saída analógica, é preciso que a frequência de operação seja muito superior às constantes de tempo do sistema físico a ser controlado. Em geral, sistemas térmicos possuem constantes de tempo bastante lentas, no entanto, sistemas óticos e eletrônicos são bem mais rápidos.

Dependendo do circuito a ser acionado é interessante já entregar o sinal de modo analógico, transformando o sinal quadrado em um valor constante e proporcional ao tempo que o PWM está ligado. Para isso, utiliza-se circuitos de filtro do tipo passa-baixas.

O filtro passa-baixas visa eliminar frequências altas, ideal ao sinal do tipo PWM, que possui uma alta frequência fixa. Por se tratar de uma onda quadrada, outras frequências aparecem misturadas a esse sinal, mas todas elas são maiores que a frequência-base. Utilizando o filtro passa-baixas, é possível remover a frequência do PWM e o que sobra é apenas o valor de tensão média necessária para o controle.

O exemplo de filtro passa-baixas mais simples é a utilização de uma rede resistor e capacitor (RC). A constante de tempo desse circuito é dada pela multiplicação entre o valor da resistência em Ohms pelo valor da capacitância em Faradays. É importante que esse valor de tempo seja menor que o ciclo do PWM. Quanto maior a diferença entre o tempo do circuito RC e o ciclo do PWM, menor ruído haverá no sinal filtrado, como exemplo, um valor 10 vezes menor já apresenta um bom resultado. A Figura 15.4 apresenta o circuito para a conversão da saída PWM em um sinal analógico.

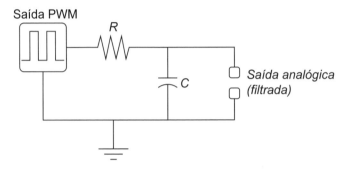

Figura 15.4. Utilização de filtro RC em saída do tipo PWM.

É importante notar que transformar a saída PWM em uma analógica com uma rede RC gera alguns problemas. O primeiro é o atraso com relação à velocidade de alteração do sinal: como o PWM é um sistema baseado em uma frequência, é impossível mudar o valor da saída analógica mais rápido que a velocidade de mudança do PWM.

O segundo problema é o limite do acionamento de cargas: a saída filtrada não tem capacidade de acionar cargas mantendo a tensão. Qualquer corrente enviada para a saída causará uma queda de tensão no resistor do RC. Portanto, é indicado a utilização de um circuito amplificador de corrente (*buffer*) para o acionamento de cargas.

A Figura 15.5 apresenta os sinais de um PWM antes (canal 1 sinal mais alto) e depois (canal 2 sinal mais baixo) do filtro RC com diferentes *Duty Cycles*. Nesses exemplos, foi utilizado um circuito RC com um tempo 100 vezes menor que a frequência do PWM, por isso quase não há oscilação no sinal de saída.

Existem circuitos de filtros passa-baixas mais robustos que permitem trabalhar com frequências mais altas. Em geral, esses circuitos são ativos e fazem uso de amplificadores operacionais, o que aumenta o custo do projeto, mas permite um uso mais amplo e simples de saídas analógicas derivadas de PWM.

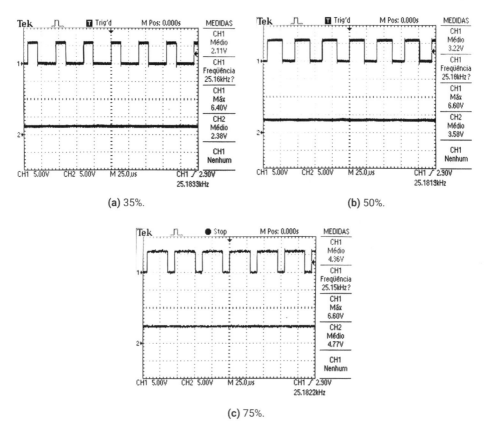

Figura 15.5. Sinais analógicos gerados a partir de uma saída PWM com filtro passa-baixas RC.

15.2 | Soft PWM

É possível gerar uma saída do tipo PWM por software, sendo necessário apenas a disponibilidade de uma porta digital no microcontrolador. Isso reduz o custo, mas insere uma sobrecarga considerável no processamento.

A implementação mais simples é por meio de um loop **for**, como no trecho do Código 15.1.

A frequência do PWM depende da velocidade com que o microcontrolador executa o loop de contagem da variável **t**. Se esse loop for executado a cada 1 μs para a contagem de **t** até **1000**, obtem-se um tempo de ciclo de 1ms e representa uma frequência de 1 kHz. Diminuir o valor de **PWM_CYCLE_TIME** fará com que a frequência aumente, mas a resolução e a capacidade ajuste fino da saída será menor. Nesse exemplo, é possível ajustar a saída em múltiplos de 0,1%, mas reduzindo **PWM_CYCLE_TIME** para **100** fará com que a frequência aumente para 10 kHz, mas a resolução caia para múltiplos de 1%.

Portanto, o trecho do código possui uma restrição principalmente baseada na capacidade de processamento do microcontrolador utilizado. O microcontrolador pode não ter capacidade de processamento suficiente para gerar um sinal com a frequência necessária para a aplicação desejada, pois, para acionar cargas de modo similar a uma saída analógica, o PWM precisa possuir uma frequência elevada.

Código 15.1: Soft PWM

```
1 #include "pwm.h"
2 #include "io.h"
3 #include "rgb.h"
4
5 #define PWM_CYCLE_TIME    1000
6 #define DUTY_CYCLE        100
7
8 void main(void){
9     int t;
10    rgbInit();
11    for(;;){
12        rgbColor(OFF);
13        for(t=0; t<PWM_CYCLE_TIME; t++){
14            if(t >= DUTY_CYCLE){
15                rgbColor(RED);
16            }//end if
17        }//end for t
18    }//end for
19 }//end main
```

Além disso, a adição de outras funcionalidades nesse código pode fazer com que a frequência caia ainda mais, pois as atividades devem ser adicionadas no loop de contagem da variável **t**. Qualquer atividade adicionada depois do loop aumentará o tempo que o PWM está desligado, fazendo com que ele nunca atinja o valor de 100%, reduzindo a possibilidade de uso dessa técnica.

A melhor solução nesses casos é utilizar um periférico dedicado que consiga implementar esta funcionalidade em hardware, liberando o processador para outras atividades.

15.3 | O periférico de PWM

Em geral, o funcionamento dos periféricos de PWM segue uma mesma estrutura para sua configuração.
1. Configurar os terminais físicos como saída.
2. Configurar o clock do periférico.
3. Escolher a velocidade do ciclo do PWM.
4. Habilitar o funcionamento do periférico.

Como todos os demais periféricos que precisam de uma base de tempo, o PWM pode escolher entre diferentes fontes de clock do sistema. O mais comum é utilizar a mesma fonte de clock do oscilador principal.

Normalmente, a fonte de clock do oscilador principal é bastante alta, cerca de algumas dezenas de MHz. Ainda existem opções que permitem reduzir essa velocidade, esses dispositivos são os divisores de frequência conhecidos como prescallers.

O funcionamento básico do PWM, como apresentado no modelo do soft PWM, consiste em executar um ciclo num tempo *t* determinado. Durante esse tempo é escolhida uma fração do tempo *t* durante o qual uma saída permanecerá ligada. No restante do tempo, a saída ficará desligada. Um dos modos de se fazer isso é utilizar um relógio que será incrementado de acordo com o clock escolhido, e esse valor será comparado constantemente com dois outros valores: um para ligar a saída e outro para desligar. Quando a saída for desligada, o contador de tempo será resetado e o ciclo se reiniciará.

Cada plataforma apresenta sua especificidade. No exemplo com a plataforma Freedom, o cálculo da frequência de trabalho do PWM é dada por:

$$Freq._{PWM} = \frac{F_{OSC}}{resetCounter \times (PWM_{Prescaler})}$$

Em que: F_{OSC} é a frequência de oscilação da placa (24 MHz), $PWM_{Prescaler}$ é o divisor utilizado pelo PWM (1:1) e *resetCounter* é o valor utilizado para reinicializar o contador de tempo.

O *Duty Cycle* percentual é calculado de acordo com:

$$DutyCycle_{PWM} = \frac{matchValue}{resetValue} \times 100$$

Em que o *matchValue* é o valor entre zero e *resetValue* para o qual a saída será levada para **1**, quando esse for igual ao contador de tempo. Quando o contador de tempo se igualar ao valor de *resetValue*, o próprio contador é reinicializado e a saída retorna para **0**.

15.4 | Criação da biblioteca

Para configurar as saídas PWM é necessário especificar a frequência de trabalho por meio do registro **TPM0_MOD**. No registro **PORTB_PCR11** o terminal D9 é configurado como uma saída do tipo PWM. O prescaler foi desabilitado, de modo a obter a maior frequência de trabalho possível.

No trecho do Código 15.2 é apresentado um exemplo de como criar as rotinas de operação do PWM. O header desta biblioteca é apresentado no trecho do Código 15.3. Por fim, o trecho do Código 15.5 apresenta um exemplo de utilização dessa biblioteca.

Código 15.2: pwm.c

```
1  #include "pwm.h"
2  #include "io.h"
3  #include "derivative.h"
4  void pwmBuzzer(unsigned int frequency){
5      pwmFrequency(frequency);
6      pwmDutyCycle(50);
7  }
8  //define uma frequência de trabalho
9  void pwmFrequency(unsigned int frequency){
10     if ((frequency>0) && (frequency < 40000)){
11         TPM0_MOD = 24000000/frequency;
12     }
13 }
14 //configura a saída como um valor de 0 à 100%
15 void pwmDutyCycle(float percentage){
16     if ((percentage>=0) && (percentage <= 100)){
17         TPM0_MOD = (unsigned int)((percentage*TPM0_MOD)/100);
18     }
```

```
19 }
20 void pwmInit(void){
21    //habilita as saídas dos terminais
22    SIM_SCGC5  |= SIM_SCGC5_PORTB_MASK | SIM_SCGC5_PORTA_MASK;
23    //habilita o clock para o periférico do PWM
24    SIM_SCGC6 |=( SIM_SCGC6_TPM0_MASK | SIM_SCGC6_TPM1_MASK);
25    //fonte de clock vem do oscilador principal do sistema
26    SIM_SOPT2  |= SIM_SOPT2_TPMSRC(1);
27    //configura o terminal D9 (portb 11) como uma saída do tipo PWM
28    PORTB_PCR11  = (0|PORT_PCR_MUX(2));
29    //configura o valor máximo para o contador de tempo
30    TPM0_MOD   = 1000;
31    //configura timer para acionar o PWM
32    TPM0_C0SC = TPM_CnSC_MSB_MASK | TPM_CnSC_ELSA_MASK;
33    //configura o registro de contador sem prescaler(1/1)
34    TPM0_SC    = TPM_SC_CMOD(1) | TPM_SC_PS(0);
35 }
```

Código 15.3: pwm.h

```
1 #ifndef PWM_H
2 #define PWM_H
3
4     void pwmInit(void);
5     void pwmBuzzer(unsigned int frequency);
6     void pwmFrequency(unsigned int frequency);
7     void pwmDutyCycle(float percentage);
8
9 #endif //PWM_H
```

Os códigos para manipulação do PWM apresentam bastante similaridades. Em ambos os processadores é possível ajustar a frequência e o *Duty Cycle* fazendo uso de registros do próprio processador. A inicialização dos periféricos também é bem similar, ligando-se a parte do PWM e configurando os terminais de acordo com o indicado pelo fabricante de cada processador. As funções do PIC18F4520 podem ser vistas no Código 15.4.

Código 15.4: pwm.c

```
1 #include "pwm.h"
2 #include <pic18f4520.h>
3 #include "bits.h"
4
5 void pwmBuzzer(unsigned int frequency){
6     pwmFrequency(frequency);
7     pwmDutyCycle(50);
8 }
9 void pwmFrequency(unsigned int freq){
10    //PR2 = fosc/(fpwm*4*prescaler)-1;
11    //PR2 = (8000000/(freq*4*16)) - 1;
12    PR2 = (125000l/(freq)) - 1;
13 }
14 void pwmDutyCycle(unsigned char porcento){
```

```
15      //V = DC_porcento * (PR2+1) /25
16      unsigned int val = ((unsigned int)porcento) *(PR2+1);
17      val = val / 25;
18      val &= 0x03ff;   //garante que tem apenas 10 bits
19      CCPR2L = val >> 2; // armazena os 8 primeiros bits
20      //os últimos dois são colocados nas posições 5 e 4 do CCP1CON
21      CCP2CON |= (val & 0x0003) << 4;
22  }
23  void pwmInit(void){
24      bitClr(TRISC,1);//configura os pinos correspondentes como saídas
25      T2CON |= 0b00000011; //configura o prescaler do timer 2 para 1:16
26      bitSet(T2CON,2); //liga o timer 2
27      CCP2CON = 0b00001100;    //configura CCP1 como um PWM
28      pwmFrequency(100);
29  }
```

Código 15.5: Exemplo de uso da biblioteca das saídas PWM

```
1  #include "io.h"
2  #include "pwm.h"
3  #include "adc.h"
4
5  //início do programa
6  void main(void){
7      int freq;
8
9      systemInit();
10     adInit();
11     pwmInit();
12
13     for(;;){
14         //lê o valor do potênciometro
15         freq = adRead(2);
16         //ajustando a frequência de acordo com entrada analógica
17         pwmBuzzer(temp);
18     }//end for
19 }//end main
```

15.5 | Aplicações

15.5.1 | Servomotores

Um servomotor, como mostra a Figura 15.6, é um sistema composto basicamente de três elementos: uma unidade motora, uma unidade sensora e uma unidade de controle. A unidade sensora pode mensurar posição, velocidade ou aceleração.

O servomotor visa estabilizar uma das grandezas do motor: o ângulo de seu eixo ou a sua velocidade de rotação. Para isso, utiliza-se uma malha de controle em que mensura pelo sensor a grandeza medida: posição, velocidade e/ou aceleração. Caso esteja errada, modifica o acionamento do motor para corrigi-la.

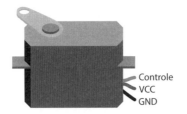

Figura 15.6. Servomotor.
Fonte: Imagem produzida com Fritzing/Inkscape

Existem alguns modos de comunicação entre os servomotores e os microcontroladores. A forma mais comum é por meio de um sinal de tensão modulado com frequência fixa, similar a uma saída PWM.

Esse sinal possui um período de 20 ms (50 Hz), em que o valor do tempo alto pode variar entre 1 a 2 ms. Para um servomotor com controle de posicionamento e abertura de 180 graus, seu controle varia conforme apresentado na Figura 15.7.

O controle utiliza valores entre (1/20) ms = 5% e (2/20) ms = 10%. Para a plataforma Freedom, o valor de leitura do potênciometro por meio do conversor analógico/digital é entre 0 à 4095. No trecho do Código 15.6 é apresentado o programa que faz a conversão e o controle de um servomotor a partir do ângulo do potênciometro.

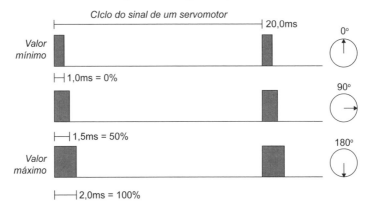

Figura 15.7. Forma de onda de controle de um servomotor.

Código 15.6: Controle do ângulo de um servomotor pelo potenciômetro

```
1  #include "io.h"
2  #include "pwm.h"
3  #include "adc.h"
4
5  //configurando o valor da frequência de trabalho do pwm para 50Hz
6      pwmFreq(50);
7      for(;;){
8          //lê o valor do potênciometro
9          //o potenciômetro varia de 0 à 4095 na plataforma Freedom
10         ang = adRead(2);
11         //convertendo para um valor entre 0 e 1
12         ang = (ang/4095);
13         //convertendo para um valor entre 5 e 10
```

```
14      ang = (ang+1)*5;
15      //ajustando o valor do ângulo de acordo com o potenciômetro
16      pwmDuty(ang);
17   }//end for
18 }//end main
```

5.2 | Controle da frequência e emissão de sons

Ainda é possível utilizar a saída PWM para controlar a frequência de um sinal ajustando-a conforme a necessidade do projeto. Uma aplicação muito comum é ajustar a frequência-base de modo que ela coincida com os valores das notas musicais, ligando essa saída PWM a um alto-falante ou piezoelétrico é possível reproduzir melodias.

O piezoelétrico é um cristal que possui a propriedade de gerar uma tensão elétrica quando pressionado ou na presença de uma tensão elétrica ele modifica seu tamanho. Inserido um sinal de tensão que varia ao longo do tempo é possível fazer com que o cristal vibre na mesma frequência do sinal, e conectando esse cristal a um diafragma podem ser geradas ondas sonoras. O conjunto de cristal + diafragma é conhecido como buzzer.

O nome buzzer vem da característica do som produzido, parecido com um zunido ("bzzzzzz"). Esse é o tipo de som utilizado em grande parte nos primeiros videogames de bolso e nos toques monofônicos dos antigos celulares.

Como as saídas do microcontrolador podem não possuir capacidade de corrente suficiente para acionar um buzzer, é comum utilizar um circuito simples de amplificação transistorizado. Como o sinal do PWM é uma onda quadrada, utilizar um o transistor operando como chave é suficiente para que o buzzer funcione. A Figura 15.8 apresenta o circuito utilizado na placa de desenvolvimento.

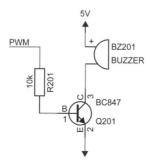

Figura 15.8. Circuito transistorizado de acionamento de buzzer.

Do ponto de vista do software, é necessário criar as definições das frequências das notas musicais. O trecho do Código 15.7 apresenta essas definições.

Código 15.7: Reprodução de sons

```
1 //frequência das notas musicais
2 #define C   523
3 #define CS  554
4 #define D   587
5 #define DS  622
6 #define E   659
7 #define F   698
```

```
 8 #define FS  740
 9 #define G   784
10 #define GS  830
11 #define A   880
12 #define AS  932
13 #define B   987
14 //próximas oitavas são múltiplos das frequências-base, por exemplo:
15 #define C2  C*2
```

Para inserir um período de silêncio existem duas opções: desligar o PWM ou gerar uma frequência inaudível, acima de 20 kHz. A segunda opção é mais simples por não precisar desligar e ligar constantemente o PWM, mas pode incomodar animais próximos.

15.6 | Exercícios

Ex. 15.1 — Crie uma biblioteca "alarmeSonoro" que utiliza a biblioteca "pwm" como base. Essa biblioteca deve ter três funções. A primeira, que não recebe nem retorna nada, faz a inicialização dos periféricos. A segunda gera um alarme de tom (frequência) único. Ela recebe dois parâmetros: um para frequência do som e um indicando a duração do alarme. A terceira função também gera um alarme, mas com dois tons diferentes (similar ao som de uma ambulância). Essa função recebe três parâmetros: a duração do sinal de alarme, a frequência grave e a frequência aguda.

Ex. 15.2 — Em um determinado sistema embarcado existe um ventilador com motor DC conectado a uma saída PWM. Faça um programa que controle a velocidade desse ventilador por meio da comunicação serial. Se chegar um caractere numérico pela serial, ele deve ser usado para ajustar o PWM com o valor adequado: caso chegue o caractere '0', a potência deve ser regulada para 0%, para o caractere '1', a potência deve ser 10%, seguindo-se essa sequência até o caractere '9' para 90%. Utilize as bibliotecas "pwm.h" e "serial.h". Para o ventilador funcionar corretamente, a frequência do PWM deve estar entre 10 e 20 kHz.

Ex. 15.3 — Determinado sistema embarcado foi desenvolvido para manter uma mesa de controle nivelada em uma embarcação. A mesa possui um acelerômetro como sensor de angulação e um servomotor como atuador. O acelerômetro retorna valores de -180 a 180 graus, com uma faixa de valores de 0 a 4095 no AD. O servomotor está montado de forma que consiga movimentar a angulação da mesa de -180 a 180 graus, com uma forma de onda PWM de 1 ms a 2 ms em 20 ms, com Duty Cycle de 5 a 10%. Faça um programa que leia o valor do acelerômetro por meio do canal **AN0** e controle o servomotor com um ângulo oposto, de modo a nivelar a mesa. Utilize as bibliotecas "ad.h" e "pwm.h".

Ex. 15.4 — Vários controles remotos utilizam um protocolo de comunicação sem fio baseado em leds e sensores infravermelhos. A transmissão dos dados é feita por meio de pulsos de luz, geralmente configurados para frequências entre 30 e 60 kHz, sendo a mais comum a de 38 kHz. Os bits zero ou um são transmitidos de acordo com o tempo que o sistema fica ativo. Os valores corretos de tempo dependem do protocolo de cada dispositivo. Monte um programa que faça a transmissão dos 8 bits de uma variável **unsigned char**. A transmissão de um bit zero é feita desligando a saída PWM por 1 ms e ligando a saída PWM por 1 ms, com a frequência de 38 kHz. A transmissão de um bit 1 é feita desligando a saída por 1 ms e ligando por 2 ms. Utilize a biblioteca "pwm.h".

16 Temporizadores

uqr.to/1cqzq

"'O tempo', ele disse, 'é que evita que tudo aconteça de uma vez'."
Ray Cummings

Um dos requisitos mais importantes para o desenvolvimento de sistemas embarcados é a capacidade de executar eventos em intervalos pré-definidos. Essas requisições vêm das restrições nos acionamentos de dispositivos eletrônicos às características de resposta de protocolos de comunicação ou a questões de agendamento de atividades, como por exemplo o flicker nos leds. Em qualquer uma dessas situações é necessário possuir uma base de tempo confiável.

O processo de contagem de tempo em microcontroladores pode ser implementado de modo bastante simples, basta utilizar uma variável que será incrementada em intervalos regulares. O valor dessa variável incrementada passa então a indicar quanto tempo decorreu desde a última vez que foi zerada. O trecho de código a seguir apresenta um exemplo desse procedimento, em que a base de tempo para a geração dos intervalos regulares é implementada pela última estrutura de repetição (**for**), fazendo com que cada ciclo do loop consuma exatamente 1 milissegundo.

```
1  #include "lcd.h"
2  #include "io.h"
3
4  void main (void){
5      //time armazena quanto tempo o sistema está ligado
6      int time=0;
7      int dummyCount;
8
9      lcdInit();
10     systemInit();
11
12     for(;;){
13         //incrementa a contagem de tempo
```

```
14          time++;
15
16          //executa as atividades
17          DoStuff();
18
19          //imprime a hora atual
20          timePrint(time);
21
22          //tempo extra para acertar o loop de 1 ms
23          for(dummyCount=0;dummyCount<134;dummyCount--);
24      }//end for
25 }//end main
```

O problema com essa abordagem é encontrar o valor correto para a repetição de modo que o tempo seja constante. Além disso, a função **DoStuff()** pode consumir um tempo variável dependendo das estruturas de condição utilizadas internamente, fazendo com que seja impossível garantir que todos os ciclos serão idênticos.

Para gerar uma base de tempo confiável, os microcontroladores utilizam um periférico dedicado. Esse periférico possui duas partes: a primeira realiza uma contagem, e a segunda gerencia a primeira usando uma fonte de clock. Quando esse clock é estável, o periférico é capaz de gerar intervalos de tempo constantes. A junção do circuito de contagem com o sistema de clock é chamada de temporizador.

Os temporizadores ou timers possuem uma estrutura bastante simples para serem utilizados, basta inicializar o contador e aguardar que a contagem atinja o valor desejado. A Figura 16.1 apresenta um modelo desse tipo de periférico.

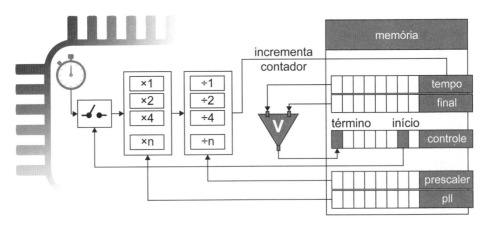

Figura 16.1. Modelo de temporizador por hardware.

A maioria dos temporizadores utiliza a mesma frequência de clock que o processador e, para a maioria das aplicações, essa frequência pode ser elevada demais, limitando o intervalo de tempo máximo obtido. A solução adotada por grande parte dos fabricantes é utilizar um módulo de divisor (prescaler) para reduzir a frequência, fazendo com que o timer rode mais devagar. Como a contagem é feita por meio de um circuito dedicado, ela não é afetada por nenhuma outra operação do processador.

16.1 | Criação da biblioteca

A utilização mais simples de um timer pode ser feita em três funções: uma para inicializar o periférico **timerInit( )**; uma para configurar o tempo de contagem **timerStart( )**; uma última que indica se a contagem do tempo especificado já terminou **timerFinished( )**. Essa forma gera a base da função **timerWait( )** que, em vez de checar se o timer já terminou, aguarda até que a contagem acabe.

A partir das funções apresentadas é possível gerar uma quinta função para a biblioteca, a **timerDelay( )**. Essa função configura o timer em um valor pré-definido e aguarda o tempo desta contagem. Assim, é possível criar um atraso de tempo com o tamanho desejado.

Outra funcionalidade interessante do timer é permitir a contagem de tempo entre dois eventos; para isso, é permitido que o timer fique rodando livremente (free running clock), garantindo que o programador tenha acesso ao valor atual do timer.

O programador poderá então verificar o tempo decorrido entre dois eventos, chamando a função **timerStart( )** com qualquer valor, apenas para inicializar a contagem do timer a partir do zero. A função **timerRead( )**, mostrada no trecho do Código 16.1, retornará o valor atual da contagem.

Código 16.1: timer.c

```
1  #include "derivative.h"
2  #include "timer.h"
3
4  void timerStart(unsigned int count_val){
5      // desliga o timer para mudar a configuração de tempo e resetar
               o contador
6      LPTMR0_CSR=0;
7      // configura o tempo de contagem; como o timer usa um clock de
               1 KHz, cada unidade equivale a 1 ms
8      // subtrai duas unidades, descontando o overflow e a
               reinicialização
9      LPTMR0_CMR = count_val-2;
10     //liga o timer
11     LPTMR0_CSR |= 1;
12     return;
13 }
14 unsigned int timerRead(void){
15     return LPTMR0_CNR;
16 }
17 void timerWait(void){
18     //aguarda final da contagem
19     while (!(LPTMR0_CSR & LPTMR_CSR_TCF_MASK));
20     //desliga o contador
21     LPTMR0_CSR &= ~LPTMR_CSR_TEN_MASK;
22 }
23 int timerFinished(void){
24     //verifica se terminou de contar
25     if (LPTMR0_CSR & LPTMR_CSR_TCF_MASK){
26         //se terminou, desliga o contador
27         LPTMR0_CSR &= ~LPTMR_CSR_TEN_MASK;
28         return 1;
```

```
29      }else{
30          return 0;
31      }
32  }
33  //gera um atraso de (time) milissegundos
34  void timerDelay(unsigned int time){
35      timerStart(time);
36      while(!timerFinished());
37  }
38  void timerInit(void){
39      //liga sistema de clock do timer
40      SIM_SCGC5 |= SIM_SCGC5_LPTMR_MASK;
41      //utiliza oscilador de 1 kHz sem prescaler
42      LPTMR0_PSR = LPTMR_PSR_PCS(1)|LPTMR_PSR_PBYP_MASK;
43  }
```

O header da biblioteca é apresentado no trecho do Código 16.2.

Código 16.2: timer.h

```
1  #ifndef TIMER_H
2  #define TIMER_H
3      void timerStart(unsigned int count_val);
4      unsigned int timerRead(void);
5      void timerWait(void);
6      int timerFinished(void);
7      void timerDelay(unsigned int time);
8      void timerInit(void);
9  #endif
```

Dentre todas as bibliotecas de acesso a hardware – **adc**, **io**, **pwm**, **serial** e **timer** –, esta última é a que apresenta maior diferença nas implementações. Isso se dá pelo formato que os relógios foram desenvolvidos em cada plataforma.

No timer do ARM da placa Freedom, o contador é iniciado com zero e conta até um valor especificado pelo programador. Por isso basta inserir o valor desejado nos registros corretos.

Já no PIC18F4520 o contador é decrescente e para quando chega à zero. Assim, é necessário ajustar o valor que recebemos por parâmetro para considerar esse modo de operação. O Código 16.3 apresenta a implementação da biblioteca para o PIC.

Código 16.3: timer.c

```
1  #include <pic18f4520.h>
2  #include "timer.h"
3  #include "bits.h"
4  #include "io.h"
5  //tempo em microssegundos
6  void timerStart(unsigned int tempo){
7      unsigned int ciclos;
8      //para placa com 8 MHz 1 ms = 2 ciclos
9      ciclos = tempo * 2;
10     //overflow acontece com 2^15-1 = 65535 (max unsigned int)
```

```
11      ciclos = 65535 - ciclos;
12      //remover tempo de overhead
13      ciclos -=50;
14      TMR0H = (ciclos >> 8);    //salva a parte alta
15      TMR0L = (ciclos & 0x00FF); // salva a parte baixa
16      bitClr(INTCON,2); //limpa a flag de overflow
17  }
18  void timerWait(void){
19      while(!bitTst(INTCON,2));
20  }
21  char timerFinished(void){
22      return bitTst(INTCON,2);
23  }
24  //gera um atraso de (time) milissegundos
25  void timerDelay(unsigned int time){
26      timerStart(time);
27      while(!timerFinished());
28  }
29  void timerInit(void){
30      T0CON = 0b00001000; //configura timer 0 sem prescaler
31      bitSet(T0CON,7); //liga o timer 0
32  }
```

16.2 | Aplicação

Os timers podem ser utilizados de diversos modos. Nas próximas sessões, serão apresentados quatro modelos de utilização.

16.2.1 | Geração de uma base de tempo

Com o uso da biblioteca, é possível resolver o problema de garantir a temporização do loop principal permitindo que uma base de tempo confiável possa ser gerada e armazenada em uma variável. Essa abordagem é apresentada no trecho do Código 16.4.

Código 16.4: Geração de loop temporizado baseado em timer

```
1  #include "lcd.h"
2  #include "timer.h"
3
4  void main (void){
5      //time armazena quanto tempo o sistema está ligado
6      long int timeVar=0;
7      int dummyCount;
8
9      lcdInit();
10     timerInit();
11
12     for(;;){
13         //configura o tempo do timer em 1 ms
14         timerStart(1000);
```

```
15          timeVar++;
16
17          //executa as atividades
18          DoStuff();
19
20          //imprime a quantidade de segundos
21          lcdNumber(timeVar/1000);
22
23          //aguarda o tempo restante para 1 ms
24          timerWait();
25      }//end for
26 }//end main
```

No trecho do Código 16.4, é iniciada a contagem com **timerStart()** no início da repetição fornecendo o tempo desejado. Ao final, utiliza-se a função **timerWait()** para aguardar o tempo restante para atingir a contagem especificada.

A vantagem com essa abordagem é que o timer continuará a contagem independentemente das rotinas, mesmo que as funções no meio da repetição gastem mais ou menos tempo. Ao final da repetição, o timer aguardará apenas o tempo necessário para completar o ciclo, no caso do exemplo de um milissegundo.

Contudo, deve-se tomar cuidado com essa solução, o código garante que o loop consumirá **pelo menos** 1 ms, mas não é possível garantir que todos os loops gastarão apenas um milissegundo, sem o uso de estruturas mais complexas. Se as funções **DoStuff()** ou **lcdNumber()** demorar mais de um milissegundo para serem executadas a base de tempo será perdida.

Existem algumas soluções para esse problema. A mais simples é utilizar uma base que deixe uma certa folga para as funções serem executadas. Outra solução é mover todas as atividades críticas em relação ao tempo para interrupções baseadas em timer. Por fim, pode-se optar pelo uso de um sistema operacional preemptivo de tempo real.

16.2.2 | Contador de frequência de eventos

Em algumas situações é necessário conhecer a frequência com que um determinado evento acontece. O trecho do Código 16.5 apresenta uma abordagem que mensura a quantidade de eventos ocorre em um intervalo de tempo.

Código 16.5: Contagem de eventos por período de tempo

```
1 #include "timer.h"
2 #include "keypad.h"
3
4 void main (void){
5       //time armazena quanto tempo o sistema está ligado
6       int lastkey;
7
8       kpInit();
9       timerInit();
10
11      for(;;){
12          //configura o tempo do timer em 1 ms
13          timerSetCounter(1000);
```

```
14          kpDebounce();
15
16          //executa as atividades
17          if((lastkey!= kpRead()) && (kpRead() == 'A')){
18              lastkey== kpRead();
19              count++;
20          }//end if
21
22          //aguarda o tempo restante para 1 ms
23          timerWait();
24          //neste ponto, count representa a frequência de eventos
25          //zera-se a variável para a próxima contagem
26          count = 0;
27      }//end for
28 }//end main
```

Na abordagem de contagem de tempo decorrido entre dois eventos é necessário utilizar a estrutura de leitura de teclas por rampa de subida, fazendo uso de uma variável temporária, como no trecho do Código 16.6.

Código 16.6: Contagem de tempo entre eventos

```
1  #include "timer.h"
2  #include "keypad.h"
3
4  void main (void){
5
6      //time armazena quanto tempo o sistema está ligado
7      int lastkey;
8      int started;
9      int timeEvents;
10
11     systemInit();
12     kpInit();
13     timerInit();
14
15     for(;;){
16         kpDebounce();
17         //verifica se houve algum evento (tecla A, por exemplo)
18         if((lastkey!= kpReadKey()) && (kpReadKey() == 'A')){
19             lastkey== kpReadKey();
20             //testa se a contagem ainda não foi iniciada
21             if(!started){
22                 //apenas para iniciar a contagem, o valor final não ↵
                        será utilizado.
23                 timerStart(0);
24                 started = 1;
25             }else{
26                 //contagem já iniciada no evento anterior, agora ↵
                        realiza a leitura do tempo
27                 timeEvents = timerRead();
28             }//end else
29         }//end if
```

```
30      }//end for
31 }//end main
```

O cuidado com a abordagem de tempo decorrido entre eventos é para que a variável de relógio não estoure. Se muito tempo passar entre os dois eventos, é possível que o contador do relógio sofra um overflow e o valor passe a não ser mais válido.

16.2.3 | Relógio calendário

O primeiro passo para se construir um relógio sem a utilização de um RTC é a geração de uma base de tempo confiável por meio de uma estrutura de repetição temporizada com um timer.

A cada repetição uma variável de intervalo é incrementada, servindo de contador inicial. Toda vez que seu valor representar a quantidade referente a um segundo, a variável de intervalo será reiniciada e a variável de segundos será incrementada. Quando a variável de segundos ultrapassar 60 unidades, ela será reiniciada e a variável de minutos será incrementada. Esse procedimento se repete para cada uma das outras variáveis de contagem: hora, dia, mês e ano.

A criação de uma biblioteca simplifica o uso desse procedimento de incremento das variáveis de forma consistente, bem como controle limites e as comparações. Para que a biblioteca funcione adequadamente, basta que a função de contagem seja chamada em intervalos pré-definidos (**baseTick**), conforme as funções são apresentadas no trecho do Código 16.7.

Código 16.7: Biblioteca de contagem/armazenamento de tempo

```
1  int count;
2  int baseTick;
3  int seconds, minutes, hours, days, months, years;
4  void clockInit(int newBaseTick){
5      count=0;
6      seconds=0; minutes = 0; hours=0;
7      days=0; months=0; years=0;
8      baseTick = newBaseTick;
9  }//end clockInit
10
11 //deve ser chamada a cada baseTick de tempo
12 void clockTick(void){
13     //amenta o tempo pré-configurado
14     count+=baseTick;
15     if(count >= 1000){
16         //incrementa a quantidade de segundos adequada
17         seconds++;
18         //se baseTick não for divisor de 1000, pode haver sobra a ↩
                cada loop. Armazena-se a sobra (resto da divisão) para ↩
                o próximo ciclo.
19         count=count%1000;
20     }//end if count
21     if(seconds>=60){
22         minutes++;
23         seconds = 0;
```

```
24      }//end if seconds
25      if(minutes>=60){
26          hours++;
27          minutes = 0;
28      }//end if minutes
29      if(hours>=24){
30          days++;
31          hours = 0;
32      }//end if hours
33      //continua para meses e anos
34  }//end clockTick
35
36  //as funções para ler/escrever os minutos, as horas, os dias, os ←
         meses e os anos são similares às de segundos
37  void clockSetSeconds(int val){
38      second = val;
39  }//end clockSetSeconds
40  int clockGetSeconds(void){
41      return val;
42  }//end clockGetSeconds
```

A biblioteca funciona de modo muito similar à do RTC (Real Time Clock), permitindo que o programador configure ou leia cada uma das grandezas de tempo.

A função de inicialização recebe um parâmetro indicando qual é a velocidade em que ela será chamada. Isso é útil para configurar o funcionamento da biblioteca com diferentes velocidades de execução, sem necessidade de reescrever o código da biblioteca.

Caso a velocidade não seja múltipla de 10, as comparações da variável **count** poderiam levar a erros de arredondamento. Para evitar esse problema, essa variável não é simplesmente zerada, mas atribuído o resto da divisão para garantir que qualquer possível sobra continue sendo utilizada para a próxima contagem.

Supondo que o relógio tenha sido configurado para ser incrementado a cada 700 ms, com isso a segunda chamada o valor de clock será de 1.400 ms. Portanto, o valor superior a 1.000 ms indica que a variável segundos sofrerá incremento, os 400 ms restantes devem ser mantidos para garantir a sincronia do sistema.

Código 16.8: Uso da biblioteca de contagem/armazenamento de tempo

```
1  #include "clock.h"
2  #include "lcd.h"
3  #include "timer.h"
4
5  //início do programa
6  void main(void){
7      unsigned char cont=0;
8      unsigned char pos=0;
9
10     systemInit();
11     timerInit();
12     lcdInit();
13
14     //configurando para ser chamado a cada 10 ms
15     clockInit(10);
```

```
16
17      for(;;){
18          //configura timer para 10 ms
19          timerRest(10000);
20
21          //imprime as informações
22          lcdPosition(0,1);
23          lcdNumber(clockGetSeconds());
24
25          //aumenta o tick e aguarda próxima rodada.
26          clockTick();
27          timerWait();
28      }//end for
29  }//end main
```

16.2.4 | Reprodução de melodias

Uma melodia é o encadeamento de notas e pausas de maneira ordenada. Em uma partitura, documento que descreve como uma música deve ser tocada, se encontra esse encadeamento e três informações: a nota (frequência), a duração (tempo) e a intensidade (volume).

Por meio do buzzer e do PWM utilizados é possível controlar a frequência do sinal sonoro. Utilizando o timer, controla-se a duração das notas. Com base nesses dois periféricos é possível construir um sistema de reprodução musical monofônico básico. O sistema será alimentado com dois vetores: o primeiro indicando os tempos da nota e, o segundo, a frequência. O trecho do Código 16.9 apresenta a estrutura básica para efetuar a leitura dos vetores que representam a partitura e reproduzir o som.

Código 16.9: Reprodução de melodias monofônicas

```
1  void main(void){
2      unsigned char cont, pos;
3      //Ground Theme - Koji Kondo (Super Mario Bros.)
4      unsigned char tempo[] = {15, 5, 15, 7, 30, 15, 30, 30, 30, 30, ↵
            30, 30, 15, 30, 15, 30, 15, 30, 30, 15, 30, 22, 15, 15, 30, ↵
            15, 30, 30, 15, 15, 30, 15, 30, 15, 30, 15, 30, 15, 30, 30, ↵
            15, 30, 22, 15, 15, 30, 15, 30, 30, 15, 15, 30, 30, 15, 15, ↵
            15, 15, 15, 15, 15, 15, 15, 15, 15, 15, 15, 30, 15, 15, ↵
            15, 15, 15, 15, 15, 15, 15, 15, 30, 15, 15, 15, 15, ↵
            15, 15, 15, 15, 15, 15, 15, 30, 15, 30, 15, 30, 15};
5      unsigned int notas[] = {E2, v, E2, v, E2, C2, E2, G2, v, G, v, ↵
            C2, v, G, v, E, v, A, B, AS, A, G, E2, G2, A2, F2, G2, E2, ↵
            C2, D2, B, v, C2, v, G, v, E, v, A, B, AS, A, G, E2, G2, ↵
            A2, F2, G2, E2, C2, D2, B, v, G2, F2S, F2, D2S, v, E2, v, ↵
            G2, A, C2, v, A, C2, D2, v, G2, F2S, F2, D2S, v, E2, v, C3, ↵
            v, C3, C3, v, G2, F2S, F2, D2S, v, E2, v, GS, A, C2, v, A, ↵
            C2, D2, v, D2S, v, D2, v, C2};
6      pwmInit();
7      timerInit();
8      pos = 0, cont = 0;
9      pwmBuzzer(notas[0]);
```

```
10      for(;;){
11          timerRest(10000); //cada ciclo consome 10 ms
12          cont ++;
13          if(cont >= tempo[pos]){
14              //passado o tempo, muda a nota
15              pos++;
16              pwmBuzzer(notas[pos]);
17              cont=0;
18          }//end if
19          //verifica se terminou de percorrer o vetor de notas
20          if(pos >= 100){
21              pos = 0;
22          }//end if
23          timerWait();
24      }//end for
25 }//end main
```

16.3 | Exercícios

Ex. 16.1 — Crie um relógio com o uso do timer que conte os segundos, minutos e horas. Os valores devem ser exibidos no LCD. O programa deve ainda fazer a leitura do teclado de modo que o valor dos segundos possa ser alterado pelas teclas A e B, os minutos pelas teclas X e Y e as horas pelas teclas U e D. Utilize as bibliotecas "timer" e "keypad".

Ex. 16.2 — Determinado sistema embarcado realiza o monitoramento das rotações de um motor por meio de uma chave tipo *reed switch*. Acoplado ao eixo do motor se encontram 16 imãs uniformemente distribuídos ao longo da circunferência. Desse modo, o motor gera 16 pulsos a cada rotação. Faça um programa que meça a quantidade de rotações por minuto e a mostre no display de LCD.

Ex. 16.3 — Faça um programa que controle as luzes de um semáforo que controla a saída dos carros de uma garagem. Com relação ao tempo de acionamento, a luz verde deve ficar acesa por 30 s, a amarela por 5 s e a vermelha por 60 s. Utilize a biblioteca "timer" para ter precisão no tempo. Lembre-se de que as funções da biblioteca não conseguem medir intervalos de tempo superiores a 65.535 microssegundos.

Ex. 16.4 — Um dos modos de se construir um radar de velocidade é utilizando dois sensores de presença. Os sensores são dispostos a uma distância conhecida. Assim que o objeto passa pelo primeiro sensor, é iniciada a contagem de tempo. Quando o objeto passa pelo segundo sensor, a contagem é pausada e a velocidade é calculada como a divisão do espaço pré-definido, e o tempo gasto. Crie um programa que faça a leitura de dois sensores, conectados aos terminais digitais **D4** e **D5**, calcule e mostre a velocidade no display de LCD, sabendo que a distância entre os sensores é de 1 metro.

17 Interrupção

uqr.to/1cqzs

"Quando eu vou numa biblioteca e vejo a bibliotecária em sua mesa, tenho medo de interrompê-la, mesmo que ela se sente lá especificamente para que ela seja interrompida, mesmo que ser interrompida por razões como esta, por pessoas como eu, seja exatamente seu trabalho."
Aaron Swartz

Até o momento, todos os programas apresentados neste livro seguem um fluxo sequencial, sendo alterado apenas por chamadas de suas funções, estruturas de decisão ou repetição. Mas na leitura de alguns periféricos é necessário aguardar que as atividades terminem. Portanto, o fluxo sequencial não permite que o microcontrolador realize outra atividade enquanto os periféricos estão trabalhando.

Por exemplo, no funcionamento conversor analógico-digital é preciso executar um comando para inicializar a conversão. Essa atividade demanda quantidade de tempo, que pode inclusive variar conforme o valor do sinal. A solução adotada até agora é utilizar um loop que fica constantemente verificando se a conversão terminou. Esse artifício é conhecido como *pooling*.

O problema de se realizar a leitura de algum periférico por *pooling* é que o processador perde tempo desnecessário para verificar se algum evento ocorreu em outros elementos.

A solução ideal é possuir um periférico que monitore o evento desejado sem necessidade do processador. Esse sistema identificaria quando o evento aconteceu e avisaria ao processador para que tome as providências. Essa abordagem é conhecida como interrupção. No entanto, para se beneficiar desse recurso, o periférico deve ser capaz de gerar interrupções. Essa capacidade é implementada em hardware pelo fabricante do microcontrolador.

A geração da interrupção depende do acontecimento de um evento, como exemplos: o fim da conversão para o AD; a chegada de informação na serial; a mudança de estado/valor de algum dos terminais em uma porta.

Em seu funcionamento, quando um evento acontece, o periférico que gerencia a interrupção pausa o programa que estiver em execução no processador. Pode haver um pequeno atraso para a conclusão de atividades que não podem ser interrompidas. Em seguida, todas as informações importantes para o programa e que estão no processador são salvas, e essas variáveis vão para uma região de memória que permite que elas sejam facilmente recuperadas quando a interrupção terminar e o programa principal for retomado.

Com o programa pausado e as informações salvas, o periférico faz a chamada de uma rotina indicada via um endereço pré-definido. Essa rotina é comumente chamada de *Interrupt Service Routine* (ISR), rotina de serviço da interrupção.

Após o fim da execução da rotina, o periférico que gerencia a interrupção recarrega as informações salvas e volta a executar o programa principal exatamente no ponto em que estava antes da interrupção.

17.1 | Fonte de interrupção

Nos microcontroladores, é possível transformar qualquer evento em uma interrupção. Para isso, o desenvolvedor do hardware deve projetar o periférico para tal. As fontes de interrupção mais comuns vêm dos periféricos mais utilizados nos microcontroladores:

- Conversor AD: Fim de conversão.
- Timer: Overflow da contagem.
- Timer: Comparação de valor (match).
- Portas de I/O: Mudança no valor dos terminais.
- Serial: Fim de transmissão.
- Serial: Recepção de valor.
- Serial: Colisão de mensagens.
- Memória: Fim de escrita.

Para flexibilizar a utilização das interrupções pelos programadores, é comum os microcontroladores possuírem canais de interrupção externa.

As interrupções externas funcionam exatamente como as internas. A diferença está na definição dos eventos que agora são percebidos pelo microcontrolador, mas são gerados por atividades externas.

Isso permite que outros eventos sejam adicionados ao projeto: botões de emergência, transferência de dados, variação de luminosidade, bateria baixa, entre outros. A interrupção externa precisa apenas que a interface seja realizada de modo digital em um terminal pré-definido.

17.2 | Acessando a rotina de serviço da interrupção

A rotina de serviço da interrupção pode ser implementada como uma função que não recebe nenhum parâmetro nem retorna informação. Em geral, o nome da função também pode ser escolhido pelo programador.

```
1 void ISR_serial(void){
2    //código ...
3 }//end ISR_serial
4 void ISR_adc(void){
5    //código ...
6 }//end ISR_adc
```

Existem microcontroladores que possuem várias rotinas de interrupção, uma para cada evento. Em outros, há apenas uma rotina e os periféricos têm que compartilhar a mesma função. Nesses microcontroladores, o programador deve verificar qual foi o evento que chamou a rotina dentro da própria rotina de interrupção, utilizando os bits dedicados a essa função, chamados flags.

```
1  void ISR_common(void){
2      if(BitTst(SERIAL_REGISTER, SERIAL_INT_FLAG)){
3          //código ...
4      }//end if
5      if(BitTst(ADC_REGISTER, ADC_INT_FLAG)){
6          //código ...
7      }//end if
8  }//end ISR_common
```

O endereço dos registros e a posição do bit de flag variam para cada arquitetura e para cada periférico. No entanto, essas informações podem ser facilmente obtidas no datasheet do microcontrolador.

Um segundo passo para implementar a rotina de interrupção é indicar ao compilador qual função deverá ser chamada quando acontecer a interrupção. Cada compilador possui sua maneira de fazer esse link, para os compiladores baseados no GCC basta adicionar a expressão **__interrupt N** após a declaração da função, em que **N** indica qual é o número da interrupção a ser tratada.

```
1  void NomeDaFuncao(void) __interrupt 4{
2      //código para tratar a interrupção AD
3  }
4  void NomeDaFuncao(void) __interrupt 7{
5      //código para tratar a interrupção da serial
6  }
```

Alguns compiladores precisam que o programador indique o endereço físico em que a função deve ser armazenada. Por exemplo, para o compilador C18 da Microchip é necessário utilizar a diretiva **#pragma** para armazenar um pequeno código em assembly em uma região pré-definida. Esse código faz a chamada da função.

A diretiva **#pragma** é utilizada mais uma vez para indicar que a função criada será chamada via interrupção. Existem algumas diferenças entre chamar a função de algum ponto do código ou chamar a função para servir uma interrupção. Desse modo, o compilador faz os ajustes necessários.

```
1  //indicar a posição da rotina
2  #pragma code high_vector=0x08
3  void interrupt_at_high_vector(void){
4      _asm GOTO Interrupcao _endasm
5  }//end interrupt_at_high_vector
6  #pragma code
7
8  #pragma interrupt ISR_function
9  void ISR_function(void){
10     //código ...
11 }//end ISR_function
```

Na plataforma Freedom, as funções que tratam a interrupção estão pré-definidas, bastando criá-las no **main( )** e ativar as flags correspondentes.

No trecho do Código 17.1 é apresentado um exemplo de sistema de eco da serial, em que todos os bytes recebidos serão devolvidos pela serial. A grande vantagem dessa abordagem é que o loop principal fica livre para executar qualquer outra atividade.

Código 17.1: Exemplo de resposta a eventos da serial pela interrupção na Freedom

```c
1  //função de serviço da interrupção da serial
2  void UART0_IRQHandler(void){
3      serialSend(serialRead());
4  }
5  void main(void){
6      systemInit();
7      serialInit();
8  
9      //habilita a geração de uma interrupção pelo periférico
10     UART0_C2 |= 1 << 5;
11     //habilita o microcontrolador a atender a interrupção gerada ←
            pela serial
12     NVIC_ICPR |= 1 << (12 % 32);
13     NVIC_ISER |= 1 << (12 % 32);
14  
15     for (;;);
16 }//end main
```

17.3 | Compartilhando informações

As interrupções são utilizadas para atender eventos que acontecem sem que o processador os fique monitorando enquanto poderia estar fazendo algo útil.

Após atender as interrupções, é necessário deixar alguma informação disponibilizada para que o processador possa utilizar o resultado do evento, mas como a interrupção não devolve nenhum valor, é preciso criar um sistema de comunicação.

O sistema mais simples para a comunicação entre a interrupção e a rotina principal é utilizar uma variável global no código. No entanto, compartilhar variáveis entre a interrupção e o código principal pode ser perigoso.

Duas condições agravam esta situação: se ambos, rotinas de interrupção e principal, fizerem leituras e gravações de valor na variável; se a variável não puder ser manipulada de uma única vez pelo processador por limitações de hardware, como uma variável de 64 bits em uma placa de 16 bits. O trecho do Código 17.2 apresenta essa situação.

Código 17.2: Problema no compartilhamento de informações

```c
1  //Interrupção externa da chave de emergência
2  void ISR_Extern (void){
3      //liga o freio de emergência
4      BitSet(PORTC,2);
5  }
6  
7  void main(void){
8      int t;
9  
```

```
10      //apenas troca o valor de um led para indicar que o sistema ↵
        está funcionando
11      for(;;){
12          BitSet(PORTC,1);
13          for(t=0; t<10000; t++);
14          BitClr(PORTC,1);
15          for(t=0; t<10000; t++);
16      }//end for
17 }//end main
```

No código apresentado, tanto a interrupção quanto a rotina principal gravam informações em **PORTC**, sendo possível que a informação dessa variável seja corrompida. Para compreender melhor o problema usa-se um exemplo com a operação **BitSet(PORTC,1)**, que é composta de quatro passos:

1. Ler o valor da porta C e o salvar em uma variável temporária.
2. Criar uma máscara para o bit 1.
3. Realizar a operação bitwise OU entre a máscara e a variável temporária.
4. Salvar o valor da variável temporária na porta C.

O problema do compartilhamento acontece pois a interrupção pode parar o processamento dessa função a qualquer momento, inclusive entre os passos.

Supondo que a porta C possui o valor **0×00** e o programa começou a rotina para ligar o led. Entre os passos 2 e 3 acontece a interrupção. Durante o passo 1, uma variável temporária foi criada e recebeu o valor **0×00**. No passo 2, a máscara **0×01** é criada, supondo que, nesse instante, a rotina de interrupção é executada e aciona o bit 2 da porta C. Como a porta C tinha o valor **0×00** com o segundo bit sendo modificado, passa a ter o valor **0×02**. No entanto, a variável temporária da rotina principal não foi alterada, e continua com o valor **0×00**.

Retornando à rotina principal, o passo 3 é executado e a variável temporária passa a ter o valor **(0×00|0×01)** = 0×01. No passo 4 a porta C, que deveria ter o valor **0×02**, receberá o valor **0×01** por causa da interrupção e **desligando** o bit do freio, e assim a ação de frenagem não ocorre mesmo após a detecção do acionamento do botão de emergência.

Para evitar esse problema, uma opção é não realizar operações de escrita nas variáveis globais dentro do programa principal, sendo permitido apenas a leitura. Isso pode ainda levar a problemas quando for feita a leitura de mais de uma variável simultaneamente ou até impedir a implementação da funcionalidade desejada.

Se for necessário realizar a escrita da variável em vários locais, indica-se a proteção da escrita desabilitando a interrupção durante o processo. Para desabilitar uma interrupção, é necessário escrever um comando em assembly via macro para essa instrução, visto que a linguagem C não apresenta suporte nativo a essa funcionalidade.

```
1  //as macros dependem da arquitetura e modelo de processador
2  #define INT_DISABLE()   __asm CLI
3  #define INT_ENABLE()    __asm SLI
4
5  void main(void){
6      int t;
7      for(;;){
8          //escrita protegida
9          INT_DISABLE();
10         BitSet(PORTC,1);
```

```
11          INT_ENABLE();
12
13          for(t=0; t<10000; t++);
14
15          //escrita protegida
16          INT_DISABLE();
17          BitSet(PORTC,1);
18          INT_ENABLE();
19
20          for(t=0; t<10000; t++);
21     }//end for
22 }//end main
```

É uma boa prática desligar o sistema apenas durante o tempo necessário para fazer a escrita. Deixar o sistema desligado durante muito tempo pode fazer com que as detecções dos eventos sejam atrasadas, fazendo com que o programa não funcione como o desejado.

Existem opções mais seguras para fazer o compartilhamento de informações entre as interrupções e a rotina principal: a utilização de filas de mensagem.

As filas de mensagem são bibliotecas que conseguem fazer o armazenamento de mensagens inteiras sem o problema de corromper as variáveis. O problema da interrupção é tratado internamente à biblioteca, deixando transparente para o programador seu funcionamento, geralmente com semáforos ou mutexes.

Tanto as filas de mensagens como os semáforos e mutexes não serão abordados neste livro.

17.4 | Exercícios

Ex. 17.1 — Quando uma interrupção é chamada?

Ex. 17.2 — Por que existem diferentes modos de se definir qual é a função responsável por atender uma interrupção?

Ex. 17.3 — Escreva uma função que faça o tratamento da interrupção de recepção de dados da serial. Essa função deve ler o valor recebido da serial no registro RX_DATA e armazená-lo em uma variável global. A interrupção de serial é definida pela função **SerialISR()**. A função só deve atualizar a variável global se o dado recebido for um algarismo entre **0** e **9**. Para qualquer outro valor recebido, a variável global deve receber **0×FF**.

Ex. 17.4 — Em determinado sistema, uma interrupção de timer, que acontece a cada milissegundo, incrementa a variável global **unsigned long int tick** em uma unidade. Crie um programa que utilize essa variável para realizar a contagem de tempo e exibir a informação no LCD.

18 Watchdog

uqr.to/1cqzs

*"Tecnologia é uma palavra
para descrever uma coisa
que ainda não funciona."*
Douglas Adams

Um dos primeiros resultados obtidos no campo da computação teórica é o Teorema de Parada. Nele, Alan Turing enuncia ser impossível provar que determinado programa está correto. Desse modo, por mais que sejam realizados testes, não é possível garantir, de modo determinístico, que não haverá erro na execução do código.

Além dos problemas de codificação, chamados bugs, existem também os problemas físicos que podem gerar erros no funcionamento do sistema. Esses erros podem ser permanentes ou intermitentes. Exemplos de erros permanentes podem ser a queima de algum componente ou a desconexão de algum cabo. Os erros intermitentes são problemas de contato, surtos de tensão ou ruídos eletromagnéticos. Assim, os problemas físicos podem ser tão ou mais graves que os erros de codificação.

Pensando nessas possíveis falhas, algumas ferramentas foram desenvolvidas para garantir que o sistema possa se recuperar, caso encontre algum problema.

Uma dessas ferramentas usa uma interrupção chamada sempre que o processador demorar demais para executar algum código. Isso permite que o programa seja informado do erro e tome as providências necessárias. Existem outras interrupções que notificam eventos gerados por erros em cálculos matemáticos: divisão por zero, operações com infinito, entre outros.

O Watchdog também é uma ferramenta desenvolvida que permite que o sistema se recupere de erros. No entanto, seu funcionamento é bastante diferente e pode parecer estranho em um primeiro contato.

O Watchdog é constituído de um temporizador implementado em hardware ligado ao circuito de reset do microcontrolador. Quando um tempo pré-definido se esgota, o circuito de reset é acionado. Sua única função é reiniciar o microcontrolador quando sua contagem terminar. Assim, essa ferramenta consegue aumentar a segurança do sistema por ser independente da rotina principal, pois sua contagem continua mesmo que haja algum problema no software. Além disso, possui uma estrutura que permite ao programador reiniciar sua contagem, evitando reiniciar o microcontrolador.

Contando que o programador reinicie o Watchdog em intervalos regulares e não terminando sua contagem, o sistema continuará em funcionamento normal. Se acontecer algum problema com o programa, seja um loop infinito, um deadlock ou até mesmo um invasor que impeça o fluxo normal do programa, e o Watchdog terminar sua contagem, ele reiniciará a placa, dando uma chance do programa se reinicializar corretamente.

A maioria dos sistemas de Watchdog, uma vez ligados, só podem ser desligados reiniciando o microcontrolador.

18.1 | Modo de uso

Para utilizar o Watchdog corretamente é preciso primeiramente conhecer o programa que será executado. Em sistemas embarcados, é comum possuir um código em que as funções são executadas de modo cíclico, e até mesmo uma função que tenha algum requisito temporal crítico.

No trecho do Código 18.1, a função **kpDebounce()** precisa ser executada constantemente para que o teclado funcione corretamente. No entanto, na linha 6 é utilizada uma leitura do teclado por *pooling*, onde a rotina aguarda enquanto nenhuma tecla for pressionada. Isso faz com que o programa fique travado. Sem executar a função de debounce dentro do loop, a tecla lida pelo **kpRead()** não é atualizada, e sem atualizar a tecla, o programa não sairá da repetição.

Código 18.1: Problema (loop inifito) debounce mal utilizado

```
1 void main(void){
2     kpInit();
3     lcdInit();
4     for(;;){
5         kpDebounce();
6         while(kpRead() == 0);
7         lcdPrint(KpRead());
8     }//end for
9 }//end main
```

Para resolver esse problema, basta fazer com que o sistema apenas imprima a resposta se houver alguma tecla pressionada, em vez de aguardar uma resposta para depois continuar, conforme no trecho do Código 18.2.

O problema do loop infinito, bem como sua solução nesse exemplo, é bastante simples e até mesmo óbvia. No entanto, esses problemas podem estar escondidos em outras funções ou operações, fazendo com seja muito difícil percebê-los. Essa falha pode ainda possuir requisitos bastante complexos para acontecer e faz com que seja difícil rastrear todas as opções, como exemplo: "se o aquecedor estiver ligado e o sensor de temperatura marcar mais de 35 graus e o botão de emergência for pressionado de modo sincronizado com a recepção de dados da serial".

Acionar o sistema de Watchdog do microcontrolador não faz com que esses problemas sejam resolvidos, mas a placa consiga tentar se recuperar sozinha sem interferência humana ao invés de simplesmente ficar travada. Adicionando ao Watchdog ao exemplo anterior, temos o trecho do Código 18.3.

Código 18.2: Solução do problema de debounce mal utilizado

```
1  void main(void){
2      systemInit();
3      kpInit();
4      lcdInit();
5      for(;;){
6          kpDebounce();
7
8          if(kpRead() != 0){
9              lcdNumber(kpRead());
10         }//end if
11     }//end for
12 }//end main
```

Código 18.3: Programa com Watchdog

```
1  void main(void){
2      systemInit();
3      kpInit();
4      lcdInit();
5      watchdogInit();
6
7      for(;;){
8          kpDebounce();
9
10         if(kpRead() != 0){
11             lcdNumber(kpRead());
12         }//end if
13
14         watchdogFeed();
15     }//end for
16 }//end main
```

Assim que o Watchdog é inicializado, ele deve ser "alimentado" constantemente; alimentar o Watchdog é o ato de reinicializar seu contador.

Enquanto o sistema estiver funcionando corretamente, o Watchdog será alimentado em intervalos regulares, não resetando a placa. Caso o sistema trave em algum ponto, o Watchdog atuará e o microcontrolador será reiniciado.

No momento em que o sistema é reiniciado, é possível verificar se a reinicialização está acontecendo por condições normais, como se a placa acabasse de ser ligada, ou se foi o Watchdog que forçou a reinicialização. Nesse último caso, é possível planejar uma rotina para que o programa tome decisões e também informe ao usuário que algo incorreta aconteceu.

O Watchdog ainda pode garantir que a placa está obedecendo todos os tempos planejados. Em sistemas embarcados, não executar as tarefas na velocidade programada pode ser tão problemático quanto a placa parar de funcionar completamente. Para isso, deve-se ajustar o valor do Watchdog de modo que a placa será reinicializada se o tempo de processamento ultrapassar o permitido.

No trecho do Código 18.4, a função **pwmProcess( )** deve ser executada a cada um milissegundo. Se esse tempo não for obedecido, o sistema de controle não funcionará corretamente, podendo levar a uma condição de risco para a placa ou até mesmo para o usuário.

Código 18.4: Protegendo o programa com Watchdog

```
1  void main(void){
2      systemInit();
3      pwmInit();
4      lcdInit();
5      serialInit();
6      watchdogInit();
7
8      for(;;){
9          serialProcess();
10
11         //executar a cada 1 ms
12         pwmProcess();
13
14         watchdogFeed();
15     }//end for
16 }//end main
```

Se a função **serialProcess( )** demorar muito para terminar, o Watchdog irá reinicializar o processador e informar que a placa apresenta algum problema e não deve mais ser utilizada. O trecho do Código 18.5 apresenta um modelo de inicialização levando em conta o acionamento do Watchdog.

Código 18.5: Testando reinicialização por Watchdog

```
1  void main(void){
2      systemInit();
3      //primeiro teste antes da continuidade do programa
4      if(watchdogProblem()){
5          lcdString("Problema 01");
6          //não pode continuar a execução
7          for(;;);
8      }//end if
9
10     pwmInit();
11     serialInit();
12     lcdInit();
13     watchdogInit();
14
15     for(;;){
16         serialProcess();
17         pwmProcess();        //executar a cada 1 ms
18         watchdogFeed();
19     }//end for
20 }//end main
```

19 Arquiteturas de software embarcado

uqr.to/1cqzu

"Restringidos por limitações de memória, requisitos de desempenho, considerações físicas e de custos, cada projeto de sistemas embarcados exige uma plataforma adaptada precisamente às suas necessidades, recursos não utilizados ocupam espaço de memória preciosa, enquanto os recursos em falta devem ser acrescentados."

Richard Soley

Sistemas embarcados são caracterizados por um hardware e um software que formam um componente de um sistema maior, em que o funcionamento deve acontecer sem a intervenção humana. Os sistemas embarcados constituem grande parte do destino dos processadores e componentes produzidos pela indústria de semicondutores.

Os sistemas embarcados tornam-se mais complexos à medida que a própria tecnologia de semicondutores permite a implementação de aplicações mais complexas. As restrições impostas a esses sistemas (como desempenho, consumo de energia, custo, confiabilidade e tempo de desenvolvimento) estão cada vez mais rigorosas. Grande parte da dificuldade desse sistema se deve ao fato de que as restrições impostas podem induzir a um projeto integrado de software e hardware.

A implementação do projeto do sistema pode ocorrer em várias arquiteturas diferentes, podendo ser por meio de microcontroladores, processadores digitais de sinais (DSP) ou dispositivos de lógica programável (FPGA). Devido à complexidade da arquitetura de um sistema embarcado, contendo múltiplos componentes de hardware e software em torno de uma estrutura de comunicação, e à grande variedade de soluções possíveis (desempenho, consumo de potência), é essencial que o projeto do sistema apresente níveis de abstração elevados.

No desenvolvimento de um sistema de maior porte, é importante definir a arquitetura que será utilizada. A escolha deve ser baseada no dispositivo a ser desenvolvido. Várias características podem influenciar na escolha: a complexidade do sistema, a capacidade de processamento, a quantidade ou possibilidade de subprodutos (derivados), a necessidade de garantia de tempo real, a quantidade de periféricos, a criticidade, entre outras. Outro agravante na escolha é que, em geral, não existe solução ótima, nem uma solução geral que possa ser aplicada a todos os projetos.

19.1 | One-single-loop

Nesta arquitetura, o software possui apenas um loop. Esse loop faz a chamada de sub-rotinas que gerenciam uma parte do hardware ou do software.

Para a implementação dessa arquitetura, na função principal **main( )** é criado um loop infinito que fica responsável por executar as tarefas que formarão a aplicação. O Código 19.1 apresenta essa abordagem.

Código 19.1: Exemplo de arquitetura one-single-loop

```
1 //seção de includes
2 #include "keypad.h"
3 #include "ssd.h"
4 //função principal
5 void main (void){
6     //declaração das variáveis
7     int   ia, ib, ic;
8     float fa, fb, fc;
9     //inicialização dos periféricos
10    kpInit();
11    ssdInit();
12    //loop principal
13    for(;;){
14        //chamada das tarefas
15        kpDebounce();
16        ia = kpRead();
17        ssdUpdate(); //tem que ser executado pelo menos a cada 10 ms
18    }
19 }
```

A vantagem dessa abordagem é a facilidade de iniciar um projeto, devido à simplicidade de sua implementação.

O uso dessa arquitetura para o desenvolvimento de sistemas maiores não é aconselhado devido à dificuldade de se coordenar um conjunto maior de tarefas e garantir que a execução dessas tarefas em tempo hábil, geralmente com requisitos de tempo determinísticos.

Outro problema é a modificação ou ampliação do software. Geralmente, a inserção de uma função no meio do loop pode gerar erros em outras funções devido a restrições de tempo dos periféricos associados. No Código 19.2, é apresentado um trecho de um programa que insere algumas atividades de cálculo e de recepção de dados da serial ao programa do Código 19.1. Essas novas atividades podem atrapalhar o tempo de atualização do display de 7 segmentos, gerando flicker para o usuário.

Código 19.2: Problema na sincronia de tempo para o one-single-loop

```
1     //loop principal
2     for(;;) {
3         //chamada das tarefas
4         kpDebounce();
5         ia = kpReadKey();
6         ssdUpdate(); //tem que ser executado pelo menos a cada 10 ms
7         ic = serialRead();
```

```
 8          fa = 2.0 * ic / 3.14;
 9          serialSend(fa & 0x00FF);
10          serialSend(fa >> 8);
11      }
```

Quando a plataforma a ser utilizada apresenta poucos recursos, principalmente no quesito de memória, a utilização de um sistema operacional pode ser inviabilizada. É comum os sistemas operacionais consumirem alguns kilobytes de memória. O FreeRTOS, por exemplo, exige um mínimo de 5 kB. Alguns sistemas mais complexos, como o VxWorks, podem alcançar dezenas ou centenas de kB, inviabilizando seu uso em sistemas com poucos bytes de ROM/Flash.

Apesar das vantagens aparentes, este é um modelo que deve ser usado com cautela. A velocidade de execução do loop principal é dependente das funções implementadas e, qualquer alteração pode modificar este tempo. Assim, é praticamente impossível utilizar a frequência de execução para realizar/garantir alguma tarefa temporal.

Outro problema é a possibilidade de travamento do sistema. Se alguma das funções entrar num loop infinito, ou em qualquer condição de deadlock, o sistema inteiro ficará paralisado.

A arquitetura one-single-loop pode ser utilizada com sucesso, contanto que a aplicação seja simples e não exija requisitos rigorosos em relação ao tempo de execução. Além disso, é uma abordagem interessante para realizar provas de conceito e testes iniciais em novas plataformas. Lembre-se apenas de documentar e separar as funções em arquivos diferentes, agrupadas pela similaridade ou por periférico que elas acessam. Isso facilitará a mudança do sistema para arquiteturas mais complexas quando houver a necessidade de fazê-lo.

9.2 | Sistema controlado por interrupções

A arquitetura one-single-loop é bastante rápida e praticamente não insere sobrecarga de processamento ou memória. No entanto, o maior problema com essa arquitetura é a criação de rotinas que envolvem leituras de informação ou execuções periódicas. As leituras podem envolver algum atraso, como a conversão de um sinal analógico ou a recepção de uma mensagem. O problema com as execuções periódicas é que nem sempre o loop tem tempo constante, podendo variar seu período a cada execução. Mesmo quando o loop apresenta uma constância, o cálculo deste tempo não é simples de ser realizado, além de alterar-se com cada nova adição ou remoção de código e funcionalidade.

Entre as soluções disponíveis para resolver esses problemas, uma se destaca: as interrupções. Alguns sistemas embarcados são controlados por interrupções, ou seja, as tarefas desempenhadas pelo sistema são provocadas por diferentes eventos. Uma interrupção pode ser gerada por um temporizador em uma frequência pré-definida, ou por um controlador de porta serial. É possível programar um sistema de modo que ele responda aos eventos e não apenas execute operações de modo sequencial. No entanto, o hardware deve ter suporte às interrupções. Entre as interrupções mais comuns implementadas pelos fabricantes, tem-se:

- Temporizadores/relógios: acontece em tempos pré-definidos.
- Entradas digitais: há mudança no valor de uma porta ou de um terminal.
- Entradas analógicas: quando o processo de conversão terminou.

- Comunicação: na recepção de uma mensagem/byte ou quando o sistema está disponível para enviar uma informação.

Além das interrupções geradas pelos periféricos internos, alguns fabricantes oferecem a possibilidade de gerar uma interrupção por um evento externo, disponibilizando um terminal especificamente para isso.

No desenvolvimento orientado para interrupções, as funcionalidades do sistema são codificadas em funções executadas como resposta aos eventos. Essa abordagem reduz drasticamente a latência da resposta aos eventos. No entanto, alguns cuidados devem ser tomados.

A interrupção pausa o fluxo do programa principal, executando a função pré-definida. Com exceção do tempo transcorrido, o programa principal não percebe a pausa. Se a interrupção for algo recorrente, como uma função de controle temporizada, o tempo gasto na interrupção pode fazer com que o loop principal seja executado lentamente ou, até mesmo, com que não seja executado.

De modo geral, é importante que as funções que serão executadas nas interrupções sejam leves e simples. Sempre que possível, deixar o processamento pesado no programa principal.

A seguir, é apresentado um exemplo, em que é implementado um interpretador de comandos via comunicação serial. Com o uso da arquitetura one-single-loop pode-se projetar o sistema conforme o Código 19.3.

Código 19.3: Interpretador serial em open-single-loop

```
#include "serial.h"
void main (void){
    char buffer[50];
    char pos, data=0;
    serialInit();
    for(;;){
        //aguarda o recebimento de um byte
        do{
            data = readSerial();
        }while(data == 0);
        //salva o novo byte no buffer
        buffer[pos] = data;
        pos++;
        //teste para evitar overflow
        if (pos >= 50){
            pos = 0;
        }
        //se chegou o caractere de fim de linha, executa a ação
        if (data == '\n'){
            //verificação se não houve erros na recepção da mensagem
            if (crcCheck(buffer)){
                doStuff(buffer);
            }
            pos = 0;
        }
    }
}
```

O problema com esse exemplo é que as funções **crcCheck( )** e **doStuff( )** podem consumir muito tempo, fazendo com que alguns dados recebidos pela comunicação serial sejam perdidos. Isso pode ser evitado com o uso da interrupção de chegada de byte na comunicação serial.

```c
#include "serial.h"
#include "interrupcao.h"

//buffer global que todas as funções do fundo
static char buffer[50];
//indica qual a próxima posição disponível no buffer
static char pos=0;

//essa função é executada pela interrupção de recepção da serial,
//portanto, tem-se certeza de possuir um byte válido no registro do
    microcontrolador
void UART0_IRQHandler(void) {
    buffer[pos] = serialRead();
    if (pos >= 50){
        pos = 0;
    }
}
void main (void){
    systemInit();
    serialInit();

    //habilita a geração de uma interrupção pelo periférico
    UART0_C2 |= 1 << 5;
    //habilita o microcontrolador a atender a interrupção gerada
        pela serial
    NVIC_ICPR |= 1 << (12 % 32);
    NVIC_ISER |= 1 << (12 % 32);

    for(;;){
        //a verificação de fim de mensagem agora depende do último
            caractere recebido
        if (buffer[pos] == '\n'){
            //verificação se não houve erros na recepção da mensagem
            if (crcCheck(buffer)){
                doStuff(buffer);
            }
            pos = 0;
        }
        lowPowerMode();
    }
}
```

O problema de perder algum dado da comunicação serial é resolvido, porém, surge outro problema. Como as duas funções (principal e interrupção) operam com o buffer, é possível que esse buffer seja alterado na interrupção enquanto a função principal calcula o CRC da mensagem. Isso pode levar a um resultado errado da função **crcCheck( )** ou, pior, a função **doStuff( )** vai executar uma tarefa de maneira errada.

Existem algumas soluções que podem ser implementadas para evitar esse problema. Algumas dessas soluções são o uso de mutexes, semáforos ou filas de mensagens para passar o evento para o programa principal. A solução mais simples é a utilização de um flag indicando que a mensagem está em processamento e que, portanto, a interrupção deve evitar alterar a mensagem.

Outra grande vantagem do uso da interrupção é a possibilidade de se utilizar o modo de baixo consumo de energia de modo simples. Como grande parte das ações são executadas apenas quando há uma interrupção, o sistema pode pausar o processamento enquanto não houver uma mensagem disponível no buffer. Se o sistema for inteiramente orientado a eventos que geram interrupção, ele automaticamente sairá do modo de baixo consumo sempre que algum evento importante acontecer.

O desenvolvimento do sistema pode ser, então, simplificado em três etapas: atender as interrupções; processar o resultado das interrupções no loop principal; e se não houver nada a ser processado, entrar em modo de baixo consumo de energia.

19.3 | Multitask cooperativo

Nas arquiteturas one-single-loop e no sistema controlado por interrupções, a adição, ou modificação, de uma tarefa do sistema pode impactar de forma negativa nos requisitos temporais. Isso pode até inserir erros não previstos devido às relações entre as operações realizadas.

Uma alternativa é o uso de uma arquitetura multitarefa parecida com a arquitetura one-single-loop, exceto pelo loop, escondido em uma API. O programador define uma série de tarefas e cada uma das tarefas tem seu próprio ambiente de execução.

Assim, uma máquina de estados pode ser usada para indicar quais são as tarefas, quais as ligações entre elas e as ações que devem ser tomadas em cada estado do sistema. Cada estado dessa máquina representa uma situação em que o sistema realiza uma determinada tarefa, ou um conjunto de tarefas. A mudança do estado é dada quando alguma condição for satisfeita. Se a mudança de tarefas for extremamente rápida, o efeito resultante, para o ser humano, é de que todas as tarefas estão sendo executadas simultaneamente.

Por exemplo, um sistema que possua um teclado, um display e uma comunicação serial. O display precisa ser atualizado periodicamente e as atualizações são intercaladas com as outras operações. Esse sistema pode ser modelado conforme mostrado na Figura 19.1a.

Pode-se notar que neste modelo, após a fase de inicialização, o sistema entra em um ciclo, como na abordagem one-single-loop. Isso é comum em sistemas sequenciais. No entanto, nesta modelagem é possível que a saída de um estado possa ser baseada em alguma condição, gerando mais de um caminho de saída. A estrutura da Figura 19.1a pode ser alterada para que a escrita da serial só aconteça quando houver algum comando (do teclado ou da serial). Dessa forma, tem-se uma nova máquina de estados, como pode ser visto na Figura 19.1b.

A transposição de uma máquina de estados para o código em C pode ser feita facilmente por meio de uma estrutura switch-case. Cada estado da máquina é representado por um case e a mudança para o novo estado é baseada nas condições de saída do estado atual, como mostrado no trecho de Código 19.4.

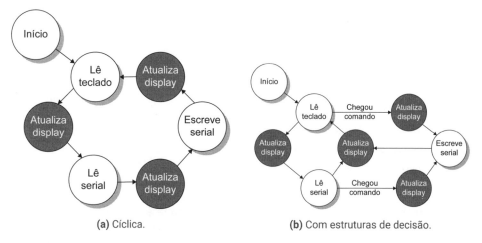

(a) Cíclica. **(b)** Com estruturas de decisão.

Figura 19.1. Exemplos de máquina de estados.

Código 19.4: Máquina de estados em linguagem C

```
1  void main(void){
2      char slot;
3      serialInit();
4      kpInit();
5      ssdInit();
6      for(;;){    //início do loop infinito
7      //******* top-slot **********
8          switch(slot){
9              case 0:
10                 if(kpRead() != 0){
11                     slot = 4; //chegou comando
12                 }else{
13                     slot = 1;
14                 }
15                 break;
16             case 1:
17                 ssdUpdate();
18                 slot = 2;
19                 break;
20             case 2:
21                 if(serialRead() != 0){
22                     slot = 4; //chegou comando
23                 }else{
24                     slot = 3;
25                 }
26                 break;
27             case 3:
28                 ssdUpdate();
29                 slot = 0;
30                 break;
31             case 4:
32                 ssdUpdate();
33                 slot = 5;
```

```
34                    break;
35                case 5:
36                    serialSend('-');
37                    slot = 1;
38                    break;
39                default:
40                    slot = 0;
41                    break;
42            }
43            //******* bottom-slot **********
44       } //fim for(;;)
45 }
```

Com essa arquitetura, a inserção de uma nova tarefa é feita de maneira simples, bastando adicionar outro estado, ou seja, é necessário inserir no código implementado um novo **case** com a tarefa desejada. Se esse estado possuir mais de uma saída, é necessário fazer o teste de condição e indicar qual é o próximo estado a ser executado.

Como a máquina de estados está dentro do loop infinito, a cada vez que o programa passar pelo case, ele executará apenas um estado (atual). No entanto, essa estrutura de código gera um efeito interessante.

Esse modelo de código gera duas regiões: o top-slot e o bottom-slot. Se algum código for colocado nesta região ele será executado toda vez, de modo intercalado, entre os slots. Pela Figura 19.1a, percebe-se que é exatamente este o comportamento requerido para a função **ssdUpdate()**. Desse modo, pode-se então remodelar o programa fazendo a alteração, como mostrado no Código 19.5.

Código 19.5: Uso do top-slot/bottom-slot

```
1  void main(void){
2      char slot;
3      serialInit();
4      kpInit();
5      ssdInit();
6      for(;;){      //início do loop infinito
7      //*************** início do top-slot *****************
8          ssdUpdate();
9      //*********** início da máquina de estado ************
10         switch(slot){
11             case 0:
12                 if( kpRead() != 0){
13                     slot = 2; //chegou comando
14                 }else{
15                     slot = 1;
16                 }
17             break;
18             case 1:
19                 if( serialRead() != 0){
20                     slot = 2; //chegou comando
21                 }else{
22                     slot = 0;
23                 }
24             break;
```

```
25              case 2:
26                  serialSend('-');
27                  slot = 1;
28              break;
29              default:
30                  slot = 0;
31              break;
32          }
33      //************ fim da máquina de estado ***************
34      //************* início do bottom-slot ***************
35      } //fim for(;;)
36 }
```

Essa abordagem é conhecida também como cooperative multitasking, em que as funções podem demorar o tempo que quiserem e, apenas quando terminam sua execução, a próxima função começa a ser executada. Além disso, a frequência com que cada função será executada não pode ser determinada facilmente. É necessário, portanto, conhecer o tempo de execução de cada função do sistema. É possível remodelar a máquina de estados conforme a Figura 19.2, explicitando o top-slot fora do loop, já que ele é executado toda vez.

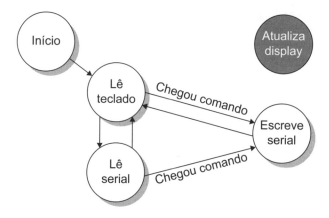

Figura 19.2. Exemplo de máquina de estados condicional com *top-slot*.

No entanto, é possível transformar essa arquitetura em um modelo temporizado com o uso de um timer. Assim, as frequências de execução podem ser facilmente definidas.

3.1 | Fixação de tempo para execução dos slots

No modelo de máquina de estados, assim que uma tarefa termina, o processador automaticamente passa para a próxima tarefa, independentemente de questões temporais. No entanto, não se tem qualquer garantia de tempo de execução, pois os tempos variam com o tamanho da tarefa. Um bom exemplo é a recepção de comandos pela serial. Nem sempre o sistema recebe bytes e, mesmo quando recebe, ele precisa aguardar todos os bytes chegarem para que a mensagem seja processada. Assim, a função de recepção tem pelo menos três durações diferentes: quando não há informação na serial; quando há informação a ser salva na serial; e quando há uma mensagem para ser processada.

Uma característica desejada nos sistemas embarcados é que as funções tenham um tempo determinado de execução. Desse modo, todo o sistema se tornaria mais previsível.

A maneira mais simples de realizar esse procedimento é fazer com que, nas vezes que a função for executada e terminar antes, o sistema faça com que ela aguarde um determinado tempo. Esse período tem que ser maior que o pior caso de execução da função.

Apesar de não ser o ideal, dado que o processador irá ficar tempo ocioso, apenas para padronizar os tempos de execução das funções, o determinismo atingido por esse método traz imensas vantagens ao desenvolvimento. Outra vantagem é a possibilidade de criação de uma arquitetura que faça essa garantia consumindo poucos recursos, ou seja, esta é uma abordagem possível de se implementar em sistemas que não suportam um sistema de tempo real, como o FreeRTOS.

Para que essa implementação seja possível, é necessário ter acesso a um temporizador em hardware. É necessário inicializar a contagem no top-slot da arquitetura de máquina de estados e aguardar o fim da contagem no bottom-slot. Desse modo, toda vez que um slot terminar, o sistema ficará aguardando o tempo definido antes de iniciar o próximo slot.

Código 19.6: Máquina de estados temporizada

```
1  void main(void){
2      //declaração das variáveis
3      char slot;
4      //funções de inicialização
5      ssdInit();
6      kpInit();
7      timerInit();
8      for(;;){     //início do loop infinito
9      //************* início do top-slot *****************
10         timerStart(5000);   //5 ms para cada slot
11         ssdUpdate();
12     //************* fim do top-slot     *****************
13     //*********** início da máquina de estado ***********
14         switch(slot){
15             case 0:
16                 kpRead();
17                 slot = 1;
18             break;
19             case 1:
20                 serialRead();
21                 slot = 2;
22             break;
23             case 2:
24                 serialSend('-');
25                 slot = 0;
26             break;
27             default:
28                 slot = 0;
29             break;
30         }
31     //************* fim da máquina de estado ************
32     //************* início do bottom-slot **************
33         timerWait();
```

```
34      //*************** fim do bottom-slot     *****************
35      } //fim for(;;)
36 }
```

No exemplo apresentado no Código 19.6, foi inserida a função **timerWait()** no bottom-slot de modo que a próxima função só executará em 5 ms por exemplo.

Pode-se notar que, se a função ultrapassar 5 ms, todo o cronograma será afetado, sendo necessário garantir que todo slot será executado em menos de 5 ms. Isso pode ser feito por meio de testes de bancada.

Por exemplo, dada uma tarefa 1, **LeTeclado()**, que gaste um tempo de 2.0 ms; uma tarefa 2, **RecebeSerial()**, que consome 3.1 ms, uma tarefa 3, **EnviaSerial()**, com 1.2 ms; o top-slot, com 0.5 ms e o bottom-slot um tempo de 0.3 ms em sua execução. Nessa situação, a representação da linha temporal de execução do sistema pode ser vista na Figura 19.3.

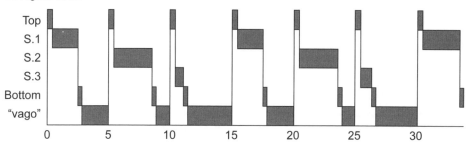

Figura 19.3. Exemplo da mudança de slots no tempo.

Pode-se notar que, para o ciclo do primeiro slot, são gastos 0.5+2.0+0.3 = 2.8 ms. Desse modo, o sistema fica aguardando na função **timerWait()** durante 2.2 ms sem realizar nenhum processamento útil. Para o segundo slot, tem-se um tempo livre de (5-(0.5+3.1+0.3)) = 1.1 ms. O terceiro slot é o que menos consome tempo de processamento, possuindo um tempo livre de (5-(0.5+1.2+0.3)) = 3.0 ms.

3.2 | Utilização do tempo livre para interrupções

Dependendo do tempo escolhido para o slot e do "tamanho" da função, podem existir espaços vagos na linha de tempo do processador. A Figura 19.4 apresenta uma linha de tempo de um sistema que possui apenas 1 slot.

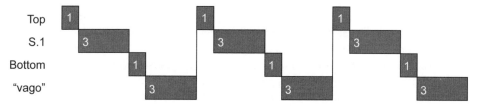

Figura 19.4. Linha de tempo de um sistema com 1 slot.

A cada ciclo "sobram" 3 ms. Esse tempo pode ser considerado perdido caso exista apenas a tarefa S.1 no sistema. Nessa situação, é possível diminuir o tempo do temporizador para 5 ms. Isso permitiria um acréscimo à frequência de execução da tarefa S.1, que era de 125 (Hz) para 200 (Hz), ou 60% de ganho.

No entanto, não havendo tempo livre, qualquer alteração acabaria com o determinismo, além de impossibilitar o uso de interrupção sem atrapalhar a frequência de execução. Portanto, esse tempo livre é importante por dois motivos: evitar que pequenas alterações não esperadas na execução das funções impactem na taxa de execução e, mais importante ainda, permitir que as interrupções aconteçam sem causar problema à temporização das tarefas.

A Figura 19.5 mostra o comportamento do mesmo sistema sendo interrompido por meio de interrupções assíncronas. Nesse caso, a interrupção "rouba" 1 ms a cada iteração da máquina de estados.

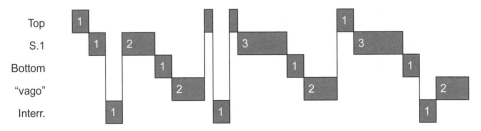

Figura 19.5. Comportamento da linha de tempo com interrupções.

Como cada interrupção gasta um tempo de 1ms e tem-se um tempo livre de 3 ms em cada ciclo, basta garantir que os eventos que geram a interrupção não ultrapassem a frequência de 3 eventos a cada 8 ms. Essa análise deve ser feita para assegurar que o sistema, apesar de perder tempo de processamento, tenha um modo simples de garantir o determinismo na execução das funções.

O tempo que o processador fica aguardando no bottom-slot é uma ótima oportunidade para colocar o sistema em baixo consumo de energia e permitir que ele seja acordado com a interrupção do timer. Por meio dessa economia de energia, o objetivo passa de ter uma alta taxa de execução sem tempo ocioso para possuir o máximo de tempo livre, reduzindo efetivamente o consumo.

19.4 | Kernel

Em ciência da computação, o kernel é a camada de software de um sistema responsável por implementar a interface e gerenciar o hardware e a aplicação. Os recursos de hardware mais críticos a serem gerenciados são o processador, a memória e os drivers de entrada/saída (I/O).

Outra função comumente desempenhada pelo kernel é o gerenciamento de processos. Tal tarefa possui maior importância no contexto de sistemas embarcados, no qual, em geral, os processos possuem limitações de tempo de execução. Quando não há kernel, a responsabilidade de organizar os processos, o hardware e as aplicações é do programador.

Em geral, um kernel possui três principais responsabilidades:

1) **Gerenciar e coordenar a execução dos processos através de algum critério.**

   Esse critério pode ser o tempo máximo de execução, prioridade, criticidade de um evento, sequência de execução, entre outros. É esse gerenciamento que diferencia um kernel conhecido como preemptivo de um cooperativo. No kernel preemptivo, cada processo possui tempo máximo para ser executado; se esse limite for ultrapassado, o processo seguinte é iniciado e, quando este é finalizado ou estoura a faixa de tempo, o anterior volta a ser executado no ponto em que foi interrompido.

Já no kernel cooperativo, cada processo é executado completamente, de modo que um novo processo é chamado somente quando o anterior finalizar. Sendo responsável por gerenciar processos, o kernel deve possuir funções que permitam incluir novos processos ou remover antigos.

Como cada processo utiliza internamente uma certa quantidade de memória para suas variáveis, o kernel deve gerenciá-la. Essa é a segunda responsabilidade do kernel.

2) **Manusear a memória disponível e coordenar o acesso dos processos a ela.**
O kernel deve também ser capaz de informar ao processo quando uma função de alocação de memória não for executada. Além da memória, os processos precisam acessar os recursos de entrada e saída do computador/microcontrolador, como portas seriais, displays LCD, teclados etc. A responsabilidade de permitir ou negar o acesso dos processos aos dispositivos de hardware é do kernel. Essa é a sua terceira responsabilidade.

3) **Intermediar a comunicação entre os drivers de hardware e os processos.**
O kernel deve fornecer uma API (Application Programming Interface, traduzida literalmente como Interface de Programação de Aplicativos), pela qual os processos podem seguramente acessar a informação disponível no hardware, tanto para operações de leitura como para operações de escrita.

Construir o próprio kernel pode facilitar o desenvolvimento das aplicações e, ainda, fornecer ao desenvolvedor total controle sobre o código gerado.

Numa arquitetura one-single-loop, é necessário refazer os testes a cada vez que se reutiliza o código. Quando o kernel está totalmente testado, não há problema no reúso. Até mesmo aplicações possuem uma maior chance de reaproveitamento em kernels que mantêm a camada de abstração de hardware, independentemente da mudança de um chip.

Quando se planeja utilizar um kernel no desenvolvimento de um novo sistema, é necessário sempre considerar todas as alternativas, tanto pagas quanto gratuitas ou com licenças do tipo opensource.

Existem muitas opções para migrar de um sistema sem kernel para um com kernel. Soluções pagas possuem benefícios, especialmente pelo suporte técnico oferecido. As soluções opensource, por sua vez, podem apresentar uma comunidade bastante ativa, com diversos exemplos prontos.

9.4.1 | Tipos de kernel

O kernel é o componente central do sistema operacional da maioria dos computadores. Ele serve de ligação entre os aplicativos e o processamento de dados feito em nível de hardware. As responsabilidades do kernel incluem: gerenciar os dispositivos, a memória, os processos e as chamadas do sistema; ou seja, gerenciar a comunicação entre os componentes de hardware e software.

Como um componente básico do sistema operacional, um kernel pode oferecer uma camada de abstração de baixo nível para os recursos (processadores e dispositivos de I/O) que os aplicativos de software devem controlar para realizar alguma função. O kernel torna essas facilidades disponíveis para os processos de aplicativos por meio de mecanismos de comunicação entre processos e chamadas de sistema.

É possível classificar os tipos de kernel em quatro categorias.

Monolítico: é o modelo em que a maioria dos seus recursos é executada pelo próprio kernel, no espaço reservado para carregar o kernel e para que o kernel realize suas funções. Em comum com as outras arquiteturas, o kernel define uma camada de alto nível de abstração sobre o hardware do computador, com um conjunto de primitivas ou chamadas de sistema para implementar os serviços do sistema operacional, como o gerenciamento de processos, concorrência e gestão de memória, em um ou mais módulos.

Mesmo que cada módulo de manutenção dessas operações seja separado de uma forma geral, é muito difícil fazer o código de integração entre todos estes módulos, e, uma vez que todos os módulos executam em um mesmo espaço de endereçamento, um erro em um módulo pode derrubar todo o sistema.

Uma vantagem do kernel monolítico é melhor segurança e melhor desempenho, uma vez que seus recursos residem dentro do próprio kernel. Por isso, seus recursos estarão sempre em execução, do momento em que ligar o computador até o momento de desligá-lo, consumindo recurso do hardware.

A principal característica do kernel monolítico é permitir que funções como rede, vídeo e acesso a outros periféricos sejam possíveis dentro do próprio kernel. Isso é possível com o uso de módulos. O que significa que um módulo, apesar de não estar no mesmo código do kernel, é executado no espaço de memória do kernel. Sendo assim, apesar de modular, o kernel monolítico continua sendo único e centralizado. Isso pode levar a considerações errôneas sobre o conceito. Exemplos de kernel monolítico são o Linux, BSD e algumas versões do Windows.

Microkernel: é uma arquitetura cujas funcionalidades são quase todas executadas fora do kernel, o oposto ao kernel monolítico. É um kernel minúsculo, que trabalha somente com o mínimo de processos possíveis, essenciais para manter o sistema em funcionamento, executando-os no kernel space. No kernel space, os aplicativos têm acesso a todas as instruções e a todo o hardware. Todos os demais processos são executados por daemons, conhecido como servidores de forma isolada e protegidos no user space.

O microkernel consiste em definir abstrações simples sobre o hardware, com um conjunto de primitivas ou chamadas de sistema, para implementar serviços mínimos do sistema operacional, como gerenciamento de memória, multitarefas e comunicação entre processos. Outros serviços, incluindo aqueles normalmente fornecidos por um kernel monolítico como rede, são implementados em programas de user space, conhecidos como servidores. Microkernels são mais fáceis de manter em relação ao kernel monolítico, mas um grande número de chamadas de sistemas de trocas de contexto pode desacelerar o sistema porque eles geralmente geram mais perda no desempenho do que simples chamadas de função.

O sistema de um microkernel é dividido da seguinte forma: servidor I/O, servidor de memória, servidor de gerenciamento de processos, servidor de sistema de arquivos, servidor de device drivers. Esses servidores se comunicam com o microkernel; o sistema monitora continuamente cada um desses processos e, se uma falha for detectada, ele substitui automaticamente o processo defeituoso, sem reiniciar a máquina, ou seja, sem perturbar os outros processos em execução e, principalmente, sem que o usuário perceba.

Um microkernel permite a implementação das partes restantes do sistema operacional, como aplicativos normais escritos em linguagens de programação de alto nível, e o uso de diferentes sistemas operacionais sobre o mesmo kernel não modificado. Ele também torna possível alternar dinamicamente entre sistemas operacionais e manter mais de um deles ativos simultaneamente. São exemplos de microkernel: o Hurd e o Minix.

Nanokernel: um nanokernel delega virtualmente todos os serviços, incluindo até os mais básicos, como controlador de interrupções ou o temporizador, para drivers de dispositivo a fim de tornar o requerimento de memória do kernel ainda menor do que o dos tradicionais microkernels.

Exokernel: é um tipo de kernel que não abstrai hardware em modelos teóricos. Em vez disso, ele aloca recursos físicos de hardware, como o tempo de um processador, páginas de memória e blocos de disco, para diferentes programas. Um programa rodando em um exokernel pode acessar uma biblioteca do sistema operacional que usa o exokernel para simular as abstrações de um sistema operacional conhecido, ou ele pode desenvolver abstrações específicas para aquele aplicativo, para obter melhor desempenho.

19.5 | Sistemas operacionais

O sistema operacional (SO) é um conjunto de códigos que funciona como uma camada de abstração do hardware, provendo funcionalidades para as aplicações de alto nível. Esse isolamento permite que a aplicação não sofra alteração quando há mudança no hardware. Essa é uma característica muito desejada em sistemas embarcados, em que existe uma pluralidade de tipos de periféricos, dificultando a reutilização de código.

De modo geral, os sistemas operacionais possuem três principais responsabilidades:

- Manusear a memória disponível e coordenar o acesso dos processos a ela.
- Gerenciar e coordenar a execução dos processos através de algum critério.
- Intermediar a comunicação entre os periféricos de hardware e os processos.

Essas responsabilidades se relacionam com os três recursos fundamentais de um sistema computacional: o processador, a memória e os dispositivos de entrada e saída. A Figura 19.6 ilustra esses recursos, bem como o papel de interface que um sistema operacional deve realizar.

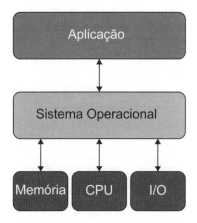

Figura 19.6. Interfaceamento realizado pelo sistema operacional.

A ausência de um sistema operacional implica que toda a responsabilidade de organizar o andamento dos processos, os acessos ao hardware e o gerenciamento da memória seja do programador. Esse aumento de responsabilidade, a baixa capacidade de reutilização de código e a consequente necessidade de recriar os códigos e rotinas podem ser causadores de erros nos programas.

A capacidade de reutilizar os programas é benéfica por dois pontos principais: diminui o tempo de entrega do projeto e permite que o programador utilize melhor o tempo, eliminando os erros em vez de recriar os códigos.

A Figura 19.7 apresenta com mais detalhes os componentes de um sistema operacional. Nota-se que o núcleo de um SO é o kernel e, do mesmo modo que o sistema operacional realiza a interface entre a aplicação e o hardware, o kernel faz a interface entre os códigos de acesso ao hardware, conhecidos como drivers, e as ferramentas disponibilizadas para que o programador crie as aplicações.

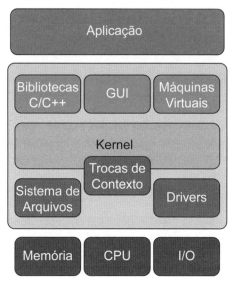

Figura 19.7. Relação entre troca de contexto e o kernel.

As aplicações, na presença de um sistema operacional, são implementadas como processos, que passam a ser gerenciados pelo kernel. A sequência em que os processos são executados fica a cargo de algoritmos conhecidos como escalonadores, que dependem de um procedimento de troca de contexto para efetuar a mudança de qual processo será executado.

19.5.1 | Processo

Na utilização de um sistema operacional, as tarefas a serem executadas pelo processador são organizadas em programas. O programa é uma sequência de comandos ordenados com uma finalidade específica. No momento em que esse programa estiver em execução no processador, ele passa a ser definido como processo.

Além do código a ser executado, os processos necessitam de posições de memória extras para armazenar seus dados e variáveis, sejam eles persistentes ou não. São necessárias também regiões de memória, geralmente implementadas em estrutura de pilha, para armazenamento de informações referentes à sequência de execução do programa.

Para realizar o correto gerenciamento dos processos é necessário que o kernel possua informações sobre os mesmos, agrupadas de maneira consistente. As informações mínimas necessárias são:
- O código a ser executado.
- As variáveis internas do processo.

- Ponteiros para as informações anteriores, permitindo sua manipulação.

Em geral, o código fica em uma memória não volátil por questões de custo. Para microcontroladores, essas memórias são implementadas em tecnologia EEPROM ou flash. Já as variáveis são armazenadas em memória volátil, pela maior velocidade de acesso e facilidade de escrita. As duas tecnologias mais utilizadas para esse tipo de memória são a SRAM e a DRAM.

O armazenamento das informações de um processo, de modo automático e incremental em estruturas do tipo pilha, permite que um mesmo programa possa ser executado mais de uma vez sem que nenhuma das instâncias de execução tenha suas variáveis modificadas indevidamente. Na Figura 19.8, é apresentada uma situação em que dois processos compartilham o mesmo código.

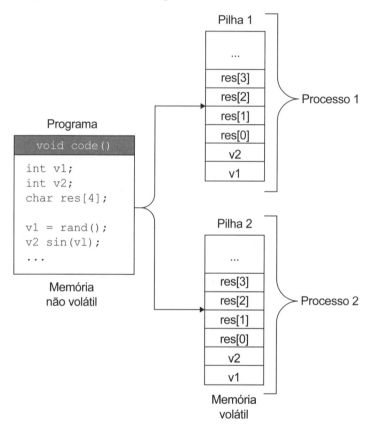

Figura 19.8. Geração de dois processos de um mesmo código de programa.

Além da possibilidade de múltiplas execuções utilizando-se da estrutura de pilha, as trocas de contexto são implementadas de maneira muito simples, principalmente se cada processo possuir sua própria região de pilha, bem definida e separada das demais.

5.2 | Escalonadores

Uma das funções principais do kernel de um sistema operacional é o gerenciamento dos processos em execução. Tal tarefa possui maior importância no contexto de sistemas embarcados, nos quais os processos costumam apresentar restrições rígidas quanto ao atraso de execução.

Os algoritmos responsáveis por gerenciar e decidir qual processo será executado pelo processador são conhecidos como escalonadores. Existem diversas abordagens diferentes para realizar esse gerenciamento. Em geral, os algoritmos visam equilibrar o atraso entre o início da execução e a quantidade de processos executados por unidade de tempo. Outros parâmetros importantes para a comparação dos escalonadores são o consumo extra de processamento (CPU overhead), a quantidade de processos executados por unidade de tempo (throughput), o tempo entre a submissão de um processo e o fim da sua execução (turnaround time) e o tempo entre a submissão do processo e a sua primeira resposta válida (response time).

Na Tabela 19.1, são apresentados quatro algoritmos de escalonamento e suas características. Não existe alternativa ótima, sendo necessário escolher a que mais se ajusta ao sistema que será desenvolvido.

Tabela 19.1. Algoritmos para escalonamento, vantagens e desvantagens

Algoritmo de escalonamento	CPU Overhead	Throughput	Turnaround time	Response time
Escalonador baseado em prioridade	Baixo	Baixo	Alto	Alto
Escalonador round-robin (RR)	Baixo	Médio	Médio	Alto
Deadline mais crítico primeiro (EDF)	Médio	Baixo	Alto	Baixo
Escalonador de fila multinível	Alto	Alto	Médio	Médio

Para um sistema de tempo real, o tempo de resposta é um dos quesitos mais importantes, dado que a perda de um prazo pode impactar negativamente no seu funcionamento. Algumas aplicações podem falhar se esses requisitos não forem atendidos. Apesar disso, nem todos os processos em um sistema embarcado precisam desse nível de determinismo. Desse modo, um escalonador que permita ao programador escolher entre pelo menos dois níveis de prioridade (normal e tempo real) é uma boa alternativa.

A maioria dos sistemas operacionais de tempo real apresenta como opção implementada o escalonador baseado em prioridades. Esse fato se deve ao baixo consumo, mas principalmente à capacidade deste sistema de garantir que os processos mais críticos serão sempre executados. Na Tabela 19.2 é apresentada a tendência entre vários sistemas operacionais, comerciais e de código aberto.

Tabela 19.2. Sistemas operacionais de tempo real e escalonadores utilizados

Sistema operacional	Escalonador	Preempção
BRTOS	Prioridade	Sim
eCos	Prioridade/filas multinível	Sim
FreeRTOS	Prioridade	Sim
Micrium uC/OS-II	Prioridade/round-robin	Sim
Salvo	Prioridade/por interrupções	Não
SDPOS	Prioridade/round-robin	Sim
VxWorks	Prioridade	Sim

Os escalonadores podem ainda ser divididos entre cooperativos ou preemptivos. Os cooperativos executam os processos de forma sequencial, deixando que o processo tome o tempo que lhe for necessário para completar sua execução. Desse modo, se um processo atrasar sua execução, todo o sistema é impactado.

Já os preemptivos são aqueles que conseguem pausar um processo que está em execução, salvar o estado atual do processo e do sistema, carregar o estado do sistema para um segundo processo e iniciar a execução deste último. Isso permite que, mesmo que um dos processos atrase, seja possível continuar a execução dos demais conforme seus requisitos. O procedimento de substituir um processo em execução por outro é denominado troca de contexto.

19.6 | Exercícios

Ex. 19.1 — Qual a função do loop infinito num sistema embarcado?

Ex. 19.2 — Como construir uma estrutura de loop principal de modo que a velocidade de execução do loop possa ser controlada?

Ex. 19.3 — Qual a vantagem do uso de interrupções num projeto embarcado?

Ex. 19.4 — Qual(is) a(s) diferença(s) de um sistema operacional convencional e um sistema operacional de tempo real?

Ex. 19.5 — Como é possível executar várias tarefas em um sistema que possui apenas um processador?

20 Desenvolvimento de um kernel cooperativo

uqr.to/1cqzv

"Bons programadores usam seus cérebros, mas bons guias nos salvam de ter que pensar em cada um dos casos."
Francis Glassborow

Sistemas embarcados são executados em computadores que controlam dispositivos que geralmente não são considerados computadores e que não aceitam softwares instalados por usuários. Exemplos típicos são fornos de micro-ondas, aparelhos de TV, carros, aparelhos de DVD, entre outros. A principal propriedade que distingue os sistemas embarcados dos portáteis é a certeza de que nenhum software não confiável jamais será executado nele.

A arquitetura de hardware de um sistema embarcado pode conter um ou mais processadores, memórias, interfaces para periféricos e blocos dedicados. Os componentes são interligados por uma estrutura de comunicação que pode variar de um barramento a uma rede complexa. Os processadores podem ser de diversos tipos, dependendo da aplicação. No caso de sistemas contendo componentes programáveis, o software de aplicação pode ser composto por múltiplos processos, distribuídos entre diferentes processadores, e podem se comunicar por meio de vários mecanismos.

O desenvolvedor deve considerar alguns itens antes do início do processo de desenvolvimento de um kernel:

Gerenciamento de dispositivos I/O

Uma das principais funções do SO é gerenciar os dispositivos e I/O ligados ao computador. É tarefa do SO enviar sinais, informando as ações que o usuário espera que o dispositivo realize; tratar as interrupções e os erros gerados pelos dispositivos. A dificuldade do gerenciamento e, consequentemente, a programação dos mesmos, advêm principalmente da natureza dos dispositivos, pois estes estão exatamente na interface entre o hardware e software. Desse modo, podemos ver esses dispositivos de dois modos: sob a ótica dos engenheiros, eles são apenas chips com ligações e sinais elétricos; para os programadores, são uma interface de software para se comunicar com o dispositivo.

Os dispositivos de hardware precisam ser controlados para proporcionar a entrada e a saída de dados para o processador. Esse controle é realizado por um periférico (denominado controlador de hardware, e que segue padrões determinados pelo barramento, como, por exemplo, IDE, SCSI, USB etc.) e um software apropriado. Para utilizar um dispositivo de hardware, é necessário conectá-lo à interface física do controlador de hardware. Em geral, o SO pode ter softwares controladores de dispositivo (driver de dispositivos). Periférico é dado como qualquer dispositivo de hardware conectado a um computador para permitir a sua interação com o mundo externo.

Algumas questões precisam ser consideradas para o gerenciamento de I/O, por exemplo: como o kernel implementará a interface do dispositivo? No interior do kernel? Utilizando drivers de dispositivos? Utilizará uma controladora de driver à parte ou estará implícito nas atividades do kernel? O acesso direto entre aplicação e driver será possível? Em qual caso? Em casos de dispositivos hot-plug, como o kernel carregará dinamicamente o driver?

O principal objetivo do software gerenciador de E/S é padronizar ao máximo o acesso e o controle dos dispositivos, permitindo a inserção de novos dispositivos no sistema operacional, sem a necessidade de outro software auxiliar. Isso se torna uma tarefa bastante complicada devido à grande variedade, complexidade e particularidades dos dispositivos periféricos encontrados. Para facilitar isso, o software de E/S é geralmente dividido em camadas. Cada camada tem uma função bem definida para executar e uma interface bem definida para as camadas adjacentes, por meio de uma série de operações comuns a todos os dispositivos. Uma forma de implementação dessa estrutura é dividir o software em quatro camadas, onde temos: a camada superior, sendo a E/S vista pelo usuário; a segunda camada, sendo o software que enxerga a E/S da mesma forma, independentemente do dispositivo; a terceira camada, que serve como interface padrão para drivers; e a última (mais inferior), composta pelos drivers propriamente ditos.

Gerência de processos

Um processo é um programa em execução, que às vezes é chamado seção de texto. Um processo inclui a pilha de processo, que contém dados temporários, e uma seção de dados, que contém variáveis globais. O sistema operacional é responsável pelas seguintes atividades em relação à gerência de processos: criar e excluir processos de usuário e do sistema; suspender e retomar processos; fornecer mecanismos para a sincronização de processos; fornecer mecanismos para a comunicação de processos; fornecer mecanismos para o tratamento de deadlocks.

A comunicação entre os processos pode ocorrer de duas formas: comunicação direta e comunicação indireta. Na comunicação direta, cada processo que deseja se comunicar precisa identificar o destinatário e o remetente da comunicação. Nesse caso, as primitivas send e receive são definidas. Na comunicação indireta, as mensagens são enviadas e recebidas por meio de caixas de correio ou portas.

Independentemente de a comunicação ser direta ou indireta, as mensagens trocadas pelos processos durante a comunicação são armazenadas temporariamente em uma fila. Essa fila pode ser implementada com: capacidade zero (a fila tem tamanho **0** e o canal de comunicação não pode ter mensagens em espera); capacidade limitada (a fila tem tamanho finito **x**, ou seja, no máximo **x** mensagens podem ser armazenadas) e capacidade ilimitada (a fila tem tamanho infinito, ou seja, qualquer número de mensagens podem ficar armazenados na fila).

Algumas questões que precisam ser consideradas a respeito da gerência de processos: a troca de contexto do kernel será cooperativa ou preemptiva? Como um processo pode se comunicar com outros? Uma fila de mensagens será implementada? Possuirá uma memória compartilhada? Como controlar seu acesso? Semáforos estarão disponíveis? Existe necessidade de se implementar checagem de prioridade dos processos?

Existe algum meio de segurança de hardware a ser utilizado (watchdog, memória protegida)? Será utilizada proteção hierárquica? Caso seja, a CPU fornece MMU (Memory Management Unit / Unidade de Gerenciamento de Memória) ou o desempenho pode diminuir com a checagem de proteção do software? O sistema deve tentar fechar e reiniciar um processo sem resposta automaticamente?

Tais decisões devem ser tomadas cuidadosamente, pois algumas delas não podem ser mudadas sem uma reescrita completa do código-fonte, enquanto outras podem ser adiadas durante o desenvolvimento do projeto.

Neste livro, será utilizado um microkernel cooperativo, não preemptivo, sem memória compartilhada e com uma controladora de drivers para isolar os dispositivos do kernel. Os processos serão agendados com base nas suas necessidades de tempo/frequência de execução.

Nas próximas seções, serão abordados conceitos computacionais que facilitarão o projeto e a implementação de um kernel.

20.1 | Buffers circulares

uqr.to/1cqzz

Os buffers são espaços de memória cujo objetivo é armazenar dados temporários enquanto eles não forem utilizados. Um exemplo é o buffer de comunicação serial. Nesse tipo de comunicação os dados são enviados bit a bit. No entanto, para que a mensagem possa ser entendida, é necessário interpretar um conjunto de bits de uma única vez, geralmente em pacotes de 8 bits. Como eles chegam individualmente, é necessário armazená-los até que o pacote esteja completo, como pode ser visto na Figura 20.1.

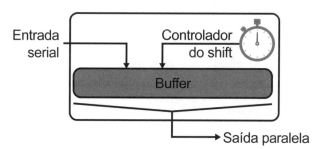

Figura 20.1. Buffer de recepção de bits.

Dentro do controlador do shift existe um contador que indica quantos bits foram recebidos. No caso da maioria das comunicações UART, por exemplo, quando esse contador chega a 8, ele indica que existe um novo dado disponível.

Já o buffer circular é um tipo especial de buffer, que possui um contador que, chegando ao seu limite, volta ao valor inicial. O Código 20.1 é um exemplo de como circular um número infinito de vezes por um vetor tradicional. Pode-se notar que a variável **index**, com o uso do resto de divisão, irá de zero a **CIRCULAR_BUFFER_SIZE**, voltará a zero e continuará esse processo enquanto o loop for verdadeiro.

Código 20.1: Circulando em um vetor infinito

```
1  #define CIRCULAR_BUFFER_SIZE 12
2  void main (void){
3      int circular_buffer[CIRCULAR_BUFFER_SIZE];
4      int index=0;
5      for(;;){
6          //utilizar o buffer para alguma finalidade
7          circular_buffer[index] = index;
8          //incrementa o índice
9          index = (index+1)%CIRCULAR_BUFFER_SIZE;
10     }
11 }
```

O processo utilizado faz com que o buffer possa ser utilizado sem se preocupar onde ele começa ou termina, caracterizando a ideia do buffer circular.

Para indicar quais posições estão disponíveis, é possível utilizar dois índices, **start** e **end**, que indicarão o início e o fim dos dados. A Figura 20.2 representa o vetor como um buffer circular, apresentado as informações de início, fim e índice do vetor.

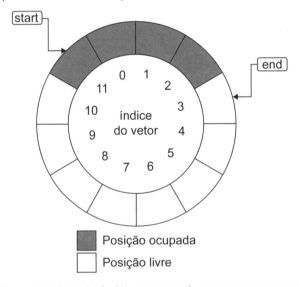

Figura 20.2. Geração de dois processos de um mesmo programa.

O principal problema com o uso do vetor é definir quando ele está cheio ou vazio, pois, em ambos os casos, os índices de início (**start**) e fim (**end**) apontariam para o mesmo lugar.

Existem várias alternativas para resolver esse problema. Visando manter a simplicidade do sistema, optou-se por sempre manter o último slot vazio. Nesse caso, se o valor de **start** e **end** forem iguais, o vetor está vazio.

A ideia do buffer é armazenar valores de modo temporário. Para isso, podemos criar funções que facilitem essa manipulação.

Para adicionar um elemento ao buffer, deve-se verificar se existe espaço disponível. O Código 20.2 apresenta um exemplo de como implementar essa função.

Código 20.2: Buffer circular

```
1  #define CB_SIZE 10
2  int circular_buffer[CB_SIZE];
3  int start=0;
4  int end=0;
5
6  char AddBuff(int newData){
7      //verifica se há espaço para inserir um número
8      if(((end+1)%CB_SIZE) != start){
9          circular_buffer[end] = newData;
10         end = (end+1)%CB_SIZE
11         return SUCCESS;
12     }
13     return FAIL;
14 }
```

20.2 | Ponteiros para void

Para desenvolver o controlador de drivers de dispositivos, deve-se criar uma "central de distribuição de chamadas", que será responsável por receber um pedido da aplicação, via kernel, e redirecioná-la para o correto driver do dispositivo. O problema surge quando se planeja quantos parâmetros a função deve receber, como, por exemplo: um parâmetro representando qual driver é requisitado, outro representando qual função do driver será chamada e uma quantidade indeterminada de parâmetros necessários a serem passados para o driver. Como criar tal função?

Tal ação pode ser feita por meio de ponteiros para void. O ponteiro para void é um ponteiro de propósito geral que pode apontar para qualquer tipo de dado. É usado sempre que uma função recebe ou retorna um ponteiro genérico e opere independentemente do dado apontado. O conteúdo de uma variável apontada por um ponteiro void não pode ser acessado por meio desse ponteiro, sendo necessário criar outro ponteiro e fazer a conversão de tipo na atribuição.

Por meio do Código 20.3 é possível notar como receber diferentes tipos de dados utilizando a mesma função.

Código 20.3: Utilizando ponteiros para void

```
1  char *name = "Paulo";
2  char initial = 'A';
3  unsigned int children = 3;
4
5  void print(int option; void *parameter){
6      switch(option){
7          case 0:
8              lcdString((char*)parameter);
9              break;
10         case 1:
```

```
11                lcdChar(*((char*)parameter));
12                break;
13            case 2:
14                lcdNumber(*((unsigned int*)parameter));
15                break;
16        }
17 }
18 void main (void){
19     print(0, &name);
20     print(1, &weight);
21     print(2, &children);
22 }
```

20.3 | Ponteiros de função

Um programa é um conjunto de instruções armazenado na memória, assim como seus dados. Por esse motivo, é possível referenciar o endereço de uma função. Na linguagem C, o endereço de uma função é acessível ao programador por meio de uma variável do tipo ponteiro para função.

Ponteiros para funções podem ser passados como argumentos para outras funções, e a função apontada pode ser invocada a partir de seu ponteiro.

Em algumas situações, deseja-se que um programa possa escolher entre várias funções para executar determinada atividade. Por exemplo, um editor de imagens pode utilizar as funções Blur (borrar) ou Sharpen (aguçar) para realizar melhorias visuais em uma imagem. No Código 20.4 são apresentados os protótipos dessas funções.

Código 20.4: Protótipo de funções para manipulação de imagens

```
1 //função para borrar a imagem
2 image Blur(image nImg);
3 //função para aguçar a imagem
4 image Sharpen(image nImg);
```

Pode-se construir uma engine simples de um editor de imagem, como no Código 20.5.

Código 20.5: Engine simples de um editor de imagens

```
1 image imageEditorEngine(image nImg, int option){
2     image temp;
3     switch(option){
4         case 1:
5             temp = Sharpen(nImg);
6             break;
7
8         case 2:
9             temp = Blur(nImg);
10            break;
11    }
12    return temp;
13 }
```

Para adicionar outras funções, é necessário modificar o código da engine. Em geral, modificar o código significa mais possíveis erros e mais testes. Outra opção é tornar a engine um pouco mais genérica utilizando ponteiros de função. Um exemplo simples de sua utilização é visto no Código 20.6, que mostra como é feita a declaração do ponteiro e sua utilização.

Código 20.6: Utilizando ponteiros de função

```
1 //definindo um ponteiro de função
2 typedef tipoDeRetorno (*nomeDoPonteiro)(tipoDoArgumento argumento);
3 //chamando uma função via ponteiro de função
4 variavelDeSelecaoDaFuncao = (*nomeDoPonteiro)(argumentoDeEntrada);
```

Essa é uma solução mais refinada do que a utilizada anteriormente. A nova engine pode ser visualizada no Código 20.7.

Código 20.7: Engine genérica utilizando ponteiros de função

```
1 //declaração de ponteiro de função
2 typedef image (*ptrFunc)(image nImg);
3
4 //engine do editor de imagens
5 image imageEditorEngine(ptrFunc function, image nImg){
6     image temp;
7     temp = (*function)(nImg);
8     return temp;
9 }
```

A partir do Código 20.7, pode-se notar que a função recebe um ponteiro de função como parâmetro. Desse modo, não é necessário se preocupar em adicionar novas funcionalidades à aplicação, pois o código principal permanecerá intacto. Um dos inconvenientes é que todas as funções agora necessitam da mesma "assinatura", ou seja, devem receber o mesmo tipo de parâmetro, na mesma ordem, e a variável de retorno deve ser do mesmo tipo.

Utilizando o conceito de ponteiros de função, é possível utilizar as funções Blur e Sharpen de uma maneira simplificada, como mostrado no trecho de Código 20.8.

Código 20.8: Utilizando a engine genérica

```
1 //...
2 image nImage = getCameraImage();
3 nImage = imageEditorEngine(Blur, nImagem);
4 nImage = imageEditorEngine(Sharpen, nImagem);
5 //...
```

As funções são passadas como se fossem variáveis. Por ser essencialmente um ponteiro, deve-se dereferenciar a variável, como mostra o Código 20.9, antes de se utilizar a função.

Código 20.9: Utilizando um ponteiro de função

```
1 temp = (*function)(nImg);
```

Pode-se também armazenar a função passada como parâmetro como uma variável convencional. Desse modo, pode-se chamar a função posteriormente no programa (somente o ponteiro é armazenado; nenhum código é realmente copiado).

A sintaxe de declaração de um ponteiro de função é, de certa forma, complexa. Normalmente, se utilizam typedefs para tornar a implementação mais clara.

20.4 | Execução das tarefas

Esta seção apresenta um primeiro exemplo, em que será criada a parte principal do kernel. Deve existir uma maneira de armazenar quais funções são necessárias para serem executadas e em qual ordem. Para concluir esta tarefa, serão utilizados ponteiros de funções, assim como mostrado no Código 20.10.

Código 20.10: Declaração de ponteiros

```
1 //declaração do ponteiro de função que não recebe nem retorna nada
2 typedef void(*ptrFunc)(void);
3 //vetor com os "processos"
4 static ptrFunc pool[4];
```

Os processos serão criados por meio de funções do tipo **ptrFunc**, que não recebem nenhum parâmetro e não retornam nada. No Código 20.11 estão apresentadas três funções que apenas imprimem valores no LCD.

Código 20.11: Exemplo de processos

```
1 void message(void){
2     lcdCommand(0x80);
3     lcdString("Teste kernel 1.0");
4 }
5 void keypad(void){
6     kpDebounce();
7     lcdCommand(0xC0);
8     lcdNumber(kpRead());
9 }
10 void serial(void) {
11     char rx;
12     rx = serialRead();
13     if(rx!=0){
14         lcdCommand(0xC6);
15         lcdChar(rx);
16     }
17 }
18 int globalCounter;
19 void counter(void) {
20     lcdCommand(0xC8);
21     lcdNumber(globalCounter);
22     globalCounter++;
23 }
```

Esses processos realizam diferentes atividades como escrever o próprio nome no LCD, imprimir a tecla pressionada ou o caractere recebido na serial e exibir o valor de um contador.

O kernel propriamente dito possui três funções: uma função de inicialização; uma função para adicionar novos processos no pool de processos e uma terceira função para sua execução. É esperado que esse kernel nunca termine sua execução e, para isso, utiliza-se um loop infinito na função de execução. A primeira versão do kernel pode ser vista no Código 20.12.

Código 20.12: Kernel - primeira versão

```
1  //variáveis internas do kernel
2  ptrFunc pool[4];
3  int end;
4
5  //protótipos das funções do kernel
6  void kernelInit(void);
7  void kernelAddProc(ptrFunc newFunc);
8  void kernelLoop(void);
9
10 //implementação das funções do kernel
11 void kernelInit(void){
12     end = 0;
13 }
14 void kernelAddProc(ptrFunc newFunc){
15     if(end <4){
16         pool[end] = newFunc;
17         end++;
18     }
19 }
20 void kernelLoop(void){
21     int i;
22     for(;;){
23         for(i=0; i<end;i++){
24             (*pool[i])();
25         }
26     }
27 }
```

Nesse primeiro exemplo, mostrado no Código 20.12, o kernel apenas executa as funções que lhe são dadas, na ordem em que são chamadas. Não existe outro tipo de controle, sendo o tamanho do pool de processos definidos estaticamente.

Para utilizar o kernel deve-se seguir os três passos seguintes: inicializar o kernel; adicionar os processos desejados; e executá-lo. O Código 20.13 mostra um exemplo de utilização do kernel.

Código 20.13: Utilizando a primeira versão do kernel

```
1  void main(void){
2      initSystem();
3      lcdInit();
4      kpInit();
```

```
5    serialInit();
6    kernelInit();
7    kernelAddProc(message);
8    kernelAddProc(keypad);
9    kernelAddProc(serial);
10   kernelAddProc(counter);
11   kernelLoop();
12 }
```

20.5 | Adição e reexecução de processos

O kernel apresentado anteriormente executa os processos do pool de processos indiscriminadamente. Em um sistema real, os processos podem necessitar serem executados apenas uma vez. Além disso, o pool tem que receber novos processos mesmo com a placa em execução. Isso envolve a necessidade de adicionar e remover elementos do pool de processos.

Para implementar esses requisitos, o primeiro passo é transformar o vetor de processos em um buffer circular. Desse modo, fica mais simples adicionar/remover processos com o sistema em andamento. Todo novo processo é inserido no final do buffer. Os processos do início do buffer são executados e "removidos". Caso um processo queira ser reexecutado, basta reagendá-lo, inserindo-o novamente, mas, dessa vez, no fim do buffer. A definição do buffer é apresentada no trecho de Código 20.14.

Código 20.14: Definição das variáveis do pool de processos

```
1 //informações do kernel
2 #define POOL_SIZE 4
3 static ptrFunc pool[SLOT_SIZE];
4 //indicadores de posição do buffer
5 int start, end;
```

Todos os processos agora retornarão um código, indicando se eles querem ser reexecutados ou não. Esse código também pode ser utilizado para informar algum problema para o kernel. Os códigos de retorno e a nova declaração do **prtFunc** são dados a seguir:

```
1 //código de retorno
2 #define SUCCESS  0
3 #define FAIL     1
4 #define REPEAT   2
5 //declaração de ponteiro de função
6 typedef char(*ptrFunc)(void);
```

Não existe nenhuma mudança em relação à utilização do kernel. As mudanças estão todas relacionadas com os processos, que agora têm que retornar se querem ser reexecutados ou não. No Código 20.15 é possível notar que apenas o processo **message** retorna **SUCCESS**. Todos os demais, como querem continuar executando indefinidamente, retornam **REPEAT**.

Código 20.15: Processos com código de retorno

```
1  char message(void){
2      lcdCommand(0x80);
3      lcdString("Teste kernel 2.0");
4      return SUCCESS;
5  }
6  char keypad(void){
7      kpDebounce();
8      lcdCommand(0xC0);
9      lcdNumber(kpRead());
10     return REPEAT;
11 }
12 char serial(void) {
13     char rx;
14     rx = serialRead();
15     if(rx!=0){
16         lcdCommand(0xC6);
17         lcdChar(rx);
18     }
19     return REPEAT;
20 }
21 int globalCounter;
22 char counter(void) {
23     lcdCommand(0xC8);
24     lcdNumber(globalCounter);
25     globalCounter++;
26     return REPEAT;
27 }
```

A função de execução dos processos **kernelLoop()** do kernel é a que mais possui modificações. Agora, é necessário verificar se a função executada deseja ser reagendada e agir de acordo, como pode ser visto no trecho do Código 20.16.

Código 20.16: Função kernelLoop - segunda versão

```
1  void kernelLoop(void){
2      for(;;){
3          if(start != end){                          //há processos?
4              if((*(pool[start].Func))() == REPEAT){ //executa o ↵
                   processo
5                  kernelAddProc(pool[start]);        //reagendando
6              }
7              start = (start+1)%POOL_SIZE;           //próximo processo
8          }
9      }
10 }
```

A função **AddProc()**, apresentada no Código 20.17, deve verificar se existem ao menos dois slots disponíveis no buffer (lembre-se de que a última posição deve estar disponível o tempo todo) para que o processo possa ser inserido.

Código 20.17: Função AddProc - segunda versão

```
1 char kernelAddProc(ptrFunc newProc){
2     //checando a existência de espaço livre
3     if(((end+1)%SLOT_SIZE) != start){
4         pool[end] = newProc;
5         end = (end+1)%POOL_SIZE;
6         return SUCCESS;
7     }
8     return FAIL;
9 }
```

A rotina de inicialização mostrada no trecho do Código 20.18, apenas configura as variáveis **start** e **end** para a primeira posição.

Código 20.18: Função kernelInit

```
1 char kernelInit(void){
2     start = 0;
3     end = 0;
4     return SUCCESS;
5 }
```

20.6 | Exercícios

Ex. 20.1 — Dado o vetor de ponteiros de função abaixo, faça um programa que execute ciclicamente todas as funções do vetor. A função deve receber como parâmetro um número indicando quantas vezes ela já foi executada. Considere que o vetor já está inicializado e preenchido com apenas 6 (seis) funções.

```
1 //definição do processo
2 typedef int (*ptrFunc)(char param);
3
4 //definição do pool de processos
5 #define POOLSIZE 10
6 ptrFunc pool[POOLSIZE];
```

Ex. 20.2 — Um processo é definido como uma função que recebe um parâmetro inteiro e retorna um char indicando se a função foi executada corretamente e se ela deseja ser reagendada. Crie um processo que é responsável por ligar um led do barramento de leds da porta A. O led é indicado pelo parâmetro inteiro recebido pela função. Depois de ligar o led, o processo deve verificar se ele foi ligado corretamente. Se foi ligado, deve retornar sucesso, se não, retorna falha.

```
1 //definição do processo
2 typedef char (*ptrFunc)(int n);
3
4 //definição dos códigos de retornro
5 #define SUCCESS  0
6 #define FAIL     1
7 #define REPEAT   2
```

Ex. 20.3 — Em um dado sistema, existem dois processos já implementados. O primeiro é responsável por verificar se existe algum dado na serial e armazená-lo em um buffer. O segundo é responsável por verificar se o buffer possui alguma mensagem completa e executar o comando. Dado o kernel utilizado em aula, crie a função main que inicializa o sistema corretamente e adiciona os processos ao kernel.

```
1 //funções disponíveis no kernel.h
2 char kernelInit(void);
3 char kernelAddProc(process* newProc);
4 void kernelLoop(void);
5 void KernelClock(void);
6
7 //processos já implementados
8 char LeSerial(void);          //processo 1
9 char ProcessaBuffer(void);    //processo 2
```

Ex. 20.4 — Implemente um buffer circular de 10 posições com duas funções: uma para adicionar elementos e outra para remover elementos.

21 Projeto de kernel com soft realtime

uqr.to/1cr04

"Melhor três horas mais cedo do que um minuto mais tarde."
William Shakespeare

A maioria dos sistemas embarcados precisa garantir que determinada função seja executada com certa frequência. Em alguns sistemas, não atingir esses requisitos temporais ou deadlines, pode fazer com que o equipamento falhe. Essas falhas podem variar desde defeitos visuais de curta duração até a destruição do equipamento.

Em geral, utilizam-se contadores dedicados, mais conhecidos como timers (ou relógios) para garantir os requisitos temporais.

No contexto de sistemas embarcados, a expressão tempo real descreve sistemas computacionais sujeitos a restrições temporais em suas atividades. Essas restrições estão geralmente relacionadas ao tempo que o sistema deve responder a determinado evento. Esse tempo é comumente chamado "deadline". Um sistema que não foi desenvolvido pensando nesses requisitos geralmente não possui a capacidade de garantir uma resposta dentro de um prazo determinístico. Nesses sistemas, é possível, no máximo, apresentar um tempo esperado para as respostas.

21.1 | O tempo real: soft e hard realtime

uqr.to/1cr09

Para desenvolver um sistema de tempo real (realtime), é necessário utilizar algum conjunto de ferramentas que permita descrever a atividade do sistema e qual o prazo para cada uma das respostas. A ferramenta mais comum é usar um sistema operacional de tempo real.

Pode-se classificar um sistema como de tempo real se o seu correto funcionamento não depende apenas de uma lógica correta, mas também do tempo consumido para executar tal lógica. Em geral, esses sistemas são classificados segundo as consequências do não atendimento do tempo (deadline):

- **Hard** - perder apenas um deadline faz com que o sistema falhe completamente.
- **Firm** - perdas não muito frequentes do deadline são toleradas, mas elas degradam a qualidade do serviço. Se o resultado da computação for obtido apenas depois do deadline, ele não serve para nada.
- **Soft** - a utilidade do resultado da computação degrada com a perda do deadline, degradando a qualidade do sistema.

Sistemas hard realtime são comuns apenas em equipamentos específicos, principalmente na área médica, como marca-passos, na aviação, como sistemas de controle de voo ou área nuclear, como sistemas de monitoramento de variáveis de segurança.

Um bom exemplo de sistema firm realtime é a transmissão digital de som em uma rede de celular. Se alguns poucos pacotes, espaçados no tempo forem "perdidos", a mensagem, como um todo, não é impactada. Se as perdas forem frequentes, será difícil manter a comunicação. Se os pacotes "perdidos" chegarem atrasados, eles não serão mais necessários, já que, se eles forem utilizados, a comunicação começará a ter um atraso entre quando algo foi dito e quando foi ouvido.

Os sistemas soft realtime costumam estar em equipamentos mais simples. Um exemplo é um ar-condicionado ou um aquecedor. Esses equipamentos fazem a medição da temperatura ambiente e ligam a saída com maior ou menor intensidade, dependendo da temperatura desejada. Esses sistemas utilizam algum controle que precisa executar uma lógica em tempo determinístico.

Um atraso na execução dessa lógica, para o caso de um simples controle de temperatura, fará com que o sistema não se comporte exatamente como projetado. Ele poderá consumir mais energia ou demorar mais para atingir a temperatura desejada. Mesmo sendo indesejada, essa situação não impede o funcionamento do sistema. Quanto maior o atraso da resposta, pior o sistema se comportará.

No entanto, essas definições não são precisas. Um mesmo sistema pode ser classificado como hard ou firm, dependendo das restrições impostas. Um controlador de temperatura pode ser classificado como soft, firm ou até mesmo hard, dependendo do processo que será controlado: um ar-condicionado, um processo químico ou até mesmo uma incubadora neonatal.

Dadas essas questões, o objetivo de um sistema de tempo real é garantir que todos os tempos críticos sejam atendidos. Como o sistema é geralmente composto de várias atividades, o gestor das atividades, um kernel, por exemplo, pode ter como objetivo garantir que apenas algumas delas sejam atendidas plenamente, por serem mais críticas.

Para garantir hard realtime, o kernel tem que realizar a preempção das tarefas, evitando que problemas não antecipados possam atrapalhar os tempos. Com um kernel cooperativo, é possível construir um sistema de atendimento temporal que, usado corretamente, permite atingir níveis de soft realtime para várias aplicações.

A implementação mais simples para uma atividade que exige hard realtime é utilizar uma interrupção de timer. Desse modo, pode-se ter certeza de que a função sempre será iniciada no tempo correto. O único requisito é que o intervalo entre as interrupções seja suficiente para executar a função desejada.

21.2 | Atendendo requisitos temporais

uqr.to/1cr0e

Há pelo menos três condições que necessitam ser satisfeitas para implementar um sistema de atendimento a requisições temporais no kernel:
1. Deve haver um tick (evento temporal) que ocorre com uma frequência precisa.
2. O kernel deve ser informado da frequência/período de execução dos processos.
3. A soma da duração dos processos deve se encaixar com o tempo ocioso do processador.

A primeira condição pode ser facilmente satisfeita se existir um temporizador ou relógio interno disponível que possa gerar uma interrupção. Tal fato é verdadeiro para a maioria dos microcontroladores. Nesse caso, não existe a necessidade de uma rotina de interrupção dedicada.

A segunda condição depende da definição dos tempos de cada processo pelo programador e os disponibilize para o kernel. Isso pode ser feito adaptando-se a função de adição de processos, para que, além do ponteiro de função, ele passe a receber também o valor do tempo exigido.

A terceira condição depende inteiramente do próprio sistema. Supondo um sistema cuja função **ssdUpdate()** precisa ser chamada em um intervalo de 5 ms. Se o tempo de execução dessa função for superior a 5 ms, é impossível garantir o intervalo de execução. Outro quesito válido a ser considerado é a respeito do tipo de kernel: preemptivo ou cooperativo. Em um sistema cooperativo, o processo deve finalizar sua execução antes que outro possa ser processado pela CPU. Já em um caso preemptivo, o kernel pode parar a execução de um processo a qualquer momento para executar outro processo. Se um sistema não se adequa ao tempo disponível, existem três opções: trocar o processador por um mais rápido, otimizar o tempo de execução dos processos ou redefinir as frequências necessárias para cada processo.

Quando se trabalha com condições temporais utilizando um contador de tempo, um problema pode surgir, dependendo da implementação. Supondo um sistema com um contador de tempo de milissegundos com 16 bits não sinalizado, que pode conter valores de 0 a 65.535, que possua dois processos: P1 e P2. Se o contador atual (**actual_time**) estiver marcando 45.535, o primeiro processo for agendado para ocorrer após 10 segundos a partir do contador atual e o segundo processo para daqui a 50 segundos, teremos uma situação similar à da Figura 21.1.

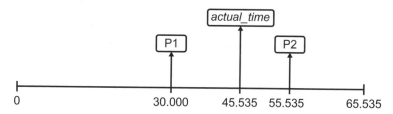

Figura 21.1. Visualização dos processos em fila em relação ao tempo.

Pela Figura 21.1, o processo P2 foi corretamente agendado para ser executado em 50 segundos, pois **actual_time** + 50.000 = 45.535 + 50.000 = 30.000; levando em conta o overflow do contador de tempo. O processo P1 será executado em 10 segundos, quando a variável **actual_time** atingir o valor 55.535.

O problema de usar um único contador finito para medir tempo aparece quando dois processos forem agendados para serem chamados em um pequeno espaço de tempo, ou até mesmo simultaneamente, como na Figura 21.2. Nela, pode-se ver que ambos os processos, tanto P1 quanto P2, estão agendados para ocorrer exatamente em **actual_time** = 30.000, em 10 segundos.

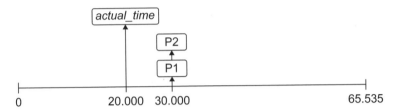

Figura 21.2. Processos adicionados para iniciarem no mesmo instante.

Supondo que P1 seja chamado primeiro, independentemente do motivo, e que para executar toda a sua rotina interna, ele consuma 10 segundos. Após sua execução a linha do tempo pode ser visualizada como na Figura 21.3.

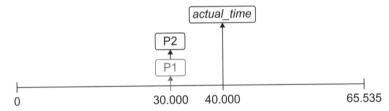

Figura 21.3. Definindo prioridade de processamento na fila.

Observando apenas a linha da Figura 21.3 do tempo (que é a única informação disponível para o kernel), pode-se levantar a seguinte dúvida:
- O processo P2 já foi executado ou foi agendado para ocorrer daqui a 50.535 ms, a partir de **actual_time**?

Para resolver esta situação, há duas opções:
1. Criar um flag para cada processo, indicando quando já foi passado pelo contador de tempo. Desse modo, é possível visualizar se um processo anterior ao contador está atrasado ou se foi agendado para ocorrer posteriormente.
2. Criar um contador que decrementa a cada tick do kernel. A execução do processo ocorrerá quando seu contador atingir o valor zero.

A segunda opção gera maior sobrecarga, pois é necessário decrementar todos os contadores dos processos. Por outro lado, se for permitido que o contador assuma valores negativos (de acordo com o que ocorreu com o decremento), pode-se examinar por quanto tempo o processo está aguardando. Com essa informação, pode-se tomar uma providência para se evitar que o processo continue atrasando, ou simplesmente informar ao usuário que o sistema apresenta algum problema.

Para que o kernel consiga atender os requisitos temporais, a informação do tempo (frequência/período de execução) deve estar disponível. Uma solução é modificar o pool de processos para que, em vez de conter apenas o ponteiro da função, contenha um ponteiro para uma estrutura com todos os dados do processo.

Além do ponteiro de função, a estrutura também contém o período de execução. Além do período, cada processo terá seu próprio contador de tempo por meio da variável **deadline**. Ela servirá para indicar, para cada processo, quando seu tempo de espera terminou, o que diz ao kernel, que o processo está pronto para ser executado novamente. A struct usada pode ser vista no trecho do Código 21.1.

Código 21.1: Struct do processo com as informações extras de tempo

```
1  // struct do processo
2  typedef struct {
3      //ponteiro para a função a ser executada
4      ptrFunc function;
5      //período de reexecução da função
6      int period;
7      //contador de tempo de cada processo
8      int deadline;
9  } process;
```

O contador **deadline** será decrementado uma unidade a cada evento de tempo (**tick**) do kernel. Quando ele atingir o valor zero, o processo deve ser executado.

Como existem vários processos no pool, a função **kernelLoop()** deverá percorrer todos os slots ativos e encontrar o processo que, dentre todos os processos adicionados ao pool, deve ser executado agora.

É possível que nenhum dos processos esteja pronto para ser executado (nenhum processo possui **deadline ≤ 0**). Caso isto aconteça, a **kernelLoop()** selecionará o processo com o menor tempo e ficará aguardando seu contador zerar.

O trecho do Código 21.2 apresenta a implementação do kernel com os requisitos temporais.

Código 21.2: Função kernelLoop() para requisitos temporais

```
1  //executa os processos do 'pool' de acordo com seus tempos de execução
2  void kernelLoop(void){
3      unsigned int count;
4      unsigned int next;
5      process* tempProc;
6      for(;;){
7          if(start != end){
8              //procura a próxima função a ser executada com base no
                   tempo
9              count = (start+1)%POOL_SIZE;
10             next = start;
11             while(count!=end){
12                 if((pool[count]->deadline) < (pool[next]->deadline)){
13                     next = count;
14                 }
15                 count = (count+1)%POOL_SIZE; //próximo processo
16             }
17             //troca processo de menor tempo como o primeiro
18             tempProc = pool[next];
19             pool[next] = pool[start];
```

```
20              pool[start] = tempProc;
21              while((pool[start]->deadline) > 0){
22                  //coloca a CPU em modo de economia de energia
23              }
24              //retorna se precisa repetir novamente ou não
25              switch (pool[start]->function()) {
26                  case REPEAT:
27                      kernelAddProc(pool[start]);
28                      break;
29                  case FAIL:
30                      break;
31                  default:
32                      break;
33              }
34              start = (start + 1) % POOL_SIZE; //próximo processo
35          }
36      }
37 }
```

O tempo gasto aguardando o processo, aparentemente sem utilidade, na verdade, é essencial para sincronizar todos os eventos. Além disso, essa abordagem permite que possamos colocar o sistema em modo de baixo consumo de energia durante o tempo em que se aguarda o próximo processo.

Para que o loop funcione é necessário que uma rotina externa realize os decrementos dos contadores de cada um dos processos ativos. Para isso, pode-se criar uma rotina **kernelTick( )**, que será chamada a cada interrupção de tempo. Como a interrupção de tempo é bastante precisa, os ticks poderão ser utilizados como referência temporal para os processos. Esta rotina é mostrada no trecho do Código 21.3, decrementando o campo **deadline** de todos os processos.

Código 21.3: Rotina de tratamento de interrupção

```
1  //atualiza os tempos de execução dos processos
2  void kernelTick(void){
3      int proc;
4      proc = start;
5      while(proc!=end){
6          if((pool[proc]->deadline)>(MIN_INT)){
7              pool[proc]->deadline--;
8          }
9          proc = (proc+1)%POOL_SIZE;
10     }
11 }
```

A função **kernelAddProc( )**, mostrada no trecho do Código 21.4, será responsável por adicionar o processo ao kernel e inicializá-lo com um valor adequado para a variável **deadline**.

Código 21.4: Função AddProc - Exemplo 2

```
1  //adiciona os processos no pool
2  char kernelAddProc(process* func){
```

```
 3      //adiciona processo somente se houver espaço livre
 4      //o fim nunca pode coincidir com o início
 5      if(((end+1)%POOL_SIZE) != start){
 6          //adiciona o novo processo e agenda para executar ↵
                imediatamente
 7          func->deadline += func->period;
 8          pool[end] = func;
 9          end = (end+1)%POOL_SIZE;
10          return SUCCESS; //sucesso
11      }
12      return FAIL; //falha
13  }
```

Em vez de resetar o contador **deadline** com o valor de **period**, optou-se por adicionar este valor ao **period**. Isso foi feito pensando em um possível atraso na execução do processo.

Em situações normais, quando o processo for executado, o contador **deadline** será exatamente zero. Caso o processo demore muito para executar, ou se outro processo evitou que ele executasse no tempo correto, ao fim de sua execução seu contador terá um valor negativo.

Ao adicionar o período a esse valor negativo, garante-se que a reexecução do processo aconteça com um intervalo igual ao planejado, baseado no início da última execução.

21.3 | Kernel cooperativo com soft realtime

uqr.to/1cr0e

O desenvolvimento do kernel foi apresentado nos capítulos anteriores. Sua estrutura completa pode ser vista na Figura 21.4.

A versão final do kernel cooperativo pode ser visualizada no Código 21.5.

Código 21.5: Kernel completo - código

```
 1  #include "kernel.h"
 2
 3  #define POOL_SIZE 10
 4  #define MIN_INT -30000
 5
 6  //armazena as referências dos processos
 7  static process* pool[POOL_SIZE];
 8  //primeiro elemento do buffer
 9  int start;
10  //último elemento do buffer
11  int end;
12
13  //adiciona os processos no pool
14  char kernelAddProc(process* func){
15      // adiciona os processos somente se houver espaço livre
16      //o fim nunca pode coincidir com o início
```

PROGRAMAÇÃO DE SISTEMAS EMBARCADOS

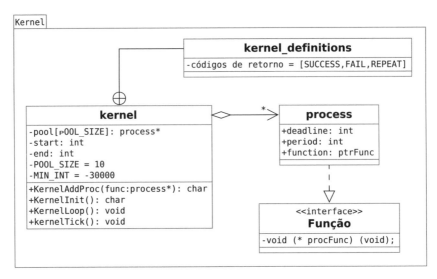

Figura 21.4. Diagrama da estrutura do kernel.

```
17      if ( ((end+1)%POOL_SIZE) != start){
18          //adiciona o novo processo e agenda para executar ↵
                imediatamente
19          func->deadline += func->period;
20          pool[end] = func;
21          end = (end+1)%POOL_SIZE;
22          return SUCCESS; //sucesso
23      }
24      return FAIL; //falha
25  }
26  //inicializa o kernel em conjunto com a controladora de drivers
27  void kernelInit(void){
28      start = 0;
29      end = 0;
30  }
31  //executa os processos do 'pool' de acordo com seus tempos de execução
32  void kernelLoop(void){
33      unsigned int count;
34      unsigned int next;
35      process* tempProc;
36      for(;;){
37          if (start != end){
38              //procura a próxima função a ser executada com base no tempo
39              count = (start+1)%POOL_SIZE;
40              next = start;
41              while(count!=end){
42                  if ((pool[count]->deadline) < (pool[next]->deadline)){
43                      next = count;
44                  }
45                  //para poder incrementar e ciclar o contador
46                  count = (count+1)%POOL_SIZE;
47              }
48              //troca e coloca o processo com menor tempo como o próximo
```

```
49          tempProc = pool[next];
50          pool[next] = pool[start];
51          pool[start] = tempProc;
52          while((pool[start]->deadline) > 0){
53              //coloca a CPU em modo de economia de energia
54          }
55          //retorna se precisa repetir novamente ou não
56          switch (pool[start]->function()) {
57              case REPEAT:
58                  kernelAddProc(pool[start]);
59                  break;
60              case FAIL:
61                  break;
62              default: ;
63          }
64          //próxima função
65          start = (start + 1) % POOL_SIZE;
66      }
67   }
68 }
69 //atualiza os tempos de execução dos processos
70 void kernelTick(void){
71     int proc;
72     proc = start;
73     while(proc!=end){
74         if((pool[proc]->deadline)>(MIN_INT)){
75             pool[proc]->deadline--;
76         }
77         proc = (proc+1)%POOL_SIZE;
78     }
79 }
```

O header do kernel é apresentado no Código 21.6. A definição da estrutura, bem como os códigos de retorno, está definida neste cabeçalho para permitir que o programador consiga compatibilizar os processos que forem implementados.

Código 21.6: Kernel completo - header

```
1  #ifndef KERNEL_H_
2  #define KERNEL_H_
3
4  // códigos de retorno
5  #define SUCCESS  0
6  #define FAIL     1
7  #define REPEAT   2
8
9      // declaração de ponteiro de função
10     typedef char(*ptrFunc)(void);
11
12     typedef struct {
13         ptrFunc function;
14         int period;
15         int deadline;
```

```
16      } process;
17
18      // protótipos das funções do kernel
19      void kernelInit(void);
20      char kernelAddProc(process* func);
21      void kernelLoop(void);// declaração de ponteiro de função
22      void kernelTick(void);
23
24 #endif
```

Para usar o kernel, é preciso fazer, antes de tudo, o setup da interrupção de tempo que chamará a função **kernelTick()**. Na rotina **main()**, os flags de interrupção devem ser ligados conforme a arquitetura utilizada.

Como os processos são temporizados, é necessário passar essa informação quando forem adicionados ao pool de processos. Desse modo, deve-se criar uma struct **process** para cada processo a ser adicionado. Por fim, é chamada a função **kernelLoop()**. O Código 21.7 apresenta um exemplo para a placa Freedom.

Código 21.7: Utilizando o kernel com requisitos temporais

```
1  #include "lcd.h"
2  #include "keypad.h"
3  #include "serial.h"
4  #include "timer.h"
5  #include "kernel.h"
6
7  void systemInit(void) {
8      //init clock das portas
9      SIM_BASE_PTR ->SCGC5 |= (SIM_SCGC5_PORTA_MASK | ↵
            SIM_SCGC5_PORTB_MASK);
10     //configura para usar clock interno em 24 MHz
11     MCG_BASE_PTR ->C4 |= 0x80;
12     //evitar a interrupção NMI na porta B pino 5
13     PORTB_BASE_PTR ->PCR[5] = (PORT_PCR_MUX(1) | PORT_PCR_DSE_MASK);
14 }
15 //criação das funções dos processos
16 char message(void){
17     lcdCommand(0x80);
18     lcdString("Teste kernel 3.0");
19     return SUCCESS;
20 }
21 char keypad(void){
22     kpDebounce();
23     lcdCommand(0xC0);
24     lcdNumber(kpRead());
25     return REPEAT;
26 }
27 char serial(void) {
28     char rx;
29     rx = serialRead();
30     if(rx!=0){
31         lcdCommand(0xC6);
```

```c
32          lcdChar(rx);
33      }
34      return REPEAT;
35 }
36 int globalCounter;
37 char counter(void) {
38      lcdCommand(0xC8);
39      lcdNumber(globalCounter);
40      globalCounter++;
41      return REPEAT;
42 }
43 //interrupção do timer chamando a função kernelTick()
44 void LPTimer_IRQHandler (void){
45      //limpar a flag da interrupção
46      LPTMR0_CSR |= 1 << 7;
47      kernelTick();
48 }
49 void main(void){
50 //criação dos processos
51      process pMessage = {message,   0,0};
52      process pKeypad  = {keypad,   10,0};
53      process pSerial  = {serial,   10,0};
54      process pCounter = {counter,100,0};
55 //inicialização dos periféricos
56      systemInit();
57      lcdInit();
58      kpInit();
59      serialInit();
60      timerInit();
61      kernelInit();
62 //adição dos processos no kernel
63      kernelAddProc(&pMessage);
64      kernelAddProc(&pKeypad);
65      kernelAddProc(&pSerial);
66      kernelAddProc(&pCounter);
67 //setup do tempo do tick
68      timerStart(10);
69 //habilita interrupção do timer
70      LPTMR0_CSR |= 1 << 6;
71 //permite que as interrupções do timer sejam atendidas
72      NVIC_ICPR |= 1 << (28 % 32);
73      NVIC_ISER |= 1 << (28 % 32);
74 //execução do kernel
75      kernelLoop();
76 }
```

21.4 | Exercícios

Ex. 21.1 — O que significa tempo real no contexto de sistemas embarcados? Como garantir que um sistema possui a característica de tempo real?

Ex. 21.2 — Em um sistema de tempo real, o que pode acontecer se os períodos de execução das funções não forem obedecidos?

Ex. 21.3 — Quais os problemas que podem aparecer quando se utiliza um contador finito para realizar a comparação de tempo para o agendamento de processos? Como solucionar esse problema?

Ex. 21.4 — Qual a finalidade do código a seguir? Sabendo que apenas alguns processos precisam de requisitos temporais, altere o código a seguir para que os processos que não necessitam de contagem de tempo sejam desconsiderados. Os processos que requisitam tempo real possuem o campo **ExigeRT** igual a 1.

```
1  //definição da estrutura processo
2  typedef struct {
3      ptrFunc func;
4      int period;
5      int start;
6      char ExigeRT;
7  } process;
8  #define MIN_INT -30000
9  void KernelTick(void){//chamado na interrupção do timer 0
10     unsigned char i;
11     for(i=ini; i!=fim; i=(i+1)%SLOT_SIZE){
12         if((pool[i].start)>(MIN_INT))
13         pool[i].start--;
14     }
15 }
```

22 Controladora de dispositivos

uqr.to/1cr0i

"A primeira regra de qualquer tecnologia usada em um negócio é de que a automação aplicada a uma operação eficiente irá amplificar a eficiência. A segunda é que a automação aplicada a uma operação ineficiente vai amplificar a ineficiência."
Bill Gates

Uma das funções principais de um sistema operacional é controlar todos os periféricos de um computador; tratar erros; interceptar interrupções; fornecer uma interface entre o dispositivo e o sistema; emitir comandos para os dispositivos.

A maioria dos periféricos possui um controlador. Os controladores possuem registradores usados para se comunicar com o processador. Por meio da escrita nesses registradores, o sistema operacional pode comandar o dispositivo para aceitar, executar, desligar. A partir da escrita nos registradores, o sistema operacional pode saber o estado de um dispositivo, como, por exemplo, se ele está apto a receber um novo comando ou não.

A função de um controlador de dispositivo (driver de dispositivo) é aceitar as requisições abstratas do software e cuidar para que a solicitação seja executada, permitindo que o software interaja com o periférico. Um driver não é um processo ou tarefa (programa) gerenciado pelo sistema, mas sim um conjunto de funções e tabelas contendo informações sobre cada periférico.

Os drivers são pequenos programas que fazem a comunicação entre o sistema operacional do computador e o hardware. Um driver de dispositivo simplifica a tarefa da aplicação, tendo como função atuar como um tradutor entre o dispositivo e as aplicações ou o sistema operacional. O código de alto nível das aplicações pode ser escrito independentemente do dispositivo que será utilizado. Qualquer versão de um dispositivo, como uma impressora, por exemplo, requer os seus próprios comandos. Entretanto, a maioria das aplicações tem acesso aos dispositivos usando comandos genéricos de alto nível, como o comando **print()**, que imprime um texto. O driver converte esses comandos genéricos para um código de baixo nível interpretado pelo dispositivo. Em outras palavras, um driver opera ou controla um hardware.

Até o momento, trabalhou-se com o conceito de bibliotecas para ter acesso aos periféricos. A diferença entre as bibliotecas criadas até o momento e os drivers é que estes últimos possuem uma padronização, de modo que o sistema operacional e as aplicações possam acioná-los. Antes de descrever o funcionamento da controladora é importante definir como os drivers serão desenvolvidos.

22.1 | Padrão de um driver

uqr.to/1cr0k

Todos os sistemas operacionais apresentam um certo padrão na construção de suas controladoras e de seus drivers. Somente possuindo uma interface padrão, o kernel pode se comunicar com qualquer tipo de driver, mesmo desconhecendo-o em tempo de compilação.

Neste capítulo, será apresentado um modelo de implementação. Esse modelo, apesar de funcional, visa apenas demonstrar o processo de criação de uma controladora. Existem vários detalhes que foram desconsiderados, pois o propósito é apresentar os conceitos de gerenciamento de drivers de modo simples.

Os drivers, em geral, apresentam um conjunto de funções que permite que o aplicativo acesse o periférico. Por esse motivo, o modo de acesso aos drivers será dado por ponteiros de função. Assim, a controladora pode acionar as funções do driver, independendo de seu código. Isso permite também que todas as funções dos drivers sejam declaradas apenas no arquivo de código e não em seu header. Isso força o programador utilizar as interfaces de acesso disponibilizadas pela controladora, o que, apesar de mais burocrático, evita possíveis erros de uso.

Com o intuito de simplificar o uso dos ponteiros de função, será definido o tipo **ptrFuncDrv**, conforme o trecho do Código 22.1.

Código 22.1: Assinatura padrão dos drivers
```
1 typedef char(*ptrFuncDrv)(void *parameters);
```

Segundo esse padrão, todas as funções dos drivers deverão retornar um valor indicando se a função foi executada corretamente ou não. Como parâmetro, as funções dos drivers receberão apenas um ponteiro para void. Isso permite passar qualquer tipo de parâmetro para a função. O driver será composto de dois arquivos, do mesmo modo que as bibliotecas de acesso aos periféricos, um header e um arquivo de código.

Para acessar o driver, a controladora terá um ponteiro para uma estrutura **driver**. Essa estrutura será composta por três elementos: um identificador **drv_id**; o vetor **functions**, com referências para todas as funções disponibilizadas pelo driver; e o ponteiro de função **initFunc**, que servirá para inicializar o driver, conforme o trecho do Código 22.2.

Código 22.2: Struct driver
```
1 typedef struct {
2     int drv_id;              //identificador do driver
3     ptrFuncDrv *functions;   //vetor com as funções disponíveis no
                                  driver
4     ptrFuncDrv initFunc;     //ponteiro p/ função de inicialização
                                  do driver
5 } driver;
```

Cada driver terá em seu arquivo de código uma variável da estrutura tipo **driver**. Essa variável funcionará como um resumo do driver, reunindo todas as informações importantes do mesmo.

No arquivo de header, deverá ser disponibilizada apenas uma função, que retornará um ponteiro para a estrutura do driver. Desse modo, a controladora poderá pedir ao driver uma referência para sua estrutura interna. Nenhuma das outras funções do driver estarão disponibilizadas diretamente no header. Além da função, deve ser implementado um enumerador com a lista das funções disponíveis no driver.

As funções que retornam as estruturas dos drivers serão todas agrupadas na controladora de drivers. Para padronizar o código, todas serão definidas como ponteiros de função, de acordo com o trecho do Código 22.3.

Código 22.3: Ponteiro de função para drivers

```
1 typedef driver* (*ptrGetDrv)(void);
```

No código, o driver deve implementar pelo menos duas funções: **init()** e **getDriver()**. A primeira serve para realizar a inicialização e configuração do periférico, do mesmo modo que nas bibliotecas já estudadas. A segunda tem como função garantir que a estrutura **driver** está preenchida e retornará um ponteiro para ela.

No arquivo de código, também devem ser criadas duas variáveis: uma estrutura do tipo **driver** e um vetor de ponteiros de função. As demais funcionalidades do hardware são implementadas conforme a necessidade do periférico. O trecho do Código 22.4 apresenta o modelo de header para um driver.

Código 22.4: Exemplo do header de um driver genérico

```
1 #ifndef GEN_DRIVER_H
2 #define GEN_DRIVER_H
3 enum{   GEN_FUNC1,          //lista das funções disponíveis
4         GEN_FUNC2,
5         GEN_END
6 };
7 driver* getGenericDriver(void); //retornar a referência do driver
8 #endif
```

O trecho do Código 22.5 apresenta a implementação mínima do arquivo de código de um driver. Note que o tamanho do vetor de funções **thisFunctions** depende da quantidade de funções descritas no enumerador do arquivo de header.

Código 22.5: Arquivo de código de um driver exemplo

```
1  //estrutura do driver
2  static driver thisDriver;
3  //funções disponíveis no driver
4  static ptrFuncDrv thisFunctions[GEN_END];
5
6  char initGeneric(void *parameters) {
7      //configura os registros de hardware necessários
8      //inicializa variáveis internas
9      // ...
10     //atualiza o novo ID do driver
```

```
11      thisDriver.drv_id = parameters;
12      return OK;
13 }
14 char function2(void *parameters) {
15      //função exemplo, o código entra aqui
16      return OK;
17 }
18 char function1(void *parameters) {
19      //função exemplo, o código entra aqui
20      return OK;
21 }
22 driver* getGenericDriver(void) {
23      //realiza o link da estrutura do driver
24      thisDriver.functions = thisFunctions;
25      //inicializa as referências de acordo com a descrição do header
26      thisFunctions[GEN_FUNC1] = function1;
27      thisFunctions[GEN_FUNC2] = function2;
28      //configura a função de inicialização
29      thisDriver.initFunc = initGeneric;
30      //retorna a referência do driver
31      return &thisDriver;
32 }
```

A Figura 22.1 mostra a representação visual, por meio de um diagrama UML, da estrutura do driver de exemplo dos Códigos 22.4 e 22.5.

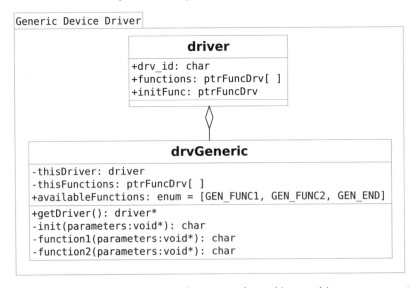

Figura 22.1. Diagrama da estrutura de um driver genérico.

As funções e informações disponíveis no header são marcadas pelo sinal mais (+) antes do seu nome. O sinal menos (-) representa as funções disponíveis apenas no arquivo de código.

O ponto importante do padrão desenvolvido para o driver é o fato de cada driver possuir uma variável do tipo **driver**. Isso está representado pelo link entre as duas estruturas do diagrama.

A criação de um driver nada mais é do que inserir uma camada padronizada de chamadas de funções e estruturas para gerenciar as funcionalidades já desenvolvidas nas bibliotecas.

22.1.1 | Driver do timer

O driver do timer apresentará as mesmas funcionalidades que a biblioteca. A Figura 22.2 apresenta o modelo da estrutura do driver.

drvTimer
-thisDriver: driver -this_functions: ptrFuncDrv[ ] +enum {TMR_START, TMR_READ, TMR_WAIT, TMR_IS_END, TMR_DELAY}
+getTimerDriver(parameters:void*): driver* -drvTimerStart(parameters:void*): char -drvTimerRead(parameters:void*): char -drvTimerWait(parameters:void*): char -drvTimerIsEnd(parameters:void*): char -drvTimerDelay(parameters:void*): char -drvTimerInit(parameters:void*): char

Figura 22.2. Esquema de implementação do driver de timer.

As funções originais da biblioteca do timer não estão no padrão dos ponteiros utilizados nos drivers. Para resolver esse problema, pode-se utilizar duas abordagens: modificar a biblioteca original do driver ou criar um conjunto de funções para fazer a adaptação.

As funções que originalmente recebiam algum parâmetro vão ter seu parâmetro recebido pelo ponteiro de void, basta repassar o valor. As funções que originalmente retornavam algum valor irão retornar o valor via referência, usando o valor recebido por parâmetro como endereço da variável original. Para isso, deve ser realizado um typecast para um ponteiro do tipo da variável de retorno.

O Código 22.6 apresenta as adaptações realizadas para a criação do timer. O cabeçalho é apresentado no Código 22.7.

Código 22.6: Driver timer - código drvTimer.c

```
1  #include "timer.h"
2  static driver     thisDriver;
3  static ptrFuncDrv thisFunctions[TIMER_END];
4
5  char drvTimerStart(void * parameters){
6      timerStart((unsigned int) parameters);
7      return SUCCESS;
8  }
9  char drvTimerRead(void * parameters){
10     int read = timerRead();
11     //typecast para ponteiro de int e retorna por referência
12     *((unsigned int*) parameters) = read;
13 }
14 char drvTimerWait(void * parameters){
15     timerWait();
16     return SUCCESS;
17 }
```

```
18 char drvTimerFinished(void * parameters){
19     int read = timerFinished();
20     //typecast para ponteiro de int e retorna por referência
21     *((unsigned int*) parameters) = read;
22     return SUCCESS;
23 }
24 char drvTimerDelay(void * parameters){
25     timerDelay((unsigned int) parameters);
26     return SUCCESS;
27 }
28 char drvTimerInit(void *parameters) {
29     thisDriver.drv_id = parameters; //atualiza o novo ID do driver
30     timerInit();                    //rotina de incialização
31     return OK;
32 }
33 driver* getTimerDriver(void) {
34     //realiza o link da estrutura do driver
35     thisDriver.functions = thisFunctions;
36     this_functions[TMR_START] = drvTimerStart;
37     this_functions[TMR_READ] = drvTimerRead;
38     this_functions[TMR_WAIT] = drvTimerWait;
39     this_functions[TMR_FINISHED] = drvTimerFinished;
40     this_functions[TMR_DELAY] = drvTimerDelay;
41     //configura a função de inicialização
42     thisDriver.initFunc = drvTimerInit;
43     //retorna a referência do driver
44     return &thisDriver;
45 }
```

Código 22.7: Driver timer - header drvTimer.h

```
1 #ifndef GEN_DRIVER_H
2 #define GEN_DRIVER_H
3     //enumerador com a lista das funções disponíveis
4     enum {
5         TMR_START,
6         TMR_READ,
7         TMR_WAIT,
8         TMR_FINISHED,
9         TMR_DELAY,
10        TMR_END
11    };
12    //função para receber a referência do driver
13    driver* getTimerDriver(void);
14 #endif
```

22.2 | Mecanismo da controladora

A controladora de drivers é a responsável por fazer o gerenciamento das chamadas das funções realizadas pelos processos. Por meio dela, os drivers podem ser inicializados e chamados.

Para isso, ela precisa conhecer cada um dos drivers. Isso é feito por meio da estrutura **driver**. A controladora terá, em seu arquivo de código, um vetor com as referências para todos os drivers. Para preencher esse vetor, ela deve ter acesso à função de retorno da estrutura **driver** de cada um dos drivers. Para simplificar o funcionamento, um segundo vetor será criado, com as funções de acesso aos drivers conhecidos. Junto desse vetor, será criado um enumerador descrevendo os drivers que a controladora conhece, do mesmo modo que os drivers descrevem as funcionalidades que eles possuem. A estrutura da controladora pode ser vista na Figura 22.3.

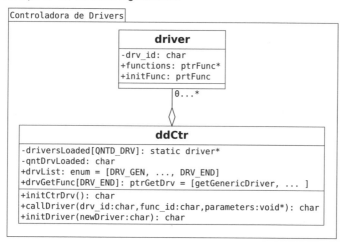

Figura 22.3. Diagrama da estrutura da controladora de drivers.

Podem-se notar que a controladora possui uma lista das referências de estruturas do tipo drivers. É essa lista que permite a controladora gerenciar todos os drivers em um único lugar.

A controladora possui, em seu arquivo de código, uma lista de todos os drivers carregados. Essa lista é implementada por meio do vetor **driversLoaded**. Esse vetor é preenchido à medida que os drivers são inicializados.

O funcionamento da controladora pode ser descrito por três funções. A **initCtrDrv()** inicializa as variáveis internas da controladora. A **initDriver()** chama a função que inicializa o driver desejado e o insere na lista of drivers carregados. Por fim, a **callDriver** faz a chamada de uma função específica para o driver desejado, se ele já estiver inicializado. Essas funções são apresentadas no Código 22.8.

Código 22.8: Arquivo de código da controladora de drivers

```
1  static driver* driversLoaded[QNTD_DRV];
2  static char qntDrvLoaded;
3
4  char initCtrDrv(void) {
5      //incializa sem drivers carregados
6      qntDrvLoaded = 0;
```

```
7       return SUCCESS;
8  }
9  char initDriver(char newDriver) {
10      char resp = FAIL;
11      //verifica se há espaço para inicializar o driver
12      if(qntDrvLoaded < QNTD_DRV) {
13          //pega a referência do driver e salva no vetor
14          driversLoaded[qntDrvLoaded] = drvGetFunc[newDriver]();
15          //tenta inicializar o driver passando o seu novo ID
16          resp = driversLoaded[qntDrvLoaded]->initFunc(&newDriver);
17          qntDrvLoaded++;
18      }
19      return resp;
20 }
21 char callDriver(char drv_id, char func_id, void *parameters) {
22      int i;
23      //procura se o driver está carregado
24      for(i = 0; i < qntDrvLoaded; i++) {
25          if(drv_id == driversLoaded[i]->drv_id) {
26              //se estiver, chama a função correspondente repassando ←
                    o parâmetro
27              return driversLoaded[i]->func_ptr[func_id](parameters);
28          }
29      }
30      return DRV_FUNC_NOT_FOUND;
31 }
```

Como é possível ver pelo código da controladora, a função **callDriver()** apenas repassa os parâmetros recebidos, testando apenas se o driver correspondente foi inicializado. Nessa função, pode-se desenvolver um sistema mais robusto e seguro realizando outros tipos de teste, como:

- Validação se a função escolhida existe.
- Checagem de intervalo de valores válidos para os parâmetros.
- Compartilhamento do driver por mais de uma tarefa.
- Driver ocupado com outra operação.
- Verificação se o processo está autorizado a usar o driver requisitado.

Parte dessas verificações são executadas nos sistemas reais. Para a implementação de algumas delas, o microcontrolador deve oferecer suporte em hardware. No entanto, elas não serão abordadas no escopo deste livro.

O header da controladora possui três regiões distintas: uma para definição dos tipos de dados utilizados nos drivers; uma para inserção dos drivers conhecidos; e a última para apresentar os protótipos das funções da própria controladora. Essas informações são apresentadas no Código 22.9, utilizando três drivers como exemplo.

Código 22.9: Header da controladora de drivers

```
1  #ifndef DD_CTRL_H
2  #define DD_CTRL_H
3
4  //1) Definição de tipos e estruturas utilizados nos drivers
5      //definição de função do driver
6      typedef char(*ptrFuncDrv)(void *parameters);
```

```c
 7
 8      //definição do driver
 9      typedef struct {
10          char drv_id;
11          ptrFuncDrv *func_ptr;
12          ptrFuncDrv drv_init;
13      } driver;
14
15      //definição de função para pegar a referência da estrutura driver
16      typedef driver* (*ptrGetDrv)(void);
17
18  //2) Configuração dos drivers conhecidos
19      //inclusão dos cabeçalhos dos drivers
20  #include "drvInterrupt.h"
21  #include "drvTimer.h"
22  #include "drvLcd.h"
23
24      //enumerador dos drivers conhecidos
25      enum {
26          DRV_INTERRUPT,
27          DRV_TIMER,
28          DRV_LCD,
29          DRV_END // DRV_END deve sempre ser o último, para facilitar
                    o controle da quantidade de drivers
30      };
31      //vetor com as funções para retorno das estruturas dos drivers.
            Deve estar na mesma ordem que o enumerador acima
32      static ptrGetDrv drvInitVect[DRV_END] = {
33          getInterruptDriver,
34          getTimerDriver,
35          getLCDDriver
36      };
37  //3) Funções disponibilizadas pela controladora
38      char initController();
39      char initDriver(char newDriver);
40      char callDriver(char drv_id, char func_id, void *parameters);
41  #endif
```

2.2.1 | Utilizando a controladora de drivers

uqr.to/1cr0n

Para utilizar corretamente a controladora, é necessário incluí-la no arquivo principal e fazer uso de tipo enumerado definido em seu header, bem como nos headers dos drivers.

O Código 22.10 demonstra como utilizar a controladora para acessar o driver de LCD. A função **LCD_STRING** no driver **DRV_LCD** envia uma string (codificada em ASCII) para o LCD interligado ao microcontrolador. Se houver necessidade de trocar o LCD para outro modelo, ou alterar os terminais que o controlam, o programador precisa apenas modificar o driver. A aplicação, nesse caso, não sofrerá alterações.

Código 22.10: Utilizando a controladora

```
1  void main(void) {
2      //inicialização do sistema
3      initSystem();
4      initCtrDrv();
5      initDriver(DRV_LCD);
6      callDriver(DRV_LCD, LCD_STRING, "Embarcado");
7      for(;;);
8  }
```

22.2.2 | Camada de abstração da interrupção

uqr.to/1cr0p

A controladora em conjunto com os drivers, fornecem uma solução interessante para auxiliar o programador a desenvolver aplicações em alto nível sem se preocupar com as interações com o hardware. Algumas interações, no entanto, são um pouco mais complexas para serem codificadas em drivers. Uma delas é a interrupção.

A interrupção é um mecanismo de hardware que permite ao programador definir uma função que será executada quando um determinado evento acontecer. Apesar de ser uma ideia bastante simples, sua implementação prática é dificultada pela imensidão de compiladores e microcontroladores existentes. Cada um realiza a implementação dessa ferramenta de um modo diferente.

Para simplificar essa estrutura, pode-se criar uma camada de abstração de interrupção que funcionará basicamente como um driver de interrupção.

O programador cria a função responsável por responder ao evento que ele deseja e avisa o driver. O driver irá armazenar o endereço dessa função dentro de si. Quando o evento acontecer, ele chamará a função definida pelo programador. E o programador não precisará se preocupar com a implementação de baixo nível dessa estrutura. Em uma mudança de arquitetura, apenas o driver da interrupção deverá ser alterado.

Essa abordagem simplifica o acesso às interrupções e é exatamente o que foi feito na plataforma Wiring através da função **attachInterrupt()**. O código desta função é apresentada no Código 22.11.

Código 22.11: Código da função attachInterrupt

```
1  //função executada quando não estiver definido ainda
2  static void nothing(void) {}
3
4  //mostrando apenas para 2 interrupções, o código real pode ter mais
5  static volatile voidFuncPtr intFunc[EXTERNAL_NUM_INTERRUPTS] = {
6      nothing,
7      nothing
8  };
9  void attachInterrupt(uint8_t interruptNum, void (*userFunc)(void), 
       int mode) {
10     if(interruptNum < EXTERNAL_NUM_INTERRUPTS) {
11         //atualiza o vetor com o endereço da nova função
```

```
12          intFunc[interruptNum] = userFunc;
13          //habilita a interrupção
14          switch (interruptNum) {
15          case 0:
16              EICRB = (EICRB & ~((1<<ISC40)|(1<<ISC41)))|(mode<<ISC40);
17              EIMSK |= (1 << INT4);
18              break;
19          case 1:
20              EICRB = (EICRB & ~((1<<ISC50)|(1<<ISC51)))|(mode<<ISC50);
21              EIMSK |= (1 << INT5);
22              break;
23          //os cases para as outras funções entram aqui
24          }
25      }
26  }
27  //implementação das funções de interrupção de acordo com o padrão ↵
        do microcontrolador/compilador
28  //essas funções apenas chamam os endereços salvos no vetor
29  ISR(INT0_vect) {
30      intFunc[EXTERNAL_INT_2]();
31  }
32  ISR(INT1_vect) {
33      intFunc[EXTERNAL_INT_3]();
34  }
```

Com esta estrutura, o programador precisa apenas de: 1) criar a função que deve ser executada na interrupção e 2) atrelá-la à interrupção com a **attachInterrupt()**. O trecho do Código 22.12 mostra como esta camada simplifica o uso das interrupções:

Código 22.12: Código da função attachInterrupt

```
1  //função a ser executada na interrupção
2  #define key 13
3  int state = 0;
4
5  void setup() {
6      //configura o terminal do teclado como entrada
7      pinMode(key, INPUT);
8      //atrela a função isr_key() para atender a interrupção do teclado
9      attachInterrupt(digitalPinToInterrupt(pin), blink, CHANGE);
10 }
11
12 void loop() {
13     //não precisa fazer mais nada
14 }
15
16 void isr_key() {
17     //essa função é executada automaticamente quando o terminal 13 ↵
           mudar de valor
18 }
```

Para montar a mesma estrutura usando a linguagem C, basta criar um ponteiro de função que armazenará o endereço da função a ser executada. Essa variável estará armazenada no arquivo de código do driver de interrupção. O driver então implementa uma funcionalidade para receber o endereço da função e salvá-lo. Esse processo pode ser visualizado no trecho do Código 22.13.

Código 22.13: Abstração da interrupção

```
1  //definindo o tipo intFunc para utilizá-lo como interrupção
2  typedef void (*intFunc)(void);
3
4  //ponteiro de função para armazenar o endereço da função
5  static intFunc thisInterrupt;
6
7  //esta função recebe o endereço da função e atualiza o endereço
8  char setInterruptFunc(void *parameters) {
9      thisInterrupt = (intFunc) parameters;
10     return OK;
11 }
```

O Código 22.14 apresenta o header do driver de interrupção. Nesse momento, o código apenas implementa os dados de interrupção do timer.

Código 22.14: Header do driver de interrupção

```
1  #ifndef INT_DRIVER_H
2  #define INT_DRIVER_H
3
4      //enumerador com a lista das funções disponíveis
5      enum {
6          INT_TIMER_SET,
7          INT_END
8      };
9      //função para receber a referência do driver
10     driver* getInterruptDriver(void);
11 #endif
```

O Código 22.15 apresenta a implementação mínima do arquivo de código de um driver. Note que o tamanho do vetor de funções **thisFunctions** depende da quantidade de funções descritas no enumerador do arquivo de header.

Código 22.15: Arquivo de código de um driver – exemplo

```
1  //estrutura do driver
2  static driver     thisDriver;
3  //funções disponíveis no driver
4  static ptrFuncDrv thisFunctions[GEN_END];
5  //definindo o tipo intFunc para utilizá-lo como interrupção
6  typedef void (*intFunc)(void);
7  //ponteiro de função para armazenar o endereço da função
8  static intFunc timerInterrupt;
9
10 //esta é a função de interrupção do timer
```

```
11 void LPTimer_IRQHandler(void) {
12     //limpar a flag da interrupção
13     LPTMR0_CSR |= 1 << 7;
14     //verifica se a função é válida
15     if(timerInterrupt != 0){
16         timerInterrupt();
17     }
18 }
19 char initInterrupt(void *parameters) {
20     //atualiza o novo ID do driver
21     thisDriver.drv_id = parameters
22     //valor inicial, representa sem função configurada
23     timerInterrupt = 0;
24     //as inicializações são necessárias apenas para cada interrupção
25     return OK;
26 }
27 //esta função recebe o endereço da função e atualiza o endereço
28 char setTimerInterrupt(void *parameters) {
29     timerInterrupt = (intFunc) parameters;
30     //como agora temos uma função responsável por responder à ↩
            interrupção, podemos ligar os bits que a habilitam
31     LPTMR0_CSR |= 1 << 6;
32     NVIC_ICPR |= 1 << (28 % 32);
33     NVIC_ISER |= 1 << (28 % 32);
34     //ainda é necessário ligar o timer, mas como é um outro driver, ↩
            isso fica a cargo do programa principal
35     return OK;
36 }
37 driver* getGenericDriver(void) {
38     //realiza o link da estrutura das
39     thisDriver.functions = thisFunctions;
40     //inicializa as referências das funcionalidades de acordo com a ↩
            descrição do header
41     thisFunctions[INT_SET_TIMER] = setTimerInterrupt;
42     //configura a função de inicialização
43     thisDriver.initFunc = initGeneric;
44     //retorna a referência do driver
45     return &thisDriver;
46 }
```

Utilizando essa estrutura por meio da controladora de drivers, os detalhes da programação de baixo nível do compilador se tornam transparentes para a aplicação. O Código 22.16 faz uso da interrupção de timer para executar a função **kernelClock()** exigida pelo kernel.

Código 22.16: Utilização do driver de interrupção

```
1 //função a ser executada pela interrupção
2 void timerISR(void) {
3     kernelClock();
4 }
5 void main (void){
6     systemInit();
```

```
7     kernelInit();
8
9     initDriver(DRV_TIMER);
10    initDriver(DRV_INTERRUPT);
11
12    //configurando o timer para gerar uma timeout a cada 10 ms
13    callDriver(DRV_TIMER, TMR_TIMEOUT_SET, 10);
14    //habilita o timer
15    callDriver(DRV_TIMER, TMR_INT_EN, 0);
16    //configura a função e habilita a interrupção
17    callDriver(DRV_INTERRUPT, INT_TIMER_SET, timerISR);
18
19    //a função kernelClock, nesse ponto, já está configurada para ↵
          rodar na interrupção do timer. O kernelLoop pode inicar sem ↵
          problemas
20    kernelLoop();
21 }
```

22.3 | Exercícios

Ex. 22.1 — Por que é preciso padronizar as chamadas de função dos drivers?

Ex. 22.2 — Qual é a função da camada de abstração de interrupções?

Ex. 22.3 — Monte o driver para um dispositivo de entrada digital (chaves). Esse dispositivo possui duas chaves, a primeira no bit 2 da porta B e a segunda no bit 4 da porta A. Seguem abaixo as definições padrões de um driver conforme a controladora de drivers do livro.

```
1  //ptr. de func. para uma função do driver
2  typedef char(*ptrFuncDrv)(void *parameters);
3  //estrutura do driver
4  typedef struct {
5      char drv_id;
6      ptrFuncDrv *drv_func;
7      ptrFuncDrv drv_init;
8  }driver;
9  //função de retorno do driver
10 typedef driver* (*ptrGetDrv)(void);
```

Ex. 22.4 — Qual a função do código a seguir? Por que é utilizado um ponteiro para void como parâmetro da função dos drivers?

```
1  char callDriver(char drv_id, char func_id, void *param) {
2      char i;
3      for(i = 0; i < dLoaded; i++) {
4          //encontra o driver
5          if(drv_id == drivers[i]->drv_id) {
6              //chama a função do driver passando os parâmetros
7              return drivers[i]->func[func_id].func_ptr(param);
```

```
 8        }
 9     }
10     return DRV_FUNC_NOT_FOUND;
11 }
```

Ex. 22.5 — Monte o driver para o conversor AD. A biblioteca AD possui apenas duas funções: void InicializaAD(void) e int LeValorAD(void).

```
1 //ptr. de func. para uma função do driver
2 typedef char(*ptrFuncDrv)(void *parameters);
3 //estrutura do driver
4 typedef struct {
5     char drv_id;
6     ptrFuncDrv *drv_func;
7     ptrFuncDrv drv_init;
8 }driver;
```

Índice alfabético

Símbolos
#define, 42
#pragma, 245
74HC595, 121

A
Acesso aos terminais digitais, 103
Acionamentos, 112
Arduino, 5, 95
ARM, 7
ASCII, 22
ATmega, 5

B
Barramento, 80, 123
Bibliotecas, 49
Binária, 15
bit, 38
Botões, 139
Bouncing, 141
Buffer circular, 275
Buzzer, 229

C
CAN, 187
Chipkit, 6, 90
Clock, 87, 121
Codificação BCD, 19
Codificação Gray, 20
Comunicação serial, 173
Contagem de tempo, 235
Conversor AD, 205, 209, 212

D
Debounce, 141, 142
Decimal, 14
Deslocamento de bits, 35
Detecção de eventos, 149
Display de 7 segmentos, 127
Driver, 56, 300

E
Encoder, 151
Entradas digitais, 139

F
Filtro passa-baixas, 221
Freedom, 7, 95
Função, 45

G
GPS, 200

H
Header, 53
Hexadecimal, 16

I
I^2C, 174

Interrupção, 243, 255, 308
ISR, 244

K
Kernel, 264, 291, 293

L
LCD, 155, 165
LDR, 207, 208
Led, 112
Led RGB, 112, 119
LM35, 208

M
main, função, 45
Memória, 83
Microcontrolador, 78, 88
Multiplexação, 211
Multiplexação de saídas, 130
Multitask cooperativo, 258

N
NMEA, 200
Nome de função, 46

O
One-single-loop, 254
Operação E, 28, 33
Operação NÃO, 27, 32
Operação OU, 29, 34
Operação OU EXCLUSIVO, 26, 30, 34

P
Periféricos, 84
PIC32, 6
PICSimLab, 7
Piezoelétrico, 229
Ponte H, 116
Ponteiro de função, 278
Ponteiros para void, 277
Pooling, 243
Potenciômetro, 206, 208
PQDB, 5
Processador, 79
Processo, 268

Protocolos de comunicação, 198
Pull-down, 139
Pull-up, 140
Pulso, 121
PWM, 219

R
Reed switch, 150
Referência circular, 51
Registros de configuração, 98
Relé, 113
Relé de estado sólido, 115
Relógio, 136, 238
Reprodução de melodias, 240
Reprodução de sons, 229
return, 47
Rotação de bits, 37
RS232, 190

S
Saída digital, 111
Sensores, 205
Serialização, 121
Servomotor, 227
Shift circular, 37
Sistema embarcado, 3
Sistema operacional, 267
Soft I^2C, 176
Soft PWM, 223
SPI, 185

T
Tarefa, 268
Teclado matricial, 145
Tempo real, 287
Temporizadores, 231
Terminal entrada/saída digital, 94, 102
Transistor, 113

U
UART, 190
USB, 195

W
Watchdog, 249